Andy Warhol

Série Biografias **L&PM** POCKET:

Albert Einstein – Laurent Seksik
Andy Warhol – Mériam Korichi
Átila – Éric Deschodt / Prêmio "Coup de coeur en poche" 2006 (França)
Balzac – François Taillandier
Baudelaire – Jean-Baptiste Baronian
Billie Holiday – Sylvia Fol
Cézanne – Bernard Fauconnier / Prêmio de biografia da cidade de Hossegor 2007 (França)
Freud – René Major e Chantal Talagrand
Gandhi – Christine Jordis / Prêmio do livro de história da cidade de Courbevoie 2008 (França)
Jesus – Christiane Rancé
Júlio César – Joël Schmidt
Kafka – Gérard-Georges Lemaire
Kerouac – Yves Buin
Leonardo da Vinci – Sophie Chauveau
Luís XVI – Bernard Vincent
Marilyn Monroe – Anne Plantagenet
Michelangelo – Nadine Sautel
Modigliani – Christian Parisot
Oscar Wilde – Daniel Salvatore Schiffer
Picasso – Gilles Plazy
Rimbaud – Jean-Baptiste Baronian
Shakespeare – Claude Mourthé
Van Gogh – David Haziot / Prêmio da Academia Francesa 2008
Virginia Woolf – Alexandra Lemasson

Mériam Korichi

Andy Warhol

Tradução de Celso Mauro Paciornik

www.lpm.com.br

L&PM POCKET

Coleção **L&PM** POCKET, vol. 993
Série Biografias/24

Texto de acordo com a nova ortografia.
Título original: *Andy Warhol*

Primeira edição na Coleção **L&PM** POCKET: dezembro de 2011

Tradução: Celso Mauro Paciornik
Capa e projeto gráfico: Editora Gallimard
Ilustrações da capa: retrato de Andy Warhol © Andrew Unangst, Corbis (acima); *As duas Marilyns*, 1962. Serigrafia sobre tela, 55x65cm. Nova York, coleção particular.
Preparação: Jó Saldanha
Revisão: Lia Cremonese

CIP-Brasil. Catalogação na Fonte
Sindicato Nacional dos Editores de Livros, RJ

K86a

Korichi, Mériam
Andy Warhol / Mériam Korichi; tradução de Celso Mauro Paciornik. – Porto Alegre, RS: L&PM, 2011
240 p. ; 18 cm. – (Coleção L&PM POCKET; v. 993)

Tradução de: *Andy Warhol*
Anexos
Inclui bibliografia
ISBN 978-85-254-2524-9

1. Warhol, Andy, 1928-1987. 2. Arte pop. 3. Arte americana - Século XX. 4. Artistas - Estados Unidos - Biografia. I. Título. II. Série.

11-6682. CDD: 927
CDU: 929:7.036

Rua Comendador Coruja, 314, loja 9 – Floresta – 90220-180
Porto Alegre – RS – Brasil / Fone: 51.3225.5777 – Fax: 51.3221.5380

Pedidos & Depto. comercial: vendas@lpm.com.br
Fale conosco: info@lpm.com.br
www.lpm.com.br

Impresso no Brasil
Primavera de 2011

Sumário

É bom ter dinheiro no banco. Glorificado seja o Senhor que deu o dólar ao homem,
Para que cada um possa vender o que tem e comprar o que deseja,
E que cada um viva de maneira decente e confortável, amém!
O dinheiro é tudo; é preciso ter dinheiro; ele é como uma mão de mulher com seus dedos;
Percebem, tratem de ganhar dinheiro.
[...]
Há de tudo aqui, peguem diretamente, vendam, ponham seu nome no seu chapéu.
Porque é aqui o mercado onde a velha Europa compra.
Está fervilhando de gente por lá, e não há mais comida que chegue.
Vão para o Oeste, comprem um rancho!
Façam um sulco, seguindo todos os dias no mesmo sentido, e ali semeiem o trigo, semeiem o milho!
O trigo indígena, que fica mais alto que um homem emplumado, apresentando a espiga enorme e afilada. Criem um mar de porcos.

PAUL CLAUDEL,

L'Échange, 1ª versão, ato I,
Mercure de France, 1947.

Prólogo*

Operator: Allo?
[Telefonista: Alô?]
B.: *42764203.*
It is ringing.
[Está tocando.]
A.: *Allo?*
B.: *Hello!*
[Alô!]
A.: *Oh, hi!*
[Oh, oi!]
B.: *How are you?*
[Como vai?]
A.: *I wasn't sure you'd be in.*
[Não sabia se você estava em casa.]
B.: *You know what?*
[Sabe de uma coisa?]
A.: *What?!*
[O quê?!]
B.: *I've a Polaroid of Bob Dylan tonight.*
[Consegui uma foto Polaroid do Bob Dylan esta noite.]
A.: *Where?!*
[Onde?!]
B.: *He went to see Neuwirth's first show and I happened to be at the first one.*
[Ele foi à estreia de Neuwirth e aconteceu de eu estar lá.]
Silêncio.
A.: *Yeah, well... he's a has been.*
[É, bem... ele já era.]

---

* Conversa telefônica entre Brigid Berlin (aliás, Brigid Polk) (B.) e Andy Warhol (A.) em 1970, gravada por Brigid Berlin, editada no DVD consagrado à vida e à obra singulares dessa personalidade iconoclasta: *Pie in the Sky. The Brigid Berlin Story,* produzido por Shelly Dunn Fremont e Vincent Fremont, New Video, 2001.

B.: *He's a has been now, but he didn't look like a has been tonight.*

[O.K., ele já era, mas esta noite não tinha o ar de quem já era.]

A.: *Why?*

[Por quê?]

B.: *He was fantastic. [Silence.] He sang a song...*

[Ele foi fabuloso. *(Silêncio.)* Ele cantou...]

A.: *[Interrupting]: You mean Bobby Zimmerman* * *that Edie was going to marry?*

[(Cortando-a): Você quis dizer o Bobby Zimmerman com quem a Edie ia se casar?]

B.: *Bobby Zimmerman...? Well you're Andy Warhola.*

[Bobby Zimmerman...? Então você é Andy Warhola.]

A.: *Ha?*

[Ãh?]

B.: *You're Andy Warhola.*

[Você é Andy Warhola.]

A.: *Do you think that's true? That I was from a coal mining family and that our name was "Warhola"?*

[Acha mesmo que isso é verdade? Que eu venho de uma família de mineiros e que nosso nome era "Warhola"?]

B.: *That you're from a...? Yes!*

[Que você vem de uma...? Claro!]

A.: *Do you think that lady that lives downstairs is my mother?*

[Acha que aquela senhora que vive no andar de baixo é a minha mãe?]

B.: *Of course.*

[Claro.]

A: *Oh yeah?*

[Mesmo?]

Silêncio.

---

* A. (Andy Warhol) e B. (Brigid Berlin) falam de Bob Dylan, cujo verdadeiro nome era Robert Zimmerman. Ele escolheu "Dylan" como pseudônimo em homenagem ao poeta galês Dylan Thomas (1914-1953). A vocação inicial do cantor era a poesia.

Origem?

Na origem? A Europa, aparentemente. Mikový. Um vilarejo rural e montanhoso da Europa Central. Os pais de Andy Warhol eram ambos oriundos desse burgo. Não longe dele, fica a cidadezinha de Medzilaborce. Os camponeses do povoado iam vender ali os produtos de suas lavouras. Hoje, no local, existe o *Warhol Family Museum of Modern Art*, inaugurado em 1991. É um museu familiar; além de uma coleção de obras representativas do artista, ali se encontram documentos sobre sua família, obras de Paul, o irmão mais velho de Andy, e do filho de Paul, James, que em 2003 publicou um livro infantil de sucesso: *Uncle Andy's. A Faabbbulous Visit with Andy Warhol.*[1]*

Tio Andy?

Andy Warhol deve muito à sua família e a Mikový? Seu talento, sua ousadia são hereditários e étnicos? Sua identidade mergulha raízes profundas no centro da Europa, sua personalidade nos remete à *Mitteleuropa* ancestral, remota, miserável, de contornos difusos e contestados? No século passado, essa região mudou três vezes de nacionalidade. Ela foi austro-húngara, depois tchecoslovaca; hoje, é eslovaca. Essa história é embaralhada e antiga. Por ela despontam constelações de nomes perdidos. Ela faz ressurgir uma cartografia desaparecida. Na véspera da Primeira Guerra Mundial, Medzilaborce se situava na fronteira da Galícia, nome obsoleto e enganador. A Galícia era então um condado austríaco, um nome entre outros hoje em desuso e fantasmagóricos: Boêmia, Banato, Bucóvina, Caríntia, Dalmácia, Ístria, Morávia, Silésia, Transilvânia, Trentino, Trieste. As terras situadas aquém e além do Leitha chamavam-se Cisleitânia e Transleitânia.

No início do século XX, Mikový, além do Leitha, era um beco sem saída dos Cárpatos, um *dead end* da Europa central, um "não lugar" do Império Austro-Húngaro. Este ainda se

* As notas numeradas encontram-se no final do livro, a partir da p. 227. (N.E.)

mantinha de pé. Mas, como todos os impérios decadentes, começava a vacilar violentamente sob as erupções febris de contestação dos povos. O momento era de reivindicações nacionais, em especial tchecas e eslovacas, cujas vozes faziam coro em face do inimigo magiar. As populações dessa região montanhosa do condado de Zemplin, onde ficava Miková, não se reconheciam, porém, em nenhum desses clamores. Essas populações eram minoritárias entre as minoritárias.

Os pais de Andy Warhol, Ondrej Warhola, nascido em 1889, e Julia Zavacky, nascida em 1892, eram eslavos, mas não falavam nem o tcheco, nem o eslovaco, nem o húngaro, e tampouco o polonês. Em Miková, as pessoas falavam o ruteno, o ucraniano perpassado pelo eslovaco e o húngaro, oriundo diretamente da Idade Média, dos territórios do príncipe de Kiev, a "*Rouss*". Esses "pequenos russos" subcarpáticos seguiam um rito oriundo da Contrarreforma oriental. De um tipo sincrético: observava-se o ritual ortodoxo, mas a fidelidade ao papa de Roma era mantida. Eles eram, pois, católicos, católicos "gregos", como se diz na Europa, ou "bizantinos", como se diz nos Estados Unidos. Sua religiosidade – misturada, expressiva e fervorosa – constituía sua identidade, o fermento de sua cultura. Quando partiram de suas terras, eles a levaram para o Novo Mundo.

Na origem, nossa história é uma história de partida. Uma história que começa com um salto geográfico que criará uma separação intransponível, um abismo.

Naqueles anos 1900, a perspectiva de uma vida melhor além-mar, longe do Velho Continente, foi uma força motriz para os Warhola e os Zavacky. A emigração foi o motivo do casamento de Ondrej e Julia.

Julia Zavacky tinha dois irmãos que haviam partido na frente. Eles se juntaram ao impressionante cortejo de emigrantes que se espremia nos trens e navios. Foi como se houvessem escutado de longe o apelo lírico do "Colosso" de Emma Lazarus, gravado em 1883 no pedestal da Estátua da Liberdade: "Dai-me os teus exaustos, os teus pobres, / As tuas massas encurraladas sedentas de liberdade, / O desventurado refugo de tuas costas apinhadas. / Mandai-me os sem abrigo, os arremessados pelas tempestades, / Pois eu ergo meu farol junto ao portal dourado!". Centenas de milhares abandonaram a Mitteleuropa com a imagem de uma América aureolada de ouro e empanturrada de leite e de mel cravada em suas imaginações. Aos dezessete anos, Ondrej Warhola seguiu o movimento. Como os irmãos Zavacky, ele foi para a Pensilvânia, onde havia trabalho nas minas e siderúrgicas. Os irmãos Zavacky e Ondrej se conheciam. Na América, eles se visitavam.

Ondrej permaneceu dois anos na Pensilvânia. Ele trabalhou, ganhou algum dinheiro e voltou ao povoado natal para se casar com uma moça da região. Por pouco o pai de Andy Warhol não foi uma mera ave de passagem pelos Estados Unidos. No princípio, ele não tinha a intenção de se instalar permanentemente nesse país.

De volta a Miková, o trabalhador sóbrio, frugal e religioso – sua reputação o recomendava – comunicou ao pai de Julia que queria desposá-la. Julia, pessoa exuberante e com um pendor para a dramatização, contou que não queria aquele casamento. Ela relatou também que o pai a surrou, furioso com a sua recusa. O pároco da vila interferiu para tentar convencê-la. Sem sucesso. Nada conseguiu demovê-la... exceto os *candies* de Andy. "Meu pai me surra, me surra para eu me casar com ele... eu choro. Eu não sei o que fazer. Andy insiste. Ele traz doces. Eu não tenho doces, ele me traz doces! Doces maravilhosos. Por esses doces, eu me caso com ele".[2] Essa é a história açucarada de Julia, que chamava o marido Ondrej pelo mesmo diminutivo carinhoso americano que deu mais tarde ao filho.

Andy herdou esse gosto pelos doces, os *candies*. Ao menos, foi o que apregoou em diversas ocasiões. Gosto atávico e pavloviano? "Ela [sua mãe, Julia] me dava uma barra de chocolate Hershey toda vez que eu completava uma página de meu álbum de colorir."[3] Os produtos açucarados faziam presença nos retratos cinematográficos que Andy Warhol produzia de todos os visitantes da Factory, seu espaço de trabalho em Nova

York a partir de 1964. Há toda uma série de filmes que mostra Nico e Lou Reed segurando uma barra de chocolate Hershey ou uma garrafa de Coca-Cola.[4] A temática do *candy* assombra a linguagem de Warhol e oferece uma imagem particular de seus hábitos alimentares. "O que eu sonhava [quando criança], era ter bombons [*candies*]".[5] Depois de crescer, Andy mudou, e esse fantasma acompanhou sua evolução. Andy Warhol acreditou que podia formular com clareza a máxima dessa evolução: "Ganhar dinheiro para ter bombons".[6] Quando sua carreira deslanchou, ele começou a ter cada vez mais *candies*, a ponto de ter um cômodo reservado para os *candies*. E B, seu duplo na sua autobiografia, não deixa de lembrar a A, o original, algumas anedotas relativas a essa paixão pelos doces: "Lembra o dia em que você passou na alfândega? Sua bagagem estava repleta de bombons, biscoitos, gomas de mascar. E eles riram. Você só comia doces".[7] Quando Andy iniciou sua carreira mundana, no princípio dos anos 60, e começou a ser convidado para jantares por pessoas ricas, pelos Scull*, por exemplo, ele apenas mordiscava a comida. "Eu só como doces", justificava-se. A primeira marchand de Andy, Eleanor Ward, o chamava de "Andy Candy". E quando, anos mais tarde, surgiu a *drag-queen* favorita de Andy, esta se apelidou, como que de propósito, Candy Darling. Ele a conheceu numa noite de estreia. A peça se chamava *Glamour, Glory and Gold*, e foi encenada no Bastiano's Cellar Studio, Waverly Place, em Greenwich Village. *Off-off-Broadway*.** Isso foi em 1967, em pleno apogeu da Silver Factory.

Por fim, em 1909, Ondrej Warhola conseguiu se casar com Julia Zavacky, em Miková. O casal foi se instalar na fazenda dos Warhola. Eles trabalhavam no campo. Ondrej resolveu ficar e ali se estabelecer com sua jovem esposa. Viveram

* Os reis dos táxis nova-iorquinos, grandes colecionadores de arte contemporânea e de pop art principalmente.

** Essa expressão remete às produções artísticas e teatrais montadas nos pequenos teatros da Broadway (menos de cem lugares) reservados às apresentações de artistas amadores, ou muito experimentais.

três anos no lugar, mas a ameaça da guerra forçou Ondrej a modificar seus planos. A anexação da Bósnia-Herzegovina pela Áustria-Hungria prenunciava uma cadeia de eventos que logo incendiaria os Bálcãs.

Em 1912, os preparativos para a guerra ressoavam no Império. Os países da região se mobilizavam. Esses ruídos chegaram a Miková. Escapar do alistamento e do barril de pólvora tornou-se um imperativo categórico para Ondrej. Ele tornou a abandonar sua terra natal. E essa partida – mas ele ainda o ignorava – seria sem volta dessa vez. Assim, ele abandonou definitivamente a Áustria-Hungria para a qual soava o dobre de finados. Ele fugiu do conflito balcânico sem imaginar que outra guerra, maior, devastadora, se seguiria e convulsionaria o mapa da Europa. Partiu sem saber que o pacto austro-húngaro iria ruir. Ele levou consigo a Áustria-Hungria tal como ela era e que não teria futuro no devir histórico da Europa. E o homem que estava prestes a desembarcar em Pittsburgh – a "Steel City" – no início do século XX que começava a manifestar seu poderio mecânico, era um homem da Velha Europa, um homem do século XIX.

Ondrej partiu só, deixando sua mulher. A separação não seria longa, e ele lhe enviaria dinheiro.

Julia ficou lá, exposta. Ela continuou morando com os Warhola. A mãe de Julia morreu; um de seus irmãos, Yurko, que havia voltado dos Estados Unidos, partiu para a guerra como recruta, nas fileiras da Áustria-Hungria. Pouco depois da partida do seu homem, Julia deu à luz uma menina que morreu com poucas semanas de vida. Ao trauma da perda do primeiro filho somaram-se as dificuldades de uma mulher jovem cada vez mais isolada: algum tempo depois, as autoridades militares comunicaram a morte de seu irmão, Yurko, e a mãe de Julia não sobreviveu a essa notícia.

Julia encontrou-se órfã, portanto, de luto, responsável por Ella e Eva, suas duas irmãzinhas, de nove e seis anos. E era a Grande Guerra, transnacional, regional, tragicamente propícia ao desencadeamento de ódios locais, étnicos e religiosos. Casas ardiam, execuções sumárias ocorriam. Julia e suas duas irmãzinhas se escondiam em geral nos bosques, fugindo de um abrigo para outro. Não lhes chegou nenhum dinheiro da América.

Roman Polanski, mais de meio século mais tarde, contou a Andy o que ele tinha vivido durante a Segunda Guerra Mundial. Polanski, nascido em 1933, era um sobrevivente. Ele conheceu o gueto de Cracóvia, do qual escapou, evitando a deportação para Auschwitz, e errou pelos campos, refugiando-se na casa de camponeses. Ele evocou esse passado no número de novembro de 1973 de *Interview*, a revista sobre personalidades e tendências lançada por Andy Warhol em 1969. Andy Warhol estabeleceu prontamente a relação com o que sua mãe tinha vivido na Primeira Guerra Mundial.

> Roman Polanski: Todos os tipos de insetos se arrastavam sobre mim durante a guerra. E aqueles camponeses, com os quais eu vivia, costumavam derramar querosene na minha cabeça. Para matá-los, entende?
> Andy Warhol: Como isso tudo acontece durante as guerras?
> R. P.: A higiene deixa de existir.
> A. W.: E a água?
> R. P.: É a miséria. Não há alimentos. Impossível se lavar. Não há sabão. Falta tudo...
> A. W.: Minha mãe me contava as mesmas histórias, mas no caso dela, foi a Primeira Guerra Mundial. Mas eram realmente as mesmas histórias. Não entendo como pôde estourar a guerra, especialmente a Primeira Guerra Mundial, porque todos os países tinham laços entre eles, eles eram primos, tinham ancestrais comuns – como pôde estourar essa primeira guerra quando todo o mundo era da mesma família? Imagino que as pessoas guerreiam de um jeito ou de outro. É inverossímil.[8]

Um dia, a guerra terminou. Mas as ruínas acumuladas, os estragos nas rodovias e ferrovias, a desolação humana, o caos administrativo e as epidemias impediram durante muito tempo que a vida retomasse um curso mais pacífico. Julia ficou presa num beco sem saída desmantelado. Que fazer? Ondrej não voltará.

Será ela então que irá se juntar a ele.

Três anos se passaram. Julia conseguiu reunir a quantia necessária para a viagem e se pôs a caminho. Ela partiu de sua terra natal para a América. Também no seu caso, a partida era definitiva.

1921. Julia transpõe o portal de ouro da América. A distância foi transposta. As margens do antigo continente se distanciaram. A separação aumentou, ficou incomensurável. Os nomes das velhas regiões da Europa Central congelaram. Boêmia, Caríntia, Dalmácia, Ístria, Moravia, Silésia, Transleitânia, Cisleitânia, todos aqueles velhos nomes engolfaram a Europa no passado.

Andy Warhol, em 1963, o ano em que, para ele, tudo começou, diria: "Não sei por que faço uma exposição em Paris. Não creio na Europa".[9] Grande separação, de fato. Andy Warhol sempre foi reticente ao falar de "suas" origens. Ele geralmente fazia questão de enganar todo o mundo. Inventava. Ora seu local de nascença, ora sua data de nascimento. Ele exagerava, ou então se calava. Jamais dissimulou essa reticência:

> Prefiro permanecer um mistério. Não gosto de revelar minhas origens e, de todo modo, cada vez que me perguntam, eu mudo. Não é porque isso faça parte de minha imagem de não dizer tudo, é simplesmente porque me esqueço do que disse no dia anterior, e, no calor da hora, tenho de reinventar tudo.[10]

A vida de Andy Warhol foi aparentemente a história de um amnésico:

> Não tenho lembrança disso. Cada dia é um novo dia porque eu não me lembro do dia anterior. Cada minuto é como o primeiro minuto de minha vida. Eu tento me lembrar, mas não consigo. É por isso que eu me casei – com meu gravador de fita. Minha cabeça é como um gravador com um único botão: apagar.[11]

Amnésico ou ignorante? Ele talvez estivesse enganado sobre as suas origens. Talvez as ignorasse. Porque falava do "forte sotaque tcheco" de sua mãe, ou do "gueto tcheco"* de Pittsburgh. Onde viveu com sua família durante a Grande Depressão. Em seus *Diários*, alguns meses antes de sua morte, em 17 de julho de 1986, ele parecia mesmo descobrir seu erro fortuitamente, em circunstâncias mundanas:

> Ric Ocasek veio nos buscar para nos levar ao Madison Square Garden. Ric tem uma namorada, Paulina, que é uma grande modelo, é tchecoslovaca, e sua mãe estava com eles, parece ainda mais moça que a filha. E acho que talvez eu não seja tcheco, *porque não entendi nada do que estavam conversando.***

Talvez ignorasse intencionalmente suas "origens". Talvez essa confissão não tivesse nada de inocente. Seria uma mentira, um exercício de distanciamento, um traço de humor bizarro? Certamente tudo isso, como bem atestam as respostas que deu a um jornalista durante uma entrevista em 1973:

> – Sua mãe lê inglês?
> – Ela assiste TV.
> – Sua mãe nasceu na Tchecoslováquia. Em que língua vocês conversam?
> – Não falo muito com ela. Eu a faço tomar comprimidos, isso é tudo.
> – Você fala tcheco?
> – Não.[12]

Esse "não" parece categórico.

Entretanto, os membros da família – sobrinhos, irmãos, tias – decidiram defender a memória da linhagem de Andy Warhol, e a deles por meio da sua. Eles afirmam em alto e bom som que Andy Warhol com certeza não é tcheco. "As pessoas da época eram vagas. 'Nós somos tchecoslovacos', elas diziam, mas essa não era a história toda. Foi só nos últimos anos

---

* Warhol emprega as duas expressões em *Ma philosophie de A à B et vice versa,* Flammarion, 2001, p. 28. [*A filosofia de Andy Warhol.* De A a B e de volta a A. Rio de Janeiro: Cobogó, 2008.]

** Grifado pelo autor. Andy Warhol, *Diários.* Porto Alegre: L&PM Editores, 2011, p. 432.

que nós descobrimos que eles eram mais precisamente rutenos, dos Cárpatos." Assim falou publicamente James Warhola, o sobrinho. "Ele era 100% cárpato-ruteno", acrescentou. Porque disso ele está convencido. E também disto, mais estranho: "Isso que ele se tornou, uma parte de seu talento excepcional, ele deve à sua cultura. E sua cultura, ele a recebeu diretamente de seus pais e, especialmente, de sua mãe, Julia".[13] Andy Warhol: um filho genial dos Cárpatos?

Miková, situada de fato nos Cárpatos, hoje se encontra no nordeste da Eslováquia, na região de Presov, não longe da fronteira da atual Polônia. E hoje, percorrendo as ruas de Miková ou de Medzilaborce, talvez se encontre a prima de Andy Warhol, Helena Bosnovicová, filha de Eva, a irmã caçula de Julia que permaneceu no país. Nunca saiu dele. E ela lhe mostrará a imagem eslava de Warhol, o reflexo fiel da origem? Ou, ao contrário, será a imagem viva de uma ruptura evidente? O que teria chocado Andy Warhol se ele tivesse feito essa experiência? Mas o fato é que ele nunca quis ir à Tchecoslováquia. É verdade que ele morreu antes da dissolução do bloco soviético, e Miková permaneceu para ele atrás da Cortina de Ferro. Mas ele teria se lamentado disso algum dia? Ele procurou dar a resposta numa entrevista: "– Você esteve na Tchecoslováquia? – Não. – Gostaria de ir lá? – Não."[14] Esse "não" é tão categórico e definitivo quanto o primeiro.

A América, com sua ausência de tradições aristocráticas, foi o país de Andy. Sempre que podia, sempre que surgia a ocasião, ele elogiava "a América". Este é o título de seu último livro, publicado em 1985: *America.* Andy jamais deixou de enumerar as razões que tinha para se felicitar por ser americano, de amar tudo que era americano, como os jantares, os quiosques de cachorro-quente e tudo o mais, como no quase manifesto seguinte, publicado em 1976:

> O formidável neste país é que a América criou uma tradição em que os mais ricos consumidores compram a mesma coisa que os mais pobres. Você pode assistir à televisão e ver uma Coca-Cola, e pode saber que o presidente bebe Coca, Liz

> Taylor bebe Coca, e aí pensar, você também pode beber Coca. Uma Coca é uma Coca, nenhum dinheiro no mundo pode comprar uma Coca melhor que a do mendigo no canto da rua. Todas as Cocas são iguais, e todas as Cocas são boas. Liz Taylor sabe disso, o presidente sabe disso, o mendigo sabe disso, e você sabe disso.
> Na Europa, a realeza e a aristocracia comiam muito melhor que os camponeses – suas comidas eram totalmente diferentes. Era a perdiz sem o repolho ou o repolho sem a perdiz, e cada classe se aferrava à sua comida. Mas quando a rainha Elizabeth veio, e o presidente Eisenhower comprou-lhe um cachorro-quente, estou certo de que ela compreendeu o essencial: ela não conseguiria que lhe trouxessem ao Palácio de Buckingham um cachorro-quente melhor que o que ele lhe comprou por vinte *cents*, talvez, no quiosque do parque. Porque o melhor cachorro-quente é o que vem de uma barraca de cachorro-quente. Nem por um dólar, nem por dez dólares, nem por cem mil dólares. Ela podia comprar um por vinte *cents*, como qualquer outra pessoa.
> A ideia da América é formidável, porque quanto mais uma coisa é igual, mais ela é americana. Assim, há muitos lugares onde lhe dão um tratamento especial quando você é célebre, mas isso não é verdadeiramente americano. Aconteceu comigo uma coisa *verdadeiramente* americana, outro dia desses. Eu ia ao salão de vendas da Parke-Bernet, e não me deixaram entrar porque eu levava meu cachorro comigo; e por isso tive que esperar no hall pelo amigo que devia encontrar lá, para lhe dizer que me haviam barrado. E enquanto esperava no hall, eu dava autógrafos. Era de fato uma situação tipicamente americana.[15]

Retomemos. Olhando Helena Bosnovicová, o que Andy Warhol teria visto de si mesmo? Seus aforismos, resolvendo o paradoxo, trazem outra resposta: "Se quiser saber tudo sobre Andy Warhol, contente-se com olhar a superfície de minhas pinturas, e de meus filmes, e de minha pessoa, é ali que eu estou. Não há nada atrás".[16] Não há nada na frente, tampouco.

De um mundo ao outro

Nós atravessamos cidades que todo dia se viravam
E de noite vomitavam o sol dos dias.[1]

APOLLINAIRE

Pittsburgh, Pensilvânia, EUA, anos 20.

Quase 600 mil habitantes viviam entre as margens do Allegheny e do Monongahela que confluem para formar o Ohio.

Terminando em ponta, projetando pontes metálicas de um lado e de outro, cercada de chaminés industriais cuspindo continuamente uma fumaça espessa, surgia, triangular e escarpada, a "Steel City", capital americana do carvão e do aço. Pittsburgh, a industriosa, havia se transformado em uma das cidades mais poderosas dos Estados Unidos. Desde 1911, ela produzia entre um terço e a metade do aço americano. Era a cidade onde prosperavam impérios industriais e financeiros, como os da WESCO International, PNC Financial, US Steel, PPG Industries, Reed Smith, Buchanan Ingersoll & Rooney. Era a cidade dos Carnegie, dos Frick, dos Mellon, dos Heinz. A cidade onde se estendia a opulência de suas mansões repletas de obras de arte trazidas, em geral, da Europa. Era a cidade dos ricos.

Era a cidade dos pobres, também. Uma cidade cheia de imigrantes que vieram em massa, que vieram em busca de trabalho para escapar da miséria, para subsistir, fazer fortuna também, quem sabe. Mais da metade da população eram estrangeiros. Circulavam jornais em todas as línguas. Uma torre de Babel em construção. Uma grande "*salad bowl*". *A land of opportunities.**

Era a cidade das grandes diferenças. De um lado, o luxo estonteante de Shadyside, o bairro dos ricaços. Do outro, no lado sul da cidade, a insalubridade espetacular do distrito de Hill, no qual se empilhavam barracos e casebres onde

* Literalmente: "uma grande saladeira. Uma terra de oportunidades." (N.T.)

viviam os *workers* com suas famílias. As casas, de madeira ou tijolos, eram velhas, deterioradas, enegrecidas, símbolos de uma miséria que se agarrava, tenaz. Causa e efeito de si mesma. As ruas grosseiramente pavimentadas recebiam a terra dos pátios internos estreitos e sombrios, produzindo poeira quando o tempo estava seco e lama quando chovia. Raras eram as casas com sistema de esgoto. À lama deixada nas ruas pelas fortes chuvas se misturavam com frequência excrementos. Degradação e imundície. A vida de boa parte dos imigrantes era rude e brutal. A cidade nesses bairros parecia um encarniçado saco de gatos. A vida? *A struggle for life*. A vida? Uma luta pela sobrevivência.

Entretanto, toda aquela população trabalhava com os pés atolados na miséria viscosa para edificar a época moderna. As grandes obras públicas eram a palavra de ordem unificadora. A atividade industrial e a multiplicação dos automóveis uniam empresários e políticos em visões urbanísticas inovadoras e grandiosas. "*Pittsburgh Forward!*"* era o slogan municipal. Isso dizia muito sobre a esperança de progresso trazida pelo impulso industrial. A década viu desenvolverem-se em Pittsburgh, bem como na Filadélfia, em Chicago e em Nova York, canteiros de obras gigantes, e iniciarem-se construções faraônicas, ruas, bulevares, pontes pênseis, túneis, edifícios públicos, prédios, desafiando o céu e subvertendo irreversivelmente a silhueta da cidade.

Era a cidade dos trabalhadores. Homens, mulheres, crianças, todos estavam no trabalho. As reportagens fotográficas realizadas por Lewis W. Hine para a *Pittsburgh Review* nos anos 10 e 20 eram eloquentes: *Children at Work, Men at Work, Women at Work*.** O fotógrafo investigava as condições de trabalho desses "novos americanos" que se matavam de trabalhar, curvando-se às imposições e aos ritmos da máquina, da fábrica, da produtividade. A fotografia se impunha então como um novo meio para informar, sensibilizar e fazer avançar

---

* Avante, Pittsburgh! (N.T.)

** *Crianças trabalhando, Homens trabalhando, Mulheres trabalhando.* (N.T.)

a legislação trabalhista. A fotografia iniciava uma consciência dos tempos modernos. O tempo das massas. Essas massas de pessoas tão distintas, a um só tempo decididas a enfrentar a novidade desse país e tão desprovidas e vulneráveis, tinham tudo para fascinar a objetiva das máquinas fotográficas, testemunha dos males e transtornos sociais trazidos pela massificação e a mecanização. Dorothea Lange, Walker Evans, Luke Swank documentaram esses anos de mutação.

Pittsburgh, excessiva em seus contrastes e absolutamente moderna, fascinava o olhar. A novidade brutal daquelas paisagens industriais impunha uma fotografia não somente social, mas modernista. Os céus eram máscaras de fumaça cinzenta, incrustadas por partículas em suspensão. A névoa industrial, o *smog*, escondia permanentemente o céu e o sol. Os candeeiros de iluminação pública funcionavam sem parar. Nas fábricas, o fogo das fornalhas contrastava brutalmente com a obscuridade reinante no interior; as silhuetas dos operários se destacavam de maneira surpreendente contra o fundo de máquinas ou forjas gigantes. Novos hábitos visuais, novas sensibilidades estéticas nasciam. A região que Julia descobria era uma zona industrial gigantesca.

As paisagens subcarpáticas já não viviam na memória e na imaginação de Julia Warhola. Quais foram suas impressões assim que desembarcou nesse país estranho, novo, puro barulho e furor?

Depois do que acabara de viver na Europa, Julia não se sentia infeliz. Mas estava nostálgica. Ela falava, incansavelmente, de seu povoado, da história de seu casamento, das atrocidades da Grande Guerra, de Ella e Eva, suas duas irmãs que permaneceram por lá. Ela lhes enviava regularmente cartas e pacotes. E, todos os meses, visitava sua irmã Mary Preksta, imigrante como ela, moradora de Northside, outro bairro de Pittsburgh. E elas choravam juntas. Julia cantava muitas canções aprendidas durante a infância, canções tradicionais dos Cárpatos. Mais tarde, ela gravaria a si mesma, com a ajuda de Andy, em fitas cassete que tocava nos dias em que queria se sentir menos só e não sentir o peso do exílio. Ela não falava bem o inglês. Sempre teve um sotaque forte e uma sintaxe aproximativa dessa língua para sempre estrangeira.

Ela acabava de se reunir ao homem do qual ficara separada durante mais de nove anos. Ondrej Warhola era operário, firme no trabalho, em todos os trabalhos. Ele trabalhou nas minas de carvão, nas siderúrgicas, nos canteiros de obras de construção. Era sério, rígido, obstinado, previdente, econômico. Na época em que sua esposa se juntou a ele, era empregado da Eichleay Company, "*A Moving Company*", uma empresa que demolia toda construção velha que colocasse empecilho aos novos canteiros de obras. Ganhando salário fixo, ele fazia economias para o futuro, para tempos melhores, ou piores.

Transcorrera apenas um ano desde a sua chegada na América quando Julia deu à luz, em 1922, um filho, Paul. Depois, em 1925, ela pôs outro filho no mundo, John. E, em 1928, o casal Warhola teve seu último: Andrew. Mais um filho. A certidão de nascimento precisa o dia: 6 de agosto. Mas essa certidão de nascimento foi feita muito mais tarde, em 1945, quando o caçula da família precisou desse documento para se matricular na universidade. Andrew, o caçulinha, não teve, portanto, nenhum estado civil oficial antes dessa data. Sua mãe o guardava primeiro para si, na esfera privada e familiar.

Julia deu à luz seus três filhos no mesmo lugar: no quarto de um apartamento quarto e sala na Rua Orr, 73, no coração do bairro dos imigrantes. A Rua Orr foi o ponto de partida de uma itinerância por Pittsburgh em função da prosperidade da família.

Em 1930, o pai, que continuava trabalhando duro, encontrou uma casa na Rua Beelen, uma rua situada sobre a colina que se projeta sobre o rio Monongahela. Um pouco de perspectiva, um pouco de altura! As coisas progrediam. Era 1930, contudo, alguns meses apenas após a Sexta-Feira Negra.* A América mergulhava numa crise econômica que seria longa e particularmente dramática para a massa de

* Como ficou conhecido o dia 29 de outubro de 1929, em que a queda da Bolsa de Nova York posteriormente resultou em uma grande crise financeira mundial. (N.E.)

trabalhadores. A massa trabalhadora se exauria. A situação da maioria se tornava cada vez mais crítica. Os desempregados começavam a se tornar legiões. Logo seriam legiões enfurecidas, colocando em risco o equilíbrio social do país ceifado em plena edificação de sua modernidade e de seu poderio. A maioria dos operários estava condenada à inatividade e ao inelutável empobrecimento, tendo por único capital uma força de trabalho cada vez mais desvalorizada, cada vez menos procurada. Ondrej iria se sair melhor que os outros?

Um ano mais tarde, como todo o mundo, ele foi vítima da crise e perdeu seu trabalho na Eichleay Company. Como inúmeras empresas, ela acabara sofrendo os efeitos da recessão: o escasseamento dos canteiros de obras, as encomendas públicas que não recuperavam a atividade. Assim, a família, recém-instalada, teve de renunciar à casa e mudar de novo, agora para uma moradia de duas peças ainda mais exígua do que a primeira.

Nova etapa em Pittsburgh: Rua Moultrie. Ou melhor, volta ao ponto de partida, porque a Rua Moultrie era uma paralela muito próxima da Rua Orr.

Ondrej não perdera, contudo, sua determinação nem seu ardor no trabalho. Ele não protestou nem se rebelou contra a sorte. Sua atitude era singular, uma contracorrente dos movimentos operários de protesto que agitavam então Pittsburgh em plena efervescência contestatória. O que pensaria ele daquelas reuniões de desempregados conduzidas pelo padre Cox, prontos a contestar a ordem, a subverter o equilíbrio social já fragilizado? Numa espécie de agnosticismo político, mas também graças às suas economias, Ondrej continuou depositando confiança no trabalho, a procurá-lo sem esmorecer, disposto a aceitar o que se apresentasse. Se fosse preciso, ele não rejeitava o trabalho em canteiros de obras distantes de seu lar, aceitando se ausentar por períodos prolongados. Ondrej decidia tudo, mas estava sempre ausente. Andy contaria mais tarde: "Meu pai fazia viagens de negócios frequentes às minas de carvão, e eu não o via mais".[2] Partia sempre "em viagem de negócios"? Mas Andy Warhol tinha um pai operário, um mineiro.

Julia também participava do esforço de guerra da família: fabricava pequenas esculturas de flores com latas de conserva da sopa Campbell. Ela tentava vender suas pequenas obras de porta em porta nos bairros de Pittsburgh um pouco mais preservados da crise econômica. Julia tinha algum senso estético, alguma sensibilidade e mãos habilidosas... Ela fabricava objetos, desenhava, cantava... Era também tão resoluta e cheia de expedientes como seu marido. Determinada e entusiástica. Decidida e confiante. Bem mais tarde, alguns evocariam a veia artística de Julia transmitida ao filho caçula, com o qual iria conviver e trabalhar um pouco durante quase uma década em Nova York, após a guerra.[3]

Antes da guerra, porém, durante os anos 30, os tempos eram duros, ou "amargos", como diz a expressão americana para designar esse período, *bitter years*. Era preciso se contentar com uma vida pobre, simples, racionada, desprovida de extras, a mil léguas dos hábitos de consumo contemporâneos, uma vida na qual eram inimagináveis esbanjamentos com o conforto e o prazer. O casal não comprava quase nada. Mesmo para as coisas necessárias, eles se abstinham, faziam de maneira diferente, ponderavam, inventavam. As roupas eram remendadas e os sapatos consertados. Nada que pudesse ser reutilizado era descartado. Eles guardavam até os menores pedaços de couro para consertar um sapato ou uma sacola. Ondrej tinha todo um equipamento de sapateiro, um banco com compartimentos com todas as ferramentas especializadas, formas de ferro de vários tamanhos para toda a família e para (quase) todas as idades. Uma sola estava muito gasta. Ondrej a trocava cortando pneus velhos. As solas novas, compradas prontas no comércio, sem retoques, eram reservadas aos sapatos de domingo, para ir à igreja.

Tempos de economia e de frugalidade exemplar. Ondrej tinha recursos incríveis. Quando não estava trabalhando longe, nos raros momentos em que permanecia em casa – momentos difíceis, contudo, porque ele não ganhava dinheiro –, ele se dedicava a melhorar as condições do lar. Fabricava objetos úteis, como utensílios de cozinha. Ele entalhava em grandes pedaços de madeira colheres, tigelas, pratos, espremedores de batatas, socadores e pilões. Purê de batata e piroghi, sopa de repolho, pão caseiro (*paska*, na língua do país de origem), cogumelos secos (*papanki*, na língua do país de origem). O modo de vida dos Warhola se caracterizava por hábitos artesanais fortemente tingidos por tradições da Europa eslava. Que exemplo de temperança e moderação forçadas! Porque, embora o pai velasse para que os filhos tivessem o que comer, mesmo assim eles tiveram a experiência da privação. Na maioria das vezes não havia sobremesa, nada de *candies*, porque não havia dinheiro para isso. O gênero mais escasso durante aqueles anos de "depressão" era o dinheiro.

O dinheiro foi a obsessão de Andy Warhol – foi sua estação mental: "O dinheiro é meu humor"[4], ele escreveria. A ponto de serigrafar a imagem da cédula de 1 dólar em telas, papelões e papéis, até o fim de sua vida. A ponto de sugerir aos colecionadores que, em vez de comprarem quadros e pendurá-los na parede, eles deviam pendurar os maços de dinheiro correspondentes ao preço do quadro: "Eu gosto do dinheiro nas paredes. Vamos supor que você vá comprar um quadro por 200 mil dólares. Para mim, você faria melhor se pegasse esse dinheiro, fizesse um maço e o pendurasse na parede. Quando alguém o visitasse, a primeira coisa que veria era o dinheiro na parede".[5] Foi essa, aliás, a ideia que o levou a fazer serigrafias de cédulas de 1 dólar no início de 1962. "Era uma daquelas noites em que eu consultara dez ou quinze pessoas ao meu redor em busca de sugestões quando finalmente uma amiga me fez uma boa pergunta: 'Afinal, do que é que você mais gosta?' Foi assim que comecei a pintar dólares."[6] Nenhuma hesitação, é uma evidência reconhecida com candura.

Ele fingia gostar da moeda americana também por razões estéticas, porque ela tem, de fato, um belo grafismo. E lembrou-se de que uma vez jogou uma cédula no Rio East, do ferry de Staten Island, "só para vê-la flutuar".[7]

Ele sempre teve uma relação a um só tempo lúdica e obsessiva com o dinheiro. Em 1984, Warhol comprou um imóvel na Avenida Madison, em Nova York, entre as ruas 32 e 33. Em 9 de maio de 1984, embora não tivesse nenhuma razão para se inquietar com a sua solvência, ele escreveu no seu diário: alguém que pretendia comprar uma *Marilyn*, "queria pagá-la em quatro anos ou alguma coisa assim. Eu não sei mais o que fazer. No começo, queria o dinheiro rapidamente para pagar os sujeitos da construção do novo imóvel".[8] O que o interessava era o dinheiro vivo, o dinheiro que se põe no bolso, que se pode esfregar. Materialista. O dinheiro é antes de tudo a moeda, o papel-moeda que se toca, que se apalpa, que se arruma em maços: "Eu só compreendo as CÉDULAS VERDES", ele proclama. Nada de letras de câmbio, nada de cheques, nada de *traveller's checks*".[9] E tentava compartilhar com seus próximos esse senso do dinheiro. Ele oferecia dinheiro aos amigos: "O dinheiro é o melhor presente, então eu o dei a John e a Peter, cem dólares a cada um em notas de um dólar. Também dei 25 dólares a Peter em rolos de um *cent*. Era pesado".[10] Se ele gostava de dar dinheiro, é que adorava recebê-lo e possuí-lo. "Dinheiro vivo. Não consigo ser feliz quando não o tenho. Mal o recebo, preciso gastá-lo. E só compro bobagens."[11] Todo mundo sabia que Andy Warhol gostava de dinheiro acima de tudo, donde este comentário a propósito de sua festa de aniversário organizada em 7 de agosto de 1978 (para os seus cinquenta anos!): "E o presente mais bonito foi de Stevie, uma lata de lixo com duas mil notas de um dólar que ele me despejou na cabeça. Foi mesmo o presente mais chique".[12] Naquela noite, Andy Warhol, de gatinhas, recolheu e alisou uma a uma, até a última cédula; todas que foram despejadas sobre ele – ele contou!

Andy não ocultava seu gosto pelo dinheiro. Ele o alardeava francamente. Alguns reprovavam essa motivação "pouco artística", mas ele a confirmava, e nunca lhe faltou uma razão para justificar esse amor: "Tenho a impressão de não contrair germes quando tenho dinheiro... o dinheiro exerce uma espécie de anistia. Quando passo a mão sobre o dinheiro, ela fica perfeitamente limpa".[13]

Andy Warhol nunca teve cartão de crédito; ele carregava maços de notas de cem dólares. E escondia pacotes de notas embaixo do colchão. Achava que as pessoas só se sentem ricas quando têm dinheiro no bolso ou embaixo do colchão. Mas nunca se considerou rico. Os ricos seriam sempre os outros. A pergunta que ele faz ao leitor de sua *Filosofia*, na epígrafe do capítulo sobre o dinheiro, é eloquente: "Se você for um Rockefeller, Nova York realmente lhe pertence. Consegue imaginar isso?".[14] Como Andy não era um Rockefeller, não era rico... Ele seria eternamente perseguido por um desejo de dinheiro impossível de satisfazer, objeto de cristalização, fora de qualquer domínio racional. Qualquer ideia de moderação estava fora de questão, como sugere esta confissão: "Eu tenho esta fantasia a respeito do dinheiro: ando pela rua e ouço alguém dizer ou murmurar: 'Aí vai a pessoa mais rica do mundo'".[15]

Ele se divertia também construindo uma visão heroica: ele era diferente, não era rico, já que enfiava suas notas, totalmente amarrotadas, em sacos de papel kraft. Caprichoso e anticonformista, Andy Warhol se via talvez como uma espécie de Tom Sawyer. Independente e insolente. Estigmas de uma primeira infância distante dos sonhos dourados.

As privações do início dos anos 30 eram a condição cotidiana dos Warhola e a condição comum naquele tempo de crise econômica generalizada. Mas o casal fazia todo o possível para resistir à desordem e à depressão. As privações podiam ter ares de ascese. Podiam exprimir uma determinação, uma força de vontade exemplar, digna de orgulho. Optar por uma atitude rígida, respeitar certas tradições, em especial religiosas, era, para os Warhola, a resposta moral aos problemas materiais. Todos os domingos, a família inteira ia à igreja uniata Saint John Chrysostom, em Greenfield, na Rua Saline, 506. Iam a pé, mesmo quando chovia ou nevava. Os paroquianos eram, na maioria, católicos gregos, como os Warhola. Nenhum vento contrário podia fazê-los faltar à missa, felizes que ficavam de reencontrar toda uma comunidade de compatriotas e de participar de sua liturgia.

O espírito religioso não se limitava à igreja. Estava presente no coração do lar. Ícones santos, pinturas religiosas ornamentavam cada parede do imóvel de duas peças da Rua Moultrie. A religião decorava o lar, e a devoção, e, por influência decisiva do pai, muito rígido, cimentava as relações familiares.

Em 1932, Ondrej conseguiu um emprego na Eichleay Corporation, que havia se reestruturado. A situação poderia melhorar. E até mudar consideravelmente. Os Warhola iriam, de fato, mudar de universo: dois anos depois, a família havia deixado o exíguo apartamento de dois quartos da Rua Moultrie e se mudado para uma casa na Rua Dawson, 3.252, no bairro popular de Oakland.

A casa tinha quatro níveis: um porão com um forno, um andar térreo com varanda, sala de visitas, sala de jantar e cozinha, um andar com dois quartos: o dos pais e o dos dois meninos mais novos, John e Andy, e um sótão que o mais velho, Paul, transformou em quarto. Havia também um pequeno pátio nos fundos, onde um jardinzinho poderia ser cultivado. Embora não se possa falar de opulência, ao menos a situação era bem mais confortável.

Os Warhola mudavam de mundo. Em relação ao bairro dos imigrantes, Oakland era um bairro mais neutro, mais *middle class*, mais intermediário: ao norte erguiam-se as grandes construções solenes, símbolos monumentais da potência da cidade e de seus habitantes ricos – elevava-se com destaque a Catedral de Learning, construção imponente da Universidade de Pittsburgh; ao sul, estendiam-se fileiras e fileiras de pequenas casas, bordejadas a nordeste por um grande parque, o Schenley Park, e um lago onde se podia nadar, o Panther Hollow Lake.

Agora, os Warhola tinham tudo por perto. Acabaram-se as caminhadas de três horas para ouvir a missa. A igreja bizantina de Saint John Chrysostom ficava bem perto. De mais a mais, encontravam-se na vizinhança escolas melhores – a Holmes Elementary e a Schenley High, que os garotos Warhola frequentariam –, um museu, o Carnegie Museum, uma biblioteca, institutos universitários como o Carnegie Institute, um teatro, o Schenley Theater. Sim, um outro mundo.

Outros vetores de mudança igualmente se impunham, precipitando a ruptura cultural. Novos meios tecnológicos de difusão das informações e dos entretenimentos se expandiam, rompendo com a lógica das minorias culturais, dos particularismos étnicos. Outras reuniões, outros encontros, outros efeitos de reconhecimento eram possíveis. Ocasiões novas de se familiarizar com uma sociabilidade menos ritualizada, mais imprecisa, mais aberta, mais indeterminada se ofereciam a quem o desejasse. O rádio – e, por ele, vozes públicas, e, por essas vozes, espaços públicos novos – se introduzia nos lares dos americanos, mas também nas casas dos recém-chegados, dos imigrantes. A primeira transmissão de rádio feita de East Pittsburgh, em 2 de novembro de 1920, foi um sucesso e lançou a moda do rádio. O recenseamento de 1930 revelou que doze milhões de famílias possuíam um aparelho. Os programas deviam agradar à maioria e distrair. Era preciso seduzir os anunciantes para fazê-los comprar o maior tempo de emissão possível e com isso assegurar a rentabilidade das estações. Isso porque todas as estações de rádio eram privadas. Os concertos e os espetáculos, do vaudeville à sinfonia clássica, da opereta ao jazz, se misturavam com anúncios de dentifrícios, pastilhas contra a tosse, café, tapetes, *ginger ale**, colchões, seguros de vida, máquinas de escrever, gasolina etc. Juntaram-se rapidamente a esse caldo de cultura os debates e discursos políticos, estes com destaque para os de Franklin Roosevelt que propunha seu New Deal à América em crise.

O rádio era um poderoso meio de persuasão, e um instrumento seguro de inserção. Para os filhos de imigrantes, ele foi a garantia de uma aculturação eficaz, em especial linguística.

O rádio foi a única extravagância que Ondrej se permitiu em sua vida. O móvel imponente imperava no meio da sala de visitas da casa da Rua Dawson.

---

* Bebida tradicional, feita à base de gengibre e refrescante, muito comum nos Estados Unidos, no Canadá e na Inglaterra. (N.E.)

Perturbações (1929-1942)

Fiz tudo que pude, em minha juventude, para me documentar sobre o amor.[1]
ANDY WARHOL

Aos dezesseis meses, Andy bebê posou com sua mãe e John para uma foto tirada em estúdio: Julia, com um chapéu cloche de cor clara, um casaco de pele de cor escura e uma elegante gargantilha, sorri com sutileza para a câmera, o olhar franco por trás dos óculos de aro de ferro. À direita, Andrew está ajoelhado: ele é bastante bochechudo, tem os cabelos totalmente loiros cortados em tigela, usa um casaquinho elegante de colarinho grande um pouco apertado, porque é rechonchudo, e olha docemente para a câmera. À esquerda, John usa uma gravata com nó benfeito e um lencinho no bolso superior do pequeno blazer preto ou azul-marinho com botões de metal brilhantes; ele olha a câmera com ar um pouco mais impressionado, ou incomodado.

Esta é a primeira de uma série de fotos tiradas ao longo da juventude de Andrew em Pittsburgh, fotos que o mostram, na maioria das vezes, sorridente e afetado. Loiro, cada vez mais loiro e opalino do que os outros, ele está sempre decentemente vestido, como Julia, que nitidamente cuida da sua aparência nesse período, e que era então bastante coquete. Fotos de família clássicas que mostram uma família estável e decente, e satisfeita com a sua sorte.

Nada a assinalar, aparentemente. Exceto, sem dúvida, a ausência do pai, que não aparece em nenhuma dessas fotos. Mas graças ao ausente que trabalhava duro e longe com formidável constância, a família estava no caminho da integração, se reconhecia naquela vida americana, naquele bairro de casinhas asseadas. Uma família sem história. E o pequeno Andrew emitia os sinais da maior normalidade. Salvo, talvez, por uma espécie de fragilidade (física) que se revelou cada vez

(1918), *O garoto* (1920), *A corrida do ouro* (1925), *Luzes da cidade* (1931), *Tempos modernos* (1936), com Charles Chaplin. O sucesso desse tipo de cinema pontua o nascimento do humor popular (marca registrada americana): é a era de Buster Keaton, de Charles Chaplin, de Laurel e Hardy (o Gordo e o Magro), do coelho Pernalonga (e, em seguida, de todas as personagens que Tex Avery criou para a Metro Goldwyn Mayer). Com sete anos, Andrew Warhola pediu à mãe um projetor para passar desenhos animados. E, embora a família Warhola vivesse com restrições e privações, Julia conseguiu economizar a quantia necessária e oferecer o cobiçado projetor a seu Andek. Em 1937, compraram também para ele sua primeira máquina fotográfica. Os meios eram limitados, mas o pequeno Andrew começou muito cedo a se familiarizar com aparelhos tecnológicos que produziam imagens. Máquinas fotográficas, câmeras, eram como apêndices prolongando os membros de Andy Warhol. A partir de meados dos anos 60, Andy não saía mais sem a sua máquina fotográfica e seu gravador de som.

Durante a infância, na virada para a idade da razão, ele iniciou uma coleção de fotografias de estrelas de cinema que guardava em caixas de sapatos. Ele tinha um ídolo: Shirley Temple. Ela nascera no mesmo ano que ele. Em 1936, segundo a *Time Magazine*, Shirley Temple era a pessoa mais fotografada do mundo. Chegava a fazer concorrência ao próprio presidente americano. Seus filmes, entre 1935 e 1938, eram geralmente os de maior bilheteria, deixando longe todos os demais filmes de Hollywood. Começaram a fabricar bonecas, brinquedos, vestidos, sapatos, chapéus, casacos, sabonetes, presilhas de cabelo, fitas, calcinhas, livros estampando sua efígie. Essa indústria rendia milhões de dólares. Andrew e Shirley tinham ambos oito anos então. Ela literalmente o fascinava. Ele se inscreveu no seu fã clube, escreveu-lhe cartas, e recebeu em resposta uma foto com a dedicatória: "*To Andrew Warhola From Shirley Temple*". A foto foi pendurada na sala de visitas acima da lareira, ao lado do crucifixo. Muitos anos depois, quando Warhol se apaixonou por Truman Capote, este diria, não sem sarcasmo, mas não menos seriamente: "Eu havia me tornado sua nova Shirley Temple".[4]

O que ela tinha de tão fascinante para o pequeno Andrew? Era a criança estrela: ela combinava atitudes infantis, charme, inocência e indolência, com a responsabilidade e habilidade de uma pessoa adulta. Espontaneidade inocente – e, portanto, desarmante – e savoir-faire. Um exemplo de sucesso graças a uma mistura de graça e astúcia, que ia contra o modelo viril dominante celebrando a bravura, a força, o heroísmo musculoso. O fenômeno Shirley Temple ofereceu, pois, um modelo alternativo para atuar com sucesso no mundo que inspirou profundamente Andrew Warhola, que um dia se tornaria Andy Warhol. O modelo de referência do pequeno Andrew, construindo um ponto de apoio forte, e começando a cristalizar um sistema de valores, era Shirley Temple e não o Super-Homem.

Esse gosto pelo cinema, pelo fascínio que a imagem pode exercer, pela contemplação, seria reforçado por uma infância marcada pela fragilidade de constituição física que o deixava o tempo todo doente. As recordações da infância de Andy Warhol se cristalizaram, aliás, em torno dessa impressão de ter estado constantemente doente e ter passado toda sua tenra infância acamado, desenhando sobre uma almofada ou ouvindo rádio.

Isso porque, quando ele tinha oito anos, diagnosticaram-lhe uma doença grave e rara: a coreia, também conhecida como Dança de São Guido. Notaram, enfim, alguns sinais estranhos, perturbações de comportamento muito espetaculares: tremor dos membros, falta de coordenação das pernas, dos braços, dos músculos faciais, a ponto de ele não poder mais escrever ou desenhar; uma hipersensibilidade acompanhava essa hiperagitação; sua fala ficava atrapalhada, confusa; ele ficava coberto de erupções cutâneas. O pequeno Andrew ficava tomado por tiques nervosos. Começou com uma febre reumática e, por falta de tratamento, seu estado se agravou, e ele contraiu essa doença que podia ser fatal. Ele parou de frequentar a escola durante um ano. Sua cama foi posta na sala de visitas. Ele passou a ocupar então um lugar central na casa e na vida da família. Era objeto de uma atenção constante por parte da mãe. Ela lia histórias para ele, o melhor que podia:

> Minha mãe lia para mim histórias da melhor maneira que podia com seu forte sotaque tcheco, e eu sempre lhe dizia, "obrigado, mamãe", quando ela havia acabado de ler Dick Tracy, mesmo não tendo compreendido uma única palavra.[5]

Esse episódio foi longo e marcou a vida familiar. Isso porque Andrew teve uma recaída e ficou convalescente durante muitos anos. Um ano após seu primeiro acesso, que o manteve preso ao leito por longos meses, aparentemente curado, ele retornou à escola. Mas teve uma recaída imediata. Uma vez. Duas vezes. E, cada vez, ele faltava um mês, dois meses à escola, retornando às atividades manuais que exercitavam seu senso de esquematização e de precisão. Nos intervalos, entre as recaídas, Andrew era tratado na Holmes School com todos os cuidados devidos a um menino doente. Sempre mais frágil e mais pálido, mas paralelamente cada vez mais respeitado e considerado. Apesar de faltar muito durante esses três anos, ele não perdeu nenhum ano. Essas circunstâncias evidenciavam sua superioridade intelectual. O que os irmãos reconheciam indiretamente, incrédulos e despeitados. Eles não compreenderam por que, quando o pequeno Andrew voltou à escola após dois meses de ausência, fizeram-no avançar.

Andy Warhol se lembraria de ter estado o tempo todo doente quando criança, sobretudo durante as férias:

> Tive três depressões nervosas em minha infância, espaçadas de um ano. Uma aos oito anos, a segunda aos nove, e a terceira aos dez. As crises – Dança de São Guido – começavam sempre no primeiro dia das férias de verão. Ignoro o que isso significava. Passava o verão inteiro ouvindo rádio, estendido na cama com meu boneco Charlie McCarthy e meus bonecos de cartolina para recortar espalhados sobre a colcha e o travesseiro.[6]

O que isso quer dizer? Que ele não era despreocupado como as outras crianças. Que era mais solitário e, fatalmente, mais sério. Que ele sentia uma distância, uma diferença, que o separava das outras crianças do bairro e da escola, que o deixava fora da vida cotidiana e da rua.

Essa distância não encurtou na adolescência. O mundo exterior continuava sendo estranho e distante. Como se ele o olhasse de trás de um vidro. Essa distância marcou com o selo da estranheza e da incompreensão todas as experiências que se tem geralmente nessa idade. As primeiras emoções? Andrew via perfeitamente ao seu redor que algumas coisas deviam ser feitas, ser experimentadas. Que uma curiosidade sensorial e corporal começava a se apossar dos outros, impelindo-os a se tocar, se colar. Andrew via sem compreender de fato, sem sentir. Ele permanecia atrás do vidro. Era intocável. Os outros eram inacessíveis.

> Fiz tudo que pude em minha juventude para me documentar sobre o amor e, como este não era ensinado na escola, eu me voltei para o cinema para ver o que é o amor, e *o que é preciso fazer*. Naquela época, aprendia-se de fato alguma coisa sobre certo tipo de amor indo ao cinema, mas aquilo não era realmente *utilizável*.*

Andy sempre se faria perguntas práticas sobre uma coisa: o amor físico, que ele não deixaria de considerar muito abstrato, e estranho. Andy se perguntaria amiúde como aquilo funcionava.

Não era tanto que o objeto do desejo fosse obscuro, incerto ou indistinto. Era antes que o próprio desejo não se manifestava com força. "Nunca tive sonhos eróticos", afirmaria Warhol mais tarde.[7] Sinal vital nulo. Ele não era a presa de revoluções tempestuosas que teriam podido marcá-lo:

> A puberdade não me deixou uma grande lembrança. Eu certamente perdi uma parte dela quando estava doente, de cama, com meu boneco Charlie McCarthy, assim como perdi *Branca de Neve*. Só fui assistir *Branca de Neve* com 45 anos

* Andy Warhol, *Ma philosophie de A à B et vice versa, op. cit.* p. 45. Grifado pelo autor.

> de idade, quando fui com Roman Polanski ao Lincoln Center. Foi uma boa ideia ter esperado, com certeza, porque não posso imaginar que isso teria sido mais apaixonante do que foi então. Tirei daí que, em vez de prevenir as crianças bem novinhas sobre os mecanismos e o vazio do sexo, seria bem mais interessante lhes revelar brutalmente todos os detalhes aos quarenta anos de idade.[8]

De repente, aos quarenta anos de idade, se produziria essa iniciação que teria o efeito de um eletrochoque. "E aí", acrescenta Andy, subitamente, "aos quarenta anos a vida teria outro sentido. Nós deveríamos permanecer bebês por muito mais tempo, agora que vivemos muito mais."[9]

Andrew estaria atrasado em seu desenvolvimento psicológico e afetivo? Teria perdido o momento em que se sai da infância? Ou já teria saído? Ele permaneceria por longo tempo num espaço singular, nem criança nem jovem, sem poder adquirir o tom de um deles. Andrew era silencioso e solitário. Ele compreendia rápido ao observar de longe tudo e todo mundo – havia adquirido esse hábito naqueles longos anos em que foi obrigado a permanecer afastado das outras crianças. Ele compreendeu rápido, por exemplo, que a convivência com os outros era tão somente uma fonte de desilusão e frustração, sobretudo quando se esperava muito disso. Andy cultivava seu isolamento, tirava proveito dele para desenvolver sua imaginação. O contato direto, a experimentação sensorial, eis o que sempre decepciona, e que sempre acaba simplesmente nos expondo afetivamente e nos prejudicando.

Entre dois estados de saúde preocupantes, depois entre duas idades, Andrew recortava, coloria e desenhava, muito concentrado, pouco ou nada atraído pelas sirenes da rua. Ele já "trabalhava", como gostaria de convencer os jornalistas anos mais tarde:

> – Qual foi sua primeira obra de arte?
> – Eu recortava silhuetas.
> – Que idade você tinha?

– Sete anos.
– Tirava boas notas em desenho, na escola?
– Tirava. Os professores gostavam muito de mim. Na escola primária, eles nos faziam copiar imagens dos livros. Acho que a primeira foi de Robert Louis Stevenson.
– Foi seu primeiro retrato?
– Talvez.
– Você frequentava um ateliê de desenho?
– Não. Mas para quem tivesse um pouquinho de talento na escola elementar, eles costumavam propor esse gênero de coisa: 'Se conseguir desenhar isso', e a gente tratava de copiar a imagem e enviar...
– À *Famous Artist's School*?
– Bem, sim.
– E você enviou?
– Não, os professores faziam isso.
– Eles diziam que você tinha um talento natural?
– Algo assim. Um talento contra a natureza.
– Você se interessava pela arte nessa época?
– Eu estava sempre doente, por isso precisava frequentar as aulas de verão para tentar me recuperar. Eu tinha uma classe de desenho.
– Como se divertia quando era adolescente?
– Não fazia nada para me divertir; oh, creio que talvez uma vez tenha ido ver Frank Sinatra num concerto com Tommy Dorsey. Foi preciso tomar um bonde para ir lá.
– Você trabalhava depois da escola?
– Sim, vendia frutas.
– Numa quitanda?
– Não, num caminhão.[10]

Andy Warhol muitas vezes se divertia em pintar sua infância como negra, miserável, sofrida – quando queria falar dela. Teria ele trabalhado, frágil como era, como aquelas crianças congeladas nas fotos sociais de Lewis Hine, em geral muito novas – sete, oito anos –, sem educação, carentes, obrigadas a trabalhar nas fiações, siderúrgicas, minas etc., sem proteção, os pés descalços, rebotalho do continente europeu? Andrew

Warhola seria uma daquelas crianças em risco, ameaçadas de se tornar "Human Junk"?*

Uma coisa é certa: durante todos esses anos de doença e convalescença, até o liceu, o caçula da família não era o arrimo da família. Os dois irmãos mais velhos se enquadravam melhor nesse papel: Paul, que interrompeu os estudos, para grande decepção de seu pai, e John, que continuou estudando na Conley Trade School. Andrew, o mais novo, tinha uma saúde debilitada e era muito talentoso. Era o protegido. Ele tinha consciência disso. Via perfeitamente que os adultos não o tratavam como às outras crianças, e não somente pela fragilidade de sua constituição. Agora que seu irmão mais velho já trabalhava numa siderúrgica, agora que ele próprio já não era uma criança, continuavam encorajando-o a desenhar. Que Julia o encorajasse, isso se compreendia, ela própria desenhava e pintava. Mas isso era mais surpreendente vindo de seu pai, severo e trabalhador. Entretanto, da escola ao liceu, os professores de Andrew eram unânimes em dizer que aquela criança tinha uma inteligência e um talento fora do comum.

Ondrej, o pai, se matava de trabalhar; ele percebia perfeitamente que seu filho mais novo devia fazer um curso superior. As economias que ele acumulara conscienciosamente deveriam possibilitar isso, e pagar a casa da Rua Dawson. Mas o pai de Andrew acabou vencido pelas condições brutais do trabalho nos canteiros de obras. Ele adoeceu. Havia bebido uma água contaminada. Uma hepatite o levou após algumas semanas preso ao leito.

Ondrej Warhola morreu em 1942, o ano em que Andrew trocou o colégio pelo liceu de Schenley, que ficava no mesmo bairro, perto da casa. O pai deixou dinheiro suficiente para sua família – na forma de bônus postais – para que seu desaparecimento não comprometesse as ambições do filho caçula. Ondrej havia tomado providências para que Andrew tivesse uma história que merecesse realmente ser escrita.

---

* *Human Junk:* "dejeto humano", "rebotalho humano". Título do relatório para o *Child Labor Committee* (Comitê para o Trabalho Infantil) de 1904, cuja cobertura foi feita por Lewis Hine, chamando a atenção para os efeitos nefastos do trabalho infantil em fábricas.

"Meu rosto eu puxei dela, mas posso limpar meu nariz sozinho."* (1942-1949)

As coisas estavam se definindo. Elas se articulavam, levavam a algum lugar. Primeiro vieram a coloração e o recorte, depois o aprendizado de desenho e de arte, e, para coroar esses anos de formação, a arte aplicada. Como se viu, a primeira etapa – a coloração e o recorte – desenvolveu-se na infância e teve como cenário a casa da Rua Dawson, tendo em Julia uma mentora e inspiradora.

A segunda etapa, o aprendizado de desenho e de arte, foi no Carnegie Museum. Andrew Warhola, recomendado por sua professora da escola maternal, seguiu ali alguns cursos gratuitos, patrocinados por famílias abastadas de Pittsburgh, apreciadoras e colecionadoras de arte, como os Carnegie e os Frick. Ele frequentou esses cursos de 1937 a 1941, desde os nove anos de idade, após seu último ataque de Dança de São Guido. Ele pôde observar, portanto, desde essa tenra idade, outras realidades sociológicas, beneficiar-se de outros ambientes estéticos e entrever outros contextos sociais. Os cursos eram ministrados no primeiro andar do museu, no vasto e solene Music Hall, e reuniam quase trezentos alunos oriundos de diferentes meios. O acesso a esses cursos era por mérito, ou talento. Havia ali, em particular, crianças e adolescentes de famílias muito ricas. As diferenças de riqueza eram, pois, espetacularmente visíveis – os hábitos uniformizadores, ecléticos e iconoclastas do pós-guerra ainda não exerciam seu efeito democrático. Nesse período, nesse lugar, as diferenças de riqueza se evidenciavam em toda sorte de detalhes, na qualidade dos tecidos e couros das roupas e sapatos, na maneira de falar, de se comportar, de espairecer. Os americanos ricos

* Tradução de um título que Andy deu a um de seus autorretratos de 1948: *The Broad Gave Me My Face But I Can Pick Up My Own Nose.*

postulavam sua riqueza e a ostentavam, ornamentavam-se com ela. Assim, esses cursos de iniciação à arte no Carnegie Museum foram também cursos de iniciação social. Foram a oportunidade de um primeiro ponto de vista sobre os ricos, seus modos e suas facilidades. Alargamento das perspectivas. Com a prática da arte, esboçava-se a possibilidade de escapar dos mecanismos de reprodução social. Desenhava-se um espaço de autonomia e de invenção.

Os cursos eram ministrados por Joseph Fitzpatrick, professor no famoso Carnegie Institute of Technology, onde Andrew Warhola estudaria após o liceu. Esse professor, apaixonante, impressionante, teatral, observou naquela criança frágil, quase albina, uma rara determinação. A determinação sempre impressiona, sobretudo quando numa criança. Esse professor reconheceu a singularidade de Andrew, embora o achasse desagradável. Parecia-lhe que aquele menino já era um virtuose na arte da manipulação, que ele sabia alcançar seus fins sem pedir nada, atraía a atenção sem se exibir. "Pequeno monstro frio? Já? "Já" porque essa suspeita o perseguiria por toda sua vida. Sempre reservado, não se entregando jamais a um momento de efusão sentimental, Andy Warhol parecia, desde a tenra infância, desprovido de emoções. Parecendo insensível, ele passava, portanto, por cruel, inescrupuloso. Entretanto, a falta de sinais exteriores de sensibilidade não basta para afirmar de alguém que ele é mal-intencionado. Ao longo de sua vida, Warhol sempre se expôs ao ressentimento dos outros, que o acusarão de ser um aproveitador perverso, um frio calculista que escondia seu jogo sob uma doce placidez. Por exemplo, eis o que Warhol observa em seus *Diários*, sobre uma discussão entre amigos sobre o fotógrafo Richard Avedon: "Nós concordamos que Avedon era horrível, China disse que ele deixava as pessoas caírem tão logo lhes houvesse tirado o que queria. Eu fiz que sim, e todo mundo se pôs a vociferar que eu fazia a mesma coisa".[1]

Mas não sentir, ou não se ressentir, é uma coisa; ser cruel ou agir para prejudicar outrem é outra. Digamos que tudo se passava como se Andy Warhol fosse dotado de um anestésico natural, de uma faculdade neutralizante, que bloqueava os sentimentos, os tremores emotivos, as comoções sentimentais ou patéticas. Numa entrevista de 1975, por ocasião do lançamento de seu livro *A filosofia de Andy Warhol*, o jornalista lhe pergunta: "Você faz de si mesmo uma espécie de espaço vazio neste livro. É uma observação sincera, um achado ou uma pose para vender o livro?" Andy Warhol respondeu: "Não. Acho que sempre fui assim".[2] A imagem do "espaço vazio" convém perfeitamente, sem dúvida. Ela corresponde a sua experiência "interior", que trabalha para se negar como interioridade. Anular a profundeza, recusar afogar-se no "esgoto da consciência", estar sobretudo na superfície e não sofrer os movimentos aleatórios e caprichosos de sua sensibilidade, não se deixar encerrar na prisão de sua subjetividade – são outros objetivos implícitos que Warhol se propunha com seu "voto" de insensibilidade.

Trata-se aí de uma inclinação natural, cultivada, aprofundada por um trabalho voluntário, por um esforço consciente, comandada pelo desejo de não se deixar prender nas armadilhas dos sentimentos. Claramente, Warhol adota uma postura estoica de desconfiança das comoções afetivas, de rejeição das emoções:

> – Acredita nas sensações e nas emoções?
> – Hum... bem, não sei, mas eu as tenho. Preferiria... preferiria não tê-las.
> – Quer dizer, gostaria de se livrar totalmente delas, é isso?
> – Bem... seria uma boa ideia, sim.
> – Por que... Acha que seria mais feliz? Mas a felicidade também é uma sensação, não é?
> – Bem... não, simplesmente... simplesmente, você sabe, apenas a sensação de fazer o que é preciso... você sabe, apenas passar.
> – Quer dizer... Acha que a coisa mais importante em sua vida é passar?
> – Bem... eu acho.[3]

O prêmio de uma luta contra a emotividade é, talvez, o gozo de uma maior liberdade. Mas, concretamente, se Warhol queria extirpar suas emoções, foi com certeza porque pretendia privilegiar uma outra relação com o mundo em geral, e com seu ambiente imediato em particular. Sua percepção do mundo, não sendo tingida e banhada pela emoção, seria intelectual, irônica e icônica – ideia, enquadramento e imagem, eram essas as categorias que povoavam seu espírito e organizavam seu pensamento. A plasticidade de sua maneira de pensar o fazia perceber o mundo de uma determinada maneira, sem indignação, sem tristeza, sem cólera, mas na forma de uma observação curiosa, forçosamente distanciada – irônica. "Eu me divirto neste mundo", diria Warhol vinte anos depois, em 1966; "retiro dele uma enorme alegria, mas não sou sensual."[4] Ocorre que a alegria não se distingue da tristeza apenas por seus efeitos, mas, talvez, antes de tudo, por seu status: a alegria não é uma emoção que comove, mas um estado mental que sanciona uma compreensão intelectual e perceptiva do mundo. Com a alegria, ou a ironia, as pessoas desmancham a armadilha da consciência e da subjetividade, se desfazem do ponto de vista calcado na estreiteza do que chamamos, aliás, de interioridade, ou de intimidade, que com frequência lamenta. Com essa configuração mental, o jovem Andrew aprendeu rápido. Ele colocou à prova e compreendeu alguns mecanismos que regiam as relações entre as pessoas:

> Aprendi quando pequeno que todas as vezes que eu ficava agressivo e tentava dizer a alguém o que fazer, não acontecia nada. Eu nunca conseguia. Compreendi que a gente pode ter mais poder quando se cala.[5]

Foi isso, sem dúvida, que Fitzpatrick, o professor de desenho da infância à adolescência, interpretou como um sentido precoce da manipulação. Jovem, Andy Warhol era delicado, um filhinho da mamãe, tímido, frágil, assustadiço. O pequeno Andrek tampouco conseguia impor um caminho inesperado, cultivando um senso de provocação que lhe oferecia a oportunidade de observar a reação dos que o cercavam, como ilustra a seguinte anedota:

> Eu não era terrivelmente amado, mas tinha alguns bons amigos. Eu não era verdadeiramente íntimo de ninguém, e, contudo, acho que sentia muita inveja – quando via aqueles garotos que contavam seus problemas uns para os outros, eu me sentia abandonado. Ninguém confiava em mim – eu não era o tipo a quem eles teriam vontade de se abrir, imagino. Nós passávamos todo dia por uma ponte sob a qual se viam preservativos usados. Eu sempre me perguntava em voz alta o que era aquilo, e os outros riam.[6]

Andy reivindicava esse espírito de provocação, em parte pueril.

Essa tendência se aprofundou com o percurso atípico que aquele adolescente filho de emigrantes começava a ter. Fato notável, ele se saía bem nos estudos. Após o ginásio, foi naturalmente para o liceu, do qual saiu em 51º lugar, em 278. Tinha dezesseis anos e não pararia aí. Andrew foi o único de sua família que prosseguiu nos estudos além do colegial. Na mesma época, Roosevelt, Churchill e Stálin encerravam a Segunda Guerra Mundial. Chegara o momento da ruptura. O foco do dinamismo, da criatividade e da invenção havia se deslocado do Antigo para o Novo Mundo, da Europa para a América. Uma nova época começava.

E, para Andrew Warhola, veio a terceira etapa dessa emancipação extraordinária da origem, da família e da cidade natal. Essa nova etapa decisiva teve por enquadramento o departamento de pintura e desenho do Carnegie Institute of Technology. No início, ele hesitou um pouco entre a Universidade de Pittsburgh e o Carnegie Institute of Technology. Estudar história da arte ou arte aplicada? Tornar-se professor ou designer gráfico? Ele optou pela técnica e não pela história, a exemplo de vários artistas americanos renomados que foram seus contemporâneos: George Segal (que estudou arquitetura em Nova Jersey), Ed Ruscha (que estudou design gráfico publicitário em Los Angeles), Keith Haring (que também estudou design gráfico publicitário em Pittsburgh, mas trinta anos depois de Warhol).

Andrew Warhola não começou seu primeiro ano, em 1945, com uma ideia bem definida (e sagrada) da Arte. A "arte", para ele, havia sido até ali apenas uma prática da vida, de sua vida diária. De início, ele não fazia nenhuma ideia em particular da arte em geral, nem de sua função pública ou social. Mas as concepções estéticas que imperavam no Carnegie Tech se inspiravam na Bauhaus, a famosa escola alemã de arquitetura e artes aplicadas que havia sido aberta em Weimar em 1919 e brutalmente fechada em 1933, quando os nazistas chegaram ao poder. Suas ideias inovadoras dos anos 20 e 30 abrangiam todas as artes maiores e aplicadas, num projeto geral de integrá-las à arquitetura. Vassily Kandinsky lecionou ali em 1922 assim como László Moholy-Nagy, em 1923. A escola sustentava que a arte e a arquitetura deviam saber se adaptar tanto às necessidades quanto à influência do mundo industrial moderno, e que a qualidade de uma criação dependia da harmonia entre a estética e a técnica. Essa era a razão porque a Bauhaus propunha não somente aulas de escultura, mas também cursos de artes decorativas, de tipografia, de artes aplicadas à indústria e ao comércio. A perspectiva, modernista, era construtivista e tecnológica. A aposta maior dessa nova visão unitária da arte era conseguir a integração da máquina no campo artístico. Embora a pintura e a escultura modernas já tivessem nascido, Walter Gropius, o fundador da Bauhaus, constatava que os objetos manufaturados, usuais, não participavam desse movimento e que a arte, o artesanato e a indústria continuavam sendo domínios separados. Ora, essa separação tinha consequências retrógradas. O artesão, dotado de savoir-faire, tomava como modelo o passado para produzir seus objetos e, portanto, não introduzia nenhuma inovação, ao passo que o artista, cujo talento é a criação ou a introdução do novo, desdenhava a confecção de objetos úteis, considerada inferior às belas-artes. Daí a ideia motriz da Bauhaus, inaugural de nossa modernidade tanto artística como industrial: fazer o artista e a máquina trabalharem em conformidade, numa preocupação fundamental com o ambiente exterior. Tudo voltado para fora, o agenciamento das superfícies. A produção industrial de objetos – poltrona, mesa, vaso, taça etc. – prontamente compreendeu a vantagem a tirar dessas ideias: um objeto bem-projetado vende melhor. E alguns artistas não demoraram a entender o benefício que podiam tirar da imitação das técnicas industriais de produção em série. Em primeiro lugar, Andy Warhol.

Os partidários dessa escola militavam por uma nova unidade da arte e da técnica. Arte abstrata geométrica, conjugação do funcionalismo e da estética. É a origem do design contemporâneo, como testemunha a chegada de Ludwig Mies Van der Rohe, que, sucessor de Gropius, mudou o Instituto da Bauhaus em Berlim para uma fábrica toda pintada de branco. Suas ideias proliferaram nos Estados Unidos. Aliás, fugindo do regime nazista, algumas figuras-chave da Bauhaus emigraram e ensinaram do outro lado do Atlântico: em 1937, Gropius foi nomeado para a Universidade de Harvard, Mies Van der Rohe para o Illinois Institute of Technology, e Moholy-Nagy dirigiu uma escola de arte chamada New Bauhaus, em Chicago, em 1937. Essa última influenciou particularmente o Carnegie Tech de Pittsburgh.

Esse espírito estava muito longe do expressionismo, figurativo e abstrato. Muito longe da abstração lírica, movimento que teve em Jackson Pollock sua figura de proa. Muito longe, por conseguinte, das paradas da *action painting* que faz da tela de pintura o lugar de uma ação e não de uma ocasião para a reprodução de um objeto. Ora, foi essa tendência ao expressionismo que, nos anos 50, afirmou a supremacia da arte americana com a fama cada vez mais retumbante de Pollock, erigido em modelo desde 1943: "Nós precisamos de mais jovens que pintem por instinto, sem se deter pelo que a crítica ou o espectador possa sentir – pintores que assumam o risco de estragar uma tela para dizer alguma coisa à sua maneira".[7] Que valor esse modelo teve para a geração seguinte? Ela certamente se beneficiou da descentralização do mundo da arte de Paris-Nova York, sob o impulso da *action painting* e do impacto da abstração lírica. Mas ela iniciaria e exploraria outros modelos, certamente mais populares. Warhol não seguiria, contudo, a via expressionista.

As figuras de artistas que tiveram uma influência direta no aprendizado de Andy Warhola no Carnegie Tech são mais modestas, e fazem valer menos a expressão de uma revolta pessoal, ou qualquer outro motivo demasiado afetivo ou instintivo. Entre elas, Ben Shahn, artista ativista, que se afirmava deliberadamente de uma corrente realista social, teve um lugar privilegiado. Bem pouco conhecido do outro lado do Atlântico, ele foi celebrado em seu tempo pela instituição americana, nas escolas de arte e museus. Em 1947, sua obra foi objeto de uma grande retrospectiva no Museu de Arte Moderna de Nova York – conhecido por "MoMA". Seu estilo em pintura é socialmente engajado, sem afetação, franco, direto e colorido. Seus desenhos são finos, delicados, mas decididos, muito expressivos.

O artista defendeu os seguintes objetivos numa conferência que deu em 1949 numa escola de arte de Massachusetts, com o tema eloquente: "Se eu tivesse que começar hoje uma carreira artística".

> Se eu fosse um jovem artista começando a pintar hoje, ele afirmou, gostaria de saber se o que me impele a pintar é a necessidade de comunicar ou se meu desejo imperioso é o de me exprimir, de cristalizar os estados de meu ser mais profundo, para explorar a parte íntima de minha subjetividade, de fixar certas visões fugidias de minha imaginação.[8]

Essa segunda motivação era, segundo o artista, certamente abstrusa, forçosamente estreita demais. Isso significava que a arte produzida nesse espírito não era feita para um público, mas somente para o próprio artista encerrado num solipsismo narcisista e complacente, e para certos críticos e colecionadores elitistas.

Quando Warhol entrou no Carnegie Tech, esse espírito predominava: a ênfase era colocada no papel social e político do artista que devia se dirigir a um público numeroso e trabalhador (a classe operária) e não à pequena classe de colecionadores abastados. Robert Lepper, o professor de ilustração de Warhol – que era sua disciplina mais importante –, transmitia essas ideias a seus alunos. Num artigo de 1940, ele explicava seu interesse pela arte "vulgar":

> A arte comum é verdadeiramente comum... de fato, de tal forma integrada ao cotidiano que a crítica universitária pode perfeitamente não percebê-la. Ela é feita de obras que são para nós equivalentes às belas realizações dos gregos e dos europeus da Idade Média: os equipamentos das estradas de ferro e da indústria da construção, a aviação, o automóvel, toda essa arquitetura móvel. A isso é preciso somar as autoestradas e os milhares de utensílios, ferramentas, instrumentos, máquinas, tudo isso que está sendo cotidianamente utilizado pelos agricultores, os artesãos, os operários, as donas de casa... A vasta maioria desses objetos e equipamentos é útil e evidentemente vulgar (comum); eles possuem uma verdadeira dignidade, eles são democráticos, construtivos, experimentais, concebidos segundo as necessidades da vida... e são aclamados pelas pessoas comuns.[9]

E, no que dizia respeito à orientação prática do curso, os conselhos formais eram inspirados nas seguintes ideias:

> O artista ilustrador se interessa pela percepção e pela colocação em perspectiva de experiências significativas. Uma parte importante das experiências significativas vem do fluxo social que se exprime pela mudança incessante das relações do indivíduo com a comunidade da qual faz parte. Um estudo deformal desse fluxo e de seus elementos componentes é determinante para o artista para que ele possa alargar o campo de suas capacidades ilustradoras.[10]

Esperava-se do artista que ele confeccionasse uma obra de arte de maneira geométrica, ou genética, a partir de linhas, de superfícies que se engendrariam a partir de linhas, e de volumes que se engendrariam por sua vez a partir de superfícies. Equivalente ao trabalhador manufatureiro, o artista era concebido como fabricante de uma máquina a partir de fios, de engrenagens, de placas metálicas, de pistões.

Andrew não tinha nem essa cultura industrial nem essa sensibilidade política. O gesto artístico estava para ele muito mais misturado ao cotidiano, tendo por isso algo de anódino, a tal ponto que se tornava indiscernível e não poderia ser o objeto, no plano imediato ao menos, de uma disciplina voluntária. De maneira geral, Andrew Warhola não estava habituado às limitações escolares, protegido que foi, durante infância e adolescência, primeiro pela mãe e depois por sua inteligência, que lhe permitiu satisfazer às exigências do ginásio e mais tarde do liceu sem precisar se dobrar demais a uma disciplina estranha a seus pendores. Ele continuava se distinguindo de seus condiscípulos. Ele era estranho. Tinha um ar inocente e ingênuo, o ar de uma criança loira de oito anos, apesar de seus dezessete ou dezoito anos. Alguns viam nele a aparência de um anjo.

Ele perdeu seu primeiro ano de estudo, tendo encontrado dificuldades para se adaptar às exigências e limitações formais que os professores do Carnegie Tech impunham a seus alunos. Ora, na primavera de 1946, nas instituições de ensino superior, quiseram abrir espaço para os jovens veteranos da Segunda Guerra Mundial que voltavam à vida civil e se beneficiavam das medidas da GI Bill, uma lei votada pelo Congresso ao fim da guerra que garantia que o Estado arcaria com o estudo dos ex-combatentes. Andy quase foi mandado embora do Carnegie Tech. Ofereceram-lhe, contudo, uma chance de garantir seu lugar na universidade; ele teria de fazer cursos de recuperação durante o verão e entregar um trabalho. Ele desenhou durante toda a estação, realizando uma reportagem gráfica sobre a vida nos pardieiros de Pittsburgh. Isso não só garantiu seus estudos como também lhe rendeu um prêmio, uma soma de quarenta dólares, e a exposição de seus desenhos numa galeria do Carnegie Tech. Lição aprendida, ele pôs-se a desenhar e a pintar como se esperava que fizesse naquela instituição. Começou a fazer estudos sociais, adotou temas políticos, caiu, em poucas palavras, no realismo social tão caro a seus professores.

Mesmo se arriscando a uma reprovação, no começo de seu segundo ano ele saiu do anonimato e conquistou uma certa notoriedade entre seus condiscípulos e professores. Entre seus colegas de segundo ano, estava Philip Pearlstein, futura figura importante da pintura realista americana, quatro anos mais velho que Warhol, ex-combatente que retornara do front da Itália. Ele impressionou Andrew com seus conhecimentos de história da arte e sua experiência. O "veterano" já tinha visto alguns de seus desenhos publicados na imprensa. Eles se tornaram amigos. Eis o retrato que Philip Pearlstein fez do Andrew que conheceu e com quem conviveu no Carnegie Tech, de 1946 a 1949, retrato que fornece uma espécie de síntese desses anos de formação para os dois jovens artistas em perspectiva:

> Quando conheci Andy, no Instituto de Tecnologia em 1945, ele era tão cândido quanto pode ser um garotinho de Pittsburgh, e muito calmo. Eu tinha iniciado estudos ali antes de sair para o Exército; depois voltei para fazer mais três anos de faculdade. Nós ficamos juntos no segundo ano. Ele era mais novo do que a maioria dos alunos, porque sua mãe o havia matriculado muito cedo no liceu. E como a maioria dos outros alunos também voltava da guerra, todos nós éramos mais velhos do que Andy e as garotas.
> Ele era sempre muito calmo. Fazia uma porção de desenhos num estilo muito excêntrico, todo em curvas sinuosas à la Aubrey Beardsley*, muito malvisto pelos professores. Não por desejo de anticonformismo: como todos os rapazes, ele simplesmente seguia suas inclinações. Sei que os professores tentaram tirá-lo da faculdade ao fim de seu primeiro ano. E os problemas que ele encontrou nos estudos se reduziam a

* Aubrey Vincent Beardsley, artista inglês (1872-1898) associado ao movimento Art Nouveau. Seu estilo ilustra o espírito dândi que florescia em sua época na Europa, e retém o perfume de escândalo que acompanhou as reivindicações de liberdade (especialmente sexuais) e de esteticismo características dessa corrente de pensamento. Entre os numerosos livros que ilustrou, houve em especial *Salomé*, de Oscar Wilde, e *Mademoiselle de Maupin*, de Théophile Gautier. Philip Pearlstein conseguiu convencer Warhol a abandonar em seus desenhos a referência muito explícita ao esteticismo e à excentricidade de Beardsley, malvistos por seus professores.

um problema de comunicação: ele simplesmente não compreendia o que os professores esperavam dele.
Nós seguíamos os mesmos cursos – os T.P. (programas de treinamento) vagamente direcionais, articulados em torno da vocação artística, e a descoberta de um imaginário pessoal, com a exploração de uma temática própria de cada um. Foi aí que a maioria de nós começou realmente a desenhar – Andy em particular, que começou a encontrar um estilo, um estilo único, em função dessas ideias. No último ano, nós chegamos a colaborar para fazer uma maquete de livro infantil. Eu escrevi a história, a história de um pequeno verme aninhado num pé de feijão mexicano, batizado Leroy. Foi Andy quem fez as ilustrações; mas, ao realizar a maquete final, ele errou na ortografia do nome, que saiu Leory, que é muito mais bonito.
Foi assim que eu conheci bem Andy. Ele vinha trabalhar na minha casa, por falta de lugar na sua casa. Ele tinha sobrinhos e sobrinhas que não o deixavam trabalhar em paz e rasgavam seus desenhos. Quanto a seus irmãos, eles zombavam dele, achando bizarra aquela vocação de artista.[11]

Andy, sempre à parte. Ele precisa ter força para sustentar sua diferença. Ele certamente a obteve nesse quadro privilegiado dos estudos superiores de arte, que lhe ofereceram um meio de escapar da estreiteza do meio social étnico, de uma casa que se tornara pequena demais depois que seu irmão Paul havia imposto sua mulher Anne à família, das conversas e das preocupações familiares muito banais, da brutalidade e do sarcasmo dos irmãos. Mas aqueles anos de ensino superior lhe propiciaram também a possibilidade de deixar sua personalidade se exprimir, de seguir seu pendor para discipliná-la e explorá-la, e transformar seus defeitos e imperfeições em vantagens. Enfim, de fazer um balanço de sua adaptabilidade. Assim, Warhol começou especialmente a apreender e tentar neutralizar seus complexos. Esses que eram causados em particular por seu aspecto pálido, sua pele marcada pela acne e seu nariz bulboso. A forma pouco favorável de seu nariz e seu talhe eram consequência de uma infecção cutânea, uma forma leve de rinofima ou hipertrofia do nariz.[12] O nariz das pessoas acometidas por essa afecção da epiderme apresenta uma forma túrgida de superfície irregular. Os capilares sob a pele costumam inchar anormalmente, e o nariz parece manchado. Seus irmãos o chamavam de Andy-nariz-vermelho (*Red Nose Andy*).

Ele desenhou e pintou, desde aquela época, vários autorretratos, um dos quais lhe valeu, em 1949, o primeiro verdadeiro escândalo. Ele pintou esse autorretrato para participar da exposição anual dos Artistas Associados de Pittsburgh, e intitulou-o "Meu rosto eu puxei dela, mas posso limpar meu nariz sozinho".* É um autorretrato expressivo, com traços apagados, que o mostra mexendo em um nariz proeminente com os dedos anular e mindinho da mão esquerda. A execução é viva e tem um caráter de bravata provocador e rebelde. Ele dá a sensação de dedos bem enfiados no nariz. A assinatura amputa o "a" de Warhola. Lê-se "A. Warhol".

O autorretrato com os dedos no nariz foi recusado pela comissão encarregada de selecionar as obras para a exposição dos Artistas Associados de Pittsburgh de 1949, apesar da opinião de Georg Grosz, o pintor alemão que apreciou a obra do jovem Warhola. Mesmo assim, ela foi exposta no Centro de Arte de Pittsburgh em uma exposição coletiva de estudantes de belas-artes.

Entretanto, em junho de 1949, Andy Warhola obteve, com trinta colegas, o diploma de Bacharel em Belas-Artes do Carnegie Institute of Technology (hoje a Universidade Carnegie Mellon). Esse diploma marcou o fim do período de Andy Warhol em Pittsburgh.

* "*The Broad Gave Me My Face, But I Can Pick My Own Nose.*" Donde o outro título que também se liga a essa pintura: *The Nose Picker*, o limpador de nariz.

New York, New York (1949-1959)

*Look poor, think rich.**
ANDY WARHOL

Philip Pearlstein fez o retrato de Andy Warhola em 1950. A pintura, *Portrait of Andy Warhola,* representa o rosto de Andy em primeiro plano. Ali se veem seu pescoço e a curva dos ombros. Os olhos um pouco baixos. O olhar no vazio por trás dos óculos de aros grossos de plástico marrom. A atitude exprime concentração, um pouco obstinada talvez. O maxilar está tenso. Os lábios fechados. Uma risca no lado esquerdo estrutura um penteado elegante. Uma gravata-borboleta em aquarela azul fecha com firmeza o colarinho de uma camisa amarela parcialmente coberta por um colete de malha marrom. Os tons dominantes são castanhos, o fundo é borrado de marrom e lilás. É sombrio, é sério. Em 1950, Andy tinha apenas 22 anos. Havia um ano que ele se instalara em Nova York e, para retomar a expressão que ele próprio utiliza para introduzir sua *Filosofia*, ele ainda não havia enfiado de verdade seu Warhol.[1] A seriedade que essa tela reflete deve ser atribuída a um só tempo a quem a executou e ao modelo, ao Andy Warhola que acabava de deixar a Pensilvânia e estava totalmente empenhado na realização de suas ambições.

A crisálida resistiria mais um pouco, na superfície ao menos, embora a emancipação já fosse definitiva, e não tardaria a se tornar espetacular. Em 1949, sua partida de Pittsburgh era um pouco incerta; ela foi a consequência de uma

---

* Fórmula original que Andy Warhol emprega em *Ma philosophie de A à B et vice versa* como últimas palavras do capítulo 6. O último parágrafo desse capítulo evoca os primeiros anos de Andy Warhol em Nova York: "Tentei outro dia imaginar o que se faz hoje na América para vencer. Outrora, era preciso inspirar confiança e usar um terno bem cortado. Olhando à minha volta, tenho a impressão de que se faz a mesma coisa hoje em dia, exceto pelo terno bem cortado. Imagino que essa seja a única diferença. Pense como rico e pareça pobre".

oportunidade que Andy soube agarrar, sem ser a sua origem, contudo. "Quando eu fiz dezoito anos, um amigo me enfiou numa sacola publicitária de plástico e me levou para Nova York".[2] Antes disso, Nova York era para Andy um sonho que ele não imaginava concretizar. No Carnegie Tech, ele vislumbrava vagamente tornar-se artista e professor de arte, como seus professores. Evidentemente, ele teve a ocasião, durante seus anos de estudos, de entrever outras possibilidades. Ele frequentava regularmente uma galeria de arte contemporânea chamada Outline, onde pôde ver, em particular, as obras de Marcel Duchamp e John Cage. Ele também foi redator-chefe da seção artística da revista estudantil *Cano*, onde publicou alguns de seus primeiros desenhos. Andy Warhol conta também na sua biografia a seguinte anedota:

> Um verão, eu tive um emprego numa grande loja que consistia em folhear *Vogue*, *Harper's Bazaar* e revistas de moda europeias para um homem maravilhoso que se chamava sr. Vollmer. Eu recebia algo em torno de cinquenta *cents* por hora, e meu trabalho consistia em procurar "ideias". [Ele acrescenta de maneira significativa:] Para mim, o sr. Vollmer era um ídolo porque ele vinha de Nova York e isso era apaixonante. No entanto, eu não via a mim mesmo lá, algum dia.[3]

Uma linha de fuga havia se perfilado. Faltava apenas a ocasião para poder segui-la, simplesmente. Foi seu amigo Philip Pearlstein que a forneceu. "Durante o verão de 1949, eu o pressionei a ir a Nova York. Ele me disse que jamais o faria, de tanto que ela o angustiava, a menos que eu o acompanhasse. Nós tínhamos duzentos dólares cada um."[4] Jovens, talentosos, "firmes", eles partiram para Nova York naquele verão de 1949. Um começo perfeito para uma história de pintores.

Eles não descobriram Nova York, contudo. Já haviam estado por lá. Haviam visitado, em especial, um de seus antigos colegas do Carnegie Tech, George Klauber, que havia se mudado para Nova York e trabalhava como assistente do diretor de arte da revista *Fortune*. Ao chegar, no verão de 1949, Andy Warhola não descobriria totalmente tampouco o universo das revistas nas quais Andy Warhol em breve evoluiria com uma facilidade e uma naturalidade desconcertantes. Se não tinham um centavo no bolso, ou quase, tinham contatos graças aos laços feitos no Carnegie Tech. Foi assim que encontraram seu primeiro apartamento nova-iorquino, como o descreve Philip Pearsltein:

> Um de nossos professores no Instituto de Tecnologia de Carnegie, Balcomb Greene, era então bastante conhecido como pintor em Nova York. Ele encontrou um apartamento para nós em frente a Saint Mark's Place, bem perto da Avenida A. Fazia um calor terrível. O apartamento ficava no sexto andar. Duas ou três peças. Água fria. Uma ducha na cozinha.[5]

A zona de Saint Mark's Place e de Alphabet City era, àquela época, verdadeiramente sinistra. Era o dia para a noite em comparação com o que ela se tornou hoje, isto é, burguesa, boêmia, segura, elegante. Em 1949 (e até fins dos anos 80), só viviam nesse bairro marginais ou jovens artistas de bolsos vazios. O apartamento estava infestado de baratas. Eles o ocuparam durante seu primeiro verão nova-iorquino. O apartamento seguinte foi em Chelsea, do outro lado da cidade, na Rua 21 Oeste, 323. Era um grande espaço sem divisórias, um "loft". Os dois jovens artistas o compartilhavam com uma dançarina, seu namorado, e um enorme cão pastor. O cachorro se chamava *Name*, e a dançarina, Franziska Boas. Ela era filha de um professor de antropologia de grande reputação da Universidade de Colúmbia. Ele havia escrito um livro no fim dos anos 20, *Primitive Art*, que expunha e criticava os vieses racistas que estruturavam até então os estudos antropológicos. Ele fazia da dança e de seu poder de expressão emocional um ponto nodal de sua reflexão. Sua filha se empenhou em trabalhar o lado prático das teorias do pai organizando ateliês com grupos de dançarinos multirraciais. Ela dirigiu, de 1930 a 1950, a Boas School of Dance, cujas sessões de dança experimental, improvisada, realizavam-se no loft da Rua 21, onde residiam Warhola e Pearlstein. Franziska havia dividido o espaço em dois, Pearlstein e Warhola de um lado, ela e seus cursos de dança do outro.

Essa experiência de coabitação artística não durou muito. Em abril de 1950, Franziska Boas e seus sublocatários foram expulsos do loft. Philip Pearlstein e Andy Warhola foram obrigados a deixar o lugar. Foi aí que terminou seu caminho de colocatários; Pearlstein ia se casar com uma ex-aluna do Carnegie Tech, Dorothy Cantor, e morar com ela em Alphabet City. E, naquele ano, as atividades dos dois amigos divergiram. Pearlstein voltou à universidade, ao Instituto de Belas-Artes da Universidade de Nova York, para começar uma tese sobre o movimento Dada, Francis Picabia e Marcel Duchamp; Warhola não sonhava em voltar aos bancos escolares e alugou com outros ex-alunos do Carnegie Tech um apartamento no alto de Manhattan, na Rua 103 Oeste, 74. E continuou seguindo seu impulso. Porque para ele as coisas haviam deslanchado instantaneamente. Ele havia chegado a Nova York e, no tempo de correr dois dias pelas avenidas nova-iorquinas com seus desenhos debaixo do braço, ele havia facilmente ou muito naturalmente encontrado trabalho, o que não foi o caso de Philip Pearlstein, cujos desenhos e esboços traziam a marca de seu engajamento estético no realismo. Nesse universo de papel couché, prezando a fantasia e a leveza em nome da elegância, o estilo de Pearlstein era sério demais, pesado demais.

Philip Pearlstein reconhece: "Andy tinha uma pasta de desenhos realmente impressionante; ele estava em Nova York havia apenas uma semana quando a revista *Charm* lhe encomendou um trabalho: um desenho de página inteira... de sapatos, após o que ele encadeou um trabalho depois de outro".[6]

Ele, que percorria as ruas com sapatos roídos pelas traças, venceria desenhando sapatos... femininos. Em 1955, a direção de publicidade e de comunicação da I. Miller, uma das maiores fabricantes de calçados, cujo nome em si já era sinônimo de elegância, o contratou como ilustrador oficial. Andy Warhol conceberia e realizaria uma série de anúncios fantasiosos, afetados, elegantes, inventivos, alegres que seria publicada quase todas as semanas no *New York Times* até o fim dos anos 50.

Andy agradou particularmente às jovens redatoras-chefes de revistas de moda, de glamour. Ele soube seduzi-las e provocar seu interesse. Tinha sempre uma atenção, uma pequena flor, um pequeno desenho, um pequeno presente encantador confeccionado por ele mesmo toda vez que chegava aos escritórios de redação das revistas femininas. As moças eram conquistadas, e todo o mundo o achava chique e atípico. E isso apesar de sua aparência provinciana, esguia e pobre. *Look poor, think rich.* * Na época em que todo o mundo tinha um terno com colete e uma pasta de couro, ele usava roupas velhas e puídas, velhos ternos roídos pelas traças e carregava sempre na mão um saco de papel kraft com seus desenhos. Desse saco, saíram algumas baratas em alguns de seus primeiros encontros para arrumar emprego. Detalhe significativo, simbólico, que Andy se divertia ao contar fingindo-se mortificado:

> O que mais me marcou, afora as longas horas consagradas ao trabalho, foram as baratas. Todos os apartamentos onde morei estavam inundados delas. Jamais esquecerei a humilhação que senti um dia ao levar minha pasta de desenhos ao escritório de Carmel Snow na *Harper's Bazaar*: mal eu a abri saiu uma barata que foi passear sobre o pé da mesa. Carmel Snow ficou tão desolada por minha causa que me encomendou um trabalho.[7]

Em vez de repulsa, esses sinais exteriores de miséria provocavam, ao contrário, um interesse compassivo, uma piedade simpática, esse gênero de disposições afetivas que nos levam a fazer qualquer coisa pelo outro. Ainda mais que não se tratava de caridade gratuita, pois o rapaz era talentoso, preparado para atender à demanda, e muito cortês e encantador, embora singular. Mais que caridade, tratava-se de tirá-lo de uma situação que, com toda evidência, para muitos de seus interlocutores da época – a maioria dos quais se encontrava nas redações de revistas de moda –, condizia com sua natureza

* "Pareça pobre, pense como rico."

delicada e improvável. Mistura de timidez e desprendimento, de inocência, ou de candura, e de sensibilidade aguçada para captar o clima da época.

Entre suas primeiras incursões nas redações de revistas, figurou com destaque a revista *Glamour*. Ele conheceu Tina S. Fredericks, a diretora de arte, que tentou mais tarde resumi-lo com uma longa lista de qualificativos: "Calmo, impenetrável, talentoso, desajeitado, fascinante, brilhante, inspirado, esperto, tolerante, estranho, generoso, astuto, hábil, independente, devoto, amável, malicioso, desconcertante, misterioso, natural, cativante".[8] Ele se apresentara naturalmente nos escritórios da revista *Glamour*. Por quê? "Só posso tecer hipóteses sobre o que primeiro atraiu Andy à *Glamour*", respondeu Tina S. Fredericks. "Antes de se tornar a revista para a mulher jovem inserida na vida profissional, essa havia adquirido fama como revista por excelência do cinema hollywoodiano – apresentando vedetes como Ginger Rogers e recrutando seus leitores no meio dos fãs."[9] O nome da revista o atraiu. No dia em que Andy se apresentou a Tina S. Fredericks pela primeira vez, ela o achou pálido e perebento. "Ele parecia ter apenas uma cor: blusão claro, cabelos finos claros, olhos claros."[10] E inseguro, a ponto de dar a impressão de que ia desaparecer. Mas algo de comovente e cativante naquele homem muito novo impressionou a diretora de arte da *Glamour*.

Ele lhe mostrou desenhos – havia poucos deles, estudos de nus, de flores, nada de muito grandioso. Mas seus desenhos eram feitos com a técnica do carimbo ou do mata-borrão. Essa técnica dá um ar de impresso ao desenho. Esse aspecto, resultante de uma fina e delicada duplicação a tinta nanquim, agradou muito a Tina S. Fredericks. Ela qualificou mesmo essas linhas negras de elétricas ou exaltantes, exprimindo uma intensidade espontânea. Esse aspecto, fino, preciso e elegante viraria o traço distintivo de Warhol no universo publicitário. Vito Giallo, que seria o primeiro assistente artístico e comercial de Warhol – ele o contratou em 1955 –, descreveu como Warhol obtinha esse efeito que agradava a todos. Ele pegava um papel mata-borrão e o dobrava em dois; sobre o lado esquerdo desenhava com lápis, depois repassava os traços com tinta nanquim, rebatia a outra superfície do mata-borrão sobre o desenho e obtinha assim um decalque do desenho no lado direito. Então jogava fora o original e retinha a cópia.

Warhol afirmaria que escolheu essa técnica porque não gostava de seu jeito de desenhar, e que o decalque dava um efeito "impresso" que ele preferia de longe ao de um desenho feito à mão.

Andy Warhola mostrou a Tina S. Fredericks em seu primeiro encontro um de seus desenhos "carimbados" que ela apreciou particularmente. Ele representava uma orquestra num estilo naïf, colorido, gráfico, eficaz e arrebatado. Warhola disse a ela que podia ficar com o desenho. Ela respondeu que gostaria de comprá-lo. Dez dólares. Negócio fechado. E ela lhe deu trabalho, uma primeira encomenda de ilustrações de sapatos. Será que ele poderia trazer no dia seguinte? No dia seguinte, ele voltou com os desenhos. Esses não correspondiam exatamente ao estilo publicitário esperado. Warhola se comprometeu a voltar no dia seguinte. No dia seguinte, ele retornou com ilustrações que satisfizeram todas as expectativas. Warhola saiu dos escritórios da *Glamour* com outra encomenda para ser entregue no fim do verão. Em setembro, seus desenhos foram publicados em página inteira para ilustrar o especial do mês, cujo tema era... sucesso. Como se de propósito, o título do primeiro artigo do especial era: *"Sucess is a Job in New York"* – "Sucesso é um emprego em Nova York". As ilustrações "carimbadas" de Andy Warhol representavam mulheres elegantes – saltos, saias e cigarreiras – subindo ou sentadas em escadas delicadas, altas como os arranha-céus de Manhattan. Andy assinava Warhol. O "a" no fim de seu nome havia desaparecido definitivamente. Caducara. Ele rapidamente se extraviara em Nova York, caíra de sua pasta de ilustrações com a qual ele fazia o tour das agências de publicidade nova-iorquinas no bairro chique do Upper East Side.

Lançado em bons caminhos e bom ritmo, Andy Warhol trabalhava sem descanso. O sucesso e a prosperidade o encontrariam no fim dos anos 50.

Enquanto isso, o começo de sua primeira década nova-iorquina foi sinônimo de colocação. Ao chegar a Nova York, Andy Warhol queria se sentir por dentro, e queria também estar próximo das pessoas. Ele se desencantou rapidamente, ao que parece. Não guardou uma boa lembrança daquela vida em comunidade cuja única vantagem era facilitar consideravelmente a vida material em Nova York – e mesmo torná-la possível. Ele pareceu decepcionado com as pessoas com quem conviveu após Philip Pearlstein. E, apesar das aparências, levou uma vida bastante solitária e reclusa. Ele conta: "Eu dividia constantemente apartamentos com pessoas imaginando que poderíamos nos tornar bons amigos e partilhar nossos problemas, mas acabava sempre por descobrir que tudo que lhes interessava em mim era que eu pagasse uma parte do aluguel. Teve uma época em que eu morei com dezessete pessoas num apartamento de subsolo, na esquina da Rua 103 com a Avenida Manhattan, e nenhuma dessas dezessete pessoas partilhou um verdadeiro problema comigo. Eram todas criativas – formávamos mais ou menos uma comunidade artística –, e embora esteja certo de que elas deviam ter uma porção de problemas, jamais ouvi falar deles".[11]

Andy Warhol se queixou mais tarde de seu isolamento afetivo naquela época. O isolamento afetivo e psicológico sentido era ainda mais paradoxal e opressivo porque ele não podia realmente se isolar naquele apartamento de subsolo. Andy ocupava um quarto com três camas de solteiro e uma mesa de arquiteto iluminada por uma lâmpada no alto, sobre a qual ele trabalhava sem parar quando não estava percorrendo agências de publicidade em revistas à procura de trabalho suplementar. Ele dividia o quarto com dois ou três, ao sabor das entradas e saídas. Em geral, os colocatários de Andy, jovens artistas como ele, só se levantavam às duas ou três horas da tarde. A diferença de estado de espírito entre eles e Andy era imensa. Ele era um trabalhador frenético. Isso o distanciava dos outros. "Eu trabalhava bastante naquela época", ele se recorda, "por isso certamente não teria tido o tempo de escutar seus problemas se eles quisessem contá-los a mim".[12] E a valsa das locações prosseguiu, Rua 103, depois Rua 24, Chelsea, depois volta ao Upper East Side, Rua 75.

Ele tinha seus próprios problemas. Sua aparência física, naquela época, se degradara tragicamente; ele estava perdendo os cabelos. Ficou quase careca. Ele comprou sua primeira peruca aos 25 anos. As perucas que usou nos anos 50 eram, contudo, discretas em comparação com as de fins dos anos 70 e dos anos 80. Elas não combinavam com as roupas e gravatas borboletas que ele usava naquela época. Eram penteadas, e não desgrenhadas como as do último período.

Andy tinha, pois, um problema de aparência, e optou por uma solução prática, uma peruca, tentando com isso neutralizar o problema e não falar muito dele. Essa atitude correspondia aos preceitos que ofereceria mais tarde em sua *Filosofia*. A ideia geral é a seguinte: "Todo mundo tem problemas, mas o essencial é não criar problemas a propósito de seu problema".[13] Ele dá o exemplo de uma espécie de terapia para se livrar de seus problemas enquanto problemas. E observa: "As pessoas às vezes deixam um mesmo problema causar sua infelicidade durante anos, enquanto poderiam simplesmente dizer: 'E daí?' Essa é uma de minhas expressões favoritas: 'E daí?' 'Minha mãe não me amou.' E daí? 'Meu marido não quer me beijar.' E daí? 'Eu venci, mas estou sempre só.' E daí?[14]". Warhol se calejava no trabalho. E foi além das frustrações afetivas tendo a mãe sob seus cuidados a partir de 1952. Julia deixou Pittsburgh e, sem hesitação, deixou para trás os dois filhos mais velhos, mais convencionais, que já tinham suas próprias famílias. E foi morar com seu Andy quando ele ainda dividia um imóvel alugado, um apartamento na Rua 75 Leste, 216.

Alguns meses depois, seus sucessos publicitários lhe permitiram alugar enfim um apartamento de dois quartos no último andar de um prédio de quatro andares na Avenida Lexington, 242, para ele, a mãe e uma multidão de gatos. O apartamento permaneceu quase vazio. Na cozinha havia um Cristo, numa imagem religiosa de fatura bizantina. E por toda parte, revistas de moda, revistas de cinema e jornais forravam o chão. O convívio com a mãe, embora estranho aos olhos dos visitantes de Andy Warhol, era perfeitamente natural, prático. E naturalmente, também, a mãe e o filho começaram a trabalhar juntos. Julia voltava àquele estilo à Cocteau, sofisticado e fechado, característico das produções de Warhol dos anos 50. Como o artista, durante aqueles anos, sem deixar de garantir uma receita importante com aquilo que tanto agradava o mundo da moda e das revistas, criara para si um espaço de pesquisa formal cada vez mais distante da ilustração publicitária. Essa colaboração entre mãe e filho continuou mais tarde, durante os anos 60, os anos pop e underground, indo além do quadro da ilustração delicada e humorística para se afirmar num terreno mais experimental, mais perturbador.

A relação entre mãe e filho era a um só tempo passional, utilitária, tolerante. O filho, em pleno lançamento de sua carreira profissional e mundana, fascinado pela elegância das velhas famílias do Upper East Side, deixou instalar-se com ele aquela mãe que mal falava inglês, que destoava da elegância urbana, cheia de bizarrices, e tagarelava sem parar. Julia cuidava de seus inúmeros gatos e das tarefas domésticas. Mulher das sombras, do subsolo. O filho, em pleno período dândi, gostava de circular por um café do Upper East Side (que abriu em 1954), Serendipity, ponto alto do dandismo esnobe e afetado de Nova York. Era seu período Dorian Gray. Vestido sempre com apuro, roupa de tweed, gravata de tricô, risca do cabelo de lado, cabelos (peruca) lustrosos, sempre com belos rapazes ao redor. Mas o filho admite de bom grado: é um filhinho da mamãe.

> Devem me faltar certas substâncias químicas, dirá ele vinte anos depois, e é por isso que eu tenho essa tendência a ser um pouco medroso. Não, um filhinho da mamãe. Um "querubim". Eu devo carecer de certos produtos químicos de responsabilidade e certos produtos químicos de reprodução. Se os tivesse tido, pensaria certamente mais no meio de envelhecer bem e de me casar quatro vezes e de ter uma família. Sou imaturo, mas talvez possa acontecer alguma coisa com a minha constituição química para me fazer amadurecer. Eu poderia começar a ter rugas e deixar de usar gorros.[15]

Nada mudou na sua constituição "química". Ele não teve nem mulher nem filho, mas dois cachorros, e viveu quase vinte anos com a mãe.

De seu lado, Julia também alimentou essa estranha cumplicidade, como atesta o curto texto no livrinho de ilustrações *Holy Cats,* publicado por Warhol e assinado por Julia Warhola, no qual a expressão *pussy cats* é destacada, deixando no ar a ambiguidade da expressão e colorindo todo o livro, infantil, aliás, com sua conotação sexual. O livro faz o elogio do paraíso dos "gatinhos", alguns dos quais, diz o texto, falam aos anjos, alguns consigo mesmos, alguns sabem que são gatinhos, portanto, não falam, alguns brincam com os anjos, outros brincam com meninos, alguns jogam sozinhos, alguns não brincam com ninguém. Andy gostava dos meninos, brincava sozinho, e com mais frequência sozinho do que com alguém. Andy tinha algo de profundamente assexuado. Ele se comportava como um menininho precoce, curioso e voyeur. No começo, tentou fazer como todo mundo, ter relações amorosas e sexuais. Uma porção de belos rapazes se sucedeu nos anos 50: Charles Lisanby, Edward Wallowitch, Carl Alfred Willers, Ralph Poemroy, Ted Carey... Mas o que se passou realmente com esses rapazes? As testemunhas divergem, e a natureza íntima dessas relações permanece incerta, fluida, acidental e contingente. O ponto comum de todos esses *boy friends* apregoados é o engajamento numa colaboração artística com Andy. Uns escreviam textos ou sugeriam títulos para os livrinhos ilustrados por ele ou por sua mãe, outros eram cenógrafos, ou fotógrafos, ou trabalhavam na Biblioteca Pública de Nova York e ali selecionavam imagens que Warhol utilizava. Para o terceiro livro ilustrado, ele colaborou com um poeta que escreveu os textos. É como se Warhol estivesse sempre à procura de um parceiro que fosse, antes de tudo, colaborador de seu trabalho. Durante esse período de aculturação nova-iorquina, Warhol se dava, contudo, ares amorosos, à sua maneira de fã adolescente e lânguido.

Charles Lisanby foi suficientemente próximo de Warhol para que este se decidisse a dar a volta ao mundo com ele, somente os dois, de 16 de junho a 12 de outubro de 1956: São Francisco, Honolulu, Tóquio, Hong Kong, Manila, Jacarta, Bali, Cingapura, Bangcoc, Angkor Wat, Colombo, Calcutá, Katmandu, Benares, Nova Délhi, Agra, Aurangabad, Cairo, Luxor e Roma. Charles Lisanby pôde observar então, no ócio, o fenômeno Warhol. Mas, de uma maneira geral, os colaboradores ocasionais dos anos 50 permaneciam sempre perplexos, julgando com muita dureza em especial sua aparência, e atribuindo-lhe sistematicamente inépcia e falta de confiança em si mesmo, associadas a desejos sexuais insatisfeitos, não saciados ou frustrados.

O enxerto nesse grupo de jovens elegantes ao qual Warhol queria pertencer não pegou muito bem. Esses rapazes eram geralmente desconfiados, melhor dizendo, desdenhosos, embora conscientes de que Warhol tinha alguma coisa especial. O ponto de vista de George Klauber, o primeiro "abre-te sésamo" nova-iorquino de Warhol, é sintomático do desprezo e da rejeição que regularmente confrontavam Warhol:

> Eu me lembro de Andy Warhol como um parasita, um tipo sempre a reboque de alguém. Quando ele não tinha nada para fazer, eu o levava para o fim de semana. A praia lhe era interdita, porque ele tinha problemas de pele. Ele sofria muito com o sol. Uma das imagens mais cômicas que me ficaram dele, é Andy de calça de tweed e camisa branca, sem gravata, sentado na praia de East Hampton, onde nós nos hospedávamos numa pensão sebosa. Com um guarda-chuva preto à guisa de guarda-sol.[16]

As primeiras exposições de Andy Warhol que se pretenderam puramente "artísticas" foram provocadas seguramente pelo desejo de representar essa sexualidade tumultuada, difícil e ainda mais desejada. Ou talvez suas primeiras realizações fossem máscaras cuja função fosse convencer de que ele tinha uma sexualidade assumida na sua dimensão provocadora (em se tratando de sexualidade homossexual na metade dos anos 50 do século passado). Porque, ao mesmo tempo, essa dimensão provocadora é como que asséptica ou neutralizada por uma estética afetada. Ele tentava imitar qualquer um.

Truman Capote foi a musa de Andy naqueles anos. Mais que qualquer outro, o escritor cristalizou em Andy Warhol aquele desejo de expressão e de reconhecimento. O primeiro livro publicado de Truman Capote, *Other Voices, Other Rooms*[17], apareceu em 1948. A foto do autor na capa provocou um pequeno escândalo. Ali se vê Truman Capote olhando despudoradamente para a objetiva, os lábios amuados, estendido num sofá, com a mão repousando negligentemente sobre a braguilha da calça. A pose era deliberadamente provocadora. Andy Warhola, um estudante na época, guardou essa foto, e louco por ela. Ele começou a assediar Capote com cartas e telefonemas. Conta o escritor:

> Por volta de 1950 quando minha mãe ainda estava viva, um certo Andy Warhol, que se dizia um de meus fãs, começou a me escrever regularmente. Por medida de prudência, eu jamais respondo a esse gênero de cartas, e, portanto, não dei continuidade. Mas isso não o demoveu, e eu me tornei sua pequena Shirley Temple. E depois ele começou a me enviar seus desenhos, que não se pareciam em nada com sua produção atual e pretendiam ser ilustrações literais de minhas obras. Além disso, ele começou a circular pelos arredores do imóvel onde eu morava na esperança de me entrever ou de se aproximar de mim.
>
> Um dia, minha mãe, que era alcoólatra, veio de Connecticut para me visitar. Ela teve de falar com ele na rua e, um belo dia, ao voltar para casa, eu o encontrei lá dentro. [...] Ele estava em altas conversas com minha mãe, que estava meio embriagada. Aí eu me sentei e conversei com ele. Ele me contou tudo sobre ele mesmo e sobre a vida que levava entre a mãe e 25 gatos. Ele tinha exatamente o ar de um daqueles infelizes dos quais se sabe só de olhá-los que nada poderá lhes ocorrer. Um daqueles pobres fracassados. Seja como for, tivemos uma conversa amistosa, bastante agradável, e depois ele partiu.
>
> A partir desse momento, ele começou a me ligar todos os dias para me contar seus problemas, e me falar de sua mãe, de

seus gatos, de seus projetos. Depois, uma vez, ele trombou com minha mãe, que estava completamente bêbada, e ela lhe suplicou para ele não ligar mais. [...] A partir do dia seguinte, ele parou de me escrever e de me ligar.[18]

A relação especular entre estas duas duplas de mãe e filho cessou, então, bruscamente. Também aí, aliás, máscaras, aproximação equivocada. Revela-se muito claramente – embora ele se tornasse mais amistoso nos anos 70 – que Truman Capote desprezava Andy Warhol. Ele o desprezava porque, por muito tempo, o considerou um vulgar vitrinista. E o desprezava por seu desejo de reconhecimento e celebridade. Ele considerava sua própria celebridade digna e natural porque não a havia buscado. Ao contrário de Andy Warhol, que era capaz de tudo para chamar a atenção e se tornar uma pessoa célebre da qual se fala nos jornais.

Andy Warhol, no entanto, tentava explorar a estética que Truman Capote lhe inspirava. Sua primeira exposição individual numa galeria nova-iorquina foi consagrada a seus desenhos ilustrando romances de Truman Capote. Foi na Galeria Hugo, em junho de 1952. O diretor da galeria era Alexandre Iolas, que foi o organizador da última exposição de Andy Warhol em Milão, em janeiro de 1987. A avaliação de Iolas destoa singularmente daquela, teimosa e limitada, de Truman Capote: "Andy é um artista importante porque ele ajudou a América. Ele ajudou especialmente a América a se livrar de seu puritanismo".[19]

Andy, contudo, se obstinava em suas primeiras escolhas artísticas. No início de 1956, ele organizou outra exposição, na Bodley Gallery, Rua 60 Leste, 223, bem perto do café Serendipity. O título da exposição era significativo: "Esboços e estudos para um livro de menino, por Andy Warhol". Seguiram esboços para outro projeto de livro com um título que se queria provocador: *The Cock Book.** Nenhum desses dois projetos se concretizaria.

---

* *Cock* é uma gíria que designa o órgão sexual masculino em inglês.

Philip Pearlstein recorda que Andy, nessa época, tentava expor na galeria Tanager Cooperative, que vendia as obras de Philip, e que gozava de alta reputação na época. Ele mostrou um desenho de jovens se beijando, que foi recusado:

> Essa recusa, que ele não entendeu, o feriu profundamente. Eu me esforcei então para fazê-lo compreender que, a meu ver, ele teria talvez de tratar seu tema com um pouco mais de distanciamento e frieza. Creio que essa foi a última vez que o vi. Depois disso veio sua época Campbell's Soup. E nós não tivemos mais nenhum contato.[20]

Antes, pois, da fria "época Campbell's Soup", Andy teve sua fase "garoto sensível".

Entretanto, ao longo dos anos 50, as encomendas não paravam de chegar. E ele continuou executando-as sem parar. Warhol saiu de fato em campanha durante essa década, num ataque à Nova York da publicidade e das revistas de moda, e na década seguinte ele se lançaria ao assalto do mundo da arte. Ele não recusava trabalho. Tendo que honrar um número exponencial de encomendas, a partir de 1953 ele começou a contratar assistentes que, sob sua orientação, imitavam seu estilo. Outro problema, outra solução prática. O sistema fabril de Warhol data desse período. Ele procurava estar em toda parte, ocupar constantemente o terreno, por exemplo, com seus livrinhos ilustrados por ele ou por sua mãe, editados por conta do autor a partir de 1952, como *There Was Snow in The Street and Rain in The Sky* ["Havia neve nas ruas e chuva no céu"], *25 Cats Name Sam* ["25 gatos chamados Sam"], ou ainda *À la recherche du Shoe perdu* ["Em busca do sapato perdido"]. Esses livros encantadores, ingênuos e espirituosos, leves e coloridos, circulavam pelas mãos dos diretores de arte nas redações de revistas. Sua numeração era limitada. Isso lisonjeava aqueles a quem Warhol os enviava. Nathan Gluck, assistente "comercial" de Andy Warhol contratado na metade dos anos 50, recorda-se que Andy se aproveitava do fato de que todos queriam ter o número mais baixo. Ele confundia as pistas, jamais guardava vestígios da tiragem das edições, inscrevendo ao acaso nos livrinhos ilustrados, 191, 11, 22.[21]

Esse trabalho furioso e de qualidade logo mereceu o reconhecimento do meio publicitário. Em 1952, ele ganhou sua primeira medalha, concedida pelo Clube dos Diretores de Arte de Nova York, pela concepção gráfica de uma publicidade para uma transmissão de rádio da BBC intitulada *The Nation's Nightmare* ["O pesadelo da nação"], consagrada à droga e ao crime. Essa mesma instituição lhe outorgou outros quatro prêmios em 1956, 1957, 1960 e 1961. Andy Warhol foi homenageado também pelo Instituto Americano das Artes Gráficas, que lhe atribuiu, por três vezes, um "certificado de excelência", em 1954, 1956 e 1959. O trabalho de Julia Warhola também foi reconhecido por esse meio. Ela recebeu, como seu filho, vários prêmios pelas suas ilustrações.

No fim de 1958, Warhol era tão *successful* que seu nome aparecia numa espécie de anuário mundano, fadado a se tornar uma bíblia nova-iorquina, com o título nada ambíguo de: *1001 Names and Where to Drop Them* ["1001 nomes e onde usá-los"]. Mas o nome de Andy Warhol, em vez de ser listado nas categorias "Artistas", "Moda", "Publicidade", encontrava-se na rubrica "*Big Business*".

Andy Warhol permaneceria sempre no "*Big Business*", mesmo, e talvez sobretudo, após sua morte. Por enquanto, porém, embora começasse a mostrar seu gênio nos negócios, ele enfrentava, no fim dos anos 50, um problema de estilo. Esse problema era pessoal: tinha a ver com seu estilo de vida, sua aparência. O tempo dos óculos pretos e da peruca platinada ainda não havia chegado. Ele tentava parecer o mais sério possível. O sério, o estrito, o chique ainda eram para ele os valores a explorar, chocando de maneira chique, com desenhos à Cocteau, bonitos, convencionais. Isso carecia de audácia e, sobretudo, de modernidade. É compreensível; esse problema de estilo era também, e fundamentalmente, estético. Na verdade, o problema que se colocava para Warhol no auge de sua carreira de publicitário era muito precisamente artístico.

Pop (1960-1962)

Quando eu comecei, a arte estava naufragando.[1]
ANDY WARHOL

Andy ganhava a vida cada vez melhor. O dinheiro chegava aos borbotões. Ele começou a colecionar todos os tipos de objetos bizarros, objetos de valor, obras de arte, mas também objetos sem valor, engenhocas, curiosidades. A extraordinária amplitude dessa coleção seria medida quando da morte do artista, três décadas mais tarde.

Em 1960, Andy Warhol adquiriu uma casa elegante de quatro pavimentos no Upper East Side de Manhattan, o bairro das antigas famílias americanas abastadas pelo qual ele tinha particular apreço. A casa ficava na Avenida Lexington, 1.342, esquina com a Rua 89, a alguns quarteirões do Museu Guggenheim e do Central Park. Ele a comprou por 67 mil dólares. Em dinheiro. A casa era suficientemente grande para ele começar a estocar a quantidade absurda de objetos que comprava cotidianamente. Ele instalou sua mãe no subsolo. A presença dessa mulher de outra época e outro continente tinha um quê de improvável e irreal para os visitantes. Mas o fato de Julia ter decidido viver indefinidamente com seu Andy sinalizava fatalidade. Andy relata:

> Minha mãe irrompeu certa noite no meu apartamento com algumas valises e sacolas, anunciando que havia deixado a Pensilvânia para sempre para "vir morar com [s]eu Andy". Eu lhe havia dito que, claro, ela podia ficar, mas somente até eu encontrar um alarme melhor contra ladrões. Eu adorava minha mãe, mas, francamente, achava que ela se cansaria rapidamente da cidade, e que a Pensilvânia, meus irmãos e seus filhos lhe fariam falta. Mas não foi nada disso. Foi aí que eu resolvi comprar essa casa *uptown*. Ela ocupava a parte de baixo e eu vivia nos andares superiores e trabalhava na sala de visitas.[2]

A existência desse filho vivendo com essa mãe de cabelos grisalhos arrumados em coque, blusa cinza e silhueta atarracada, que se dirigia a ele em ruteno enquanto ele só lhe respondia em inglês, era uma situação bem pouco comum. Os visitantes de Andy Warhol eram bastante sarcásticos a esse respeito, zombeteiros até. De fato, aquilo parecia estranho. Mas Warhol sempre foi bizarro, e a estranheza era um traço distintivo e constitutivo de sua identidade. Essa originalidade bizarra deixava indiferente ou incomodava algumas pessoas, mas constituía uma atração para muitas outras. Isso atraiu atenção suficiente para abrir-lhe as portas de alguns círculos mundanos de gosto refinado, entre bom gosto tradicional e gosto "decadente", excêntrico ou barroco.

Emile de Antonio, espírito iconoclasta e curioso, gostava de frequentar a casa de Warhol:

> De noite, quando eu não tinha nada melhor pra fazer, subia a Park Avenue e passava para ver Andy. Quando ocorria de a mãe de Andy entrar na peça, como um ectoplasma, Andy fazia todo o possível para rechaçá-la. Ele me oferecia uísque, mas ele mesmo nunca bebia. Dir-se-ia um coelho albino hiperinteligente. Depois vieram as telas. *Dick Tracy. Antes e depois*. Uma noite, ele colocou duas telas, uma ao lado da outra. Uma representava uma garrafa de Coca-Cola, e nada mais. A outra era colorida com pinceladas lembrando um pouco sua retomada do expressionismo abstrato.[3]

Emile de Antonio e Andy Warhol se conheceram em 1959 por intermédio de Tina S. Fredericks, a diretora de arte da revista *Glamour.* Andy passou assim de uma figura tutelar a outra, esta última crucial para a história da arte contemporânea. Embora Tina S. Fredericks tenha encomendado a Warhol um de seus primeiros trabalhos publicitários, Emile de Antonio esteve sem dúvida na origem da virada estética maior que Andy Warhol operou no fim dos anos 50 e início dos anos 60, que o fez transitar da ilustração publicitária para a arte contemporânea. Foi Emile de Antonio quem iniciou Andy Warhol no mundo da arte quando este evoluía no meio da publicidade. "De", como todos o chamavam então, esclareceu a distinção principal entre arte e ilustração que freava a evolução artística de Warhol sem que este tivesse verdadeiramente consciência até ali.

Nos anos 60, De Antonio se tornaria realizador de documentários políticos, como *Point of Order* (1964), sobre os métodos autoritários do delirante senador McCarthy, *Rush to Judgement, The Plot to Kill JFK* (1967), uma investigação sobre o assassinato do presidente Kennedy, do qual ele foi condiscípulo na Universidade de Harvard, e *Millhouse, A White Comedy* (1971), uma investigação cáustica sobre a carreira e a personalidade suspeita de Richard Nixon, realizada um ano antes do caso Watergate e da queda de Nixon.

Àquela altura, De tinha quarenta anos e ocupava-se dos artistas e das orientações estéticas. Em outras palavras, era uma espécie de agente. Em Nova York, que após a guerra havia se tornado o novo centro da arte contemporânea ocidental, ele conhecia e convivia com todos os artistas. Igualmente introduzido no meio publicitário – o que lhe permitiu tomar conhecimento de Warhol –, ele fazia a ponte entre os dois universos, o comercial e o artístico. De considerava a arte publicitária uma arte autêntica, e a arte autêntica uma arte publicitária ou comercial. Segundo ele, quem fosse competente no âmbito de publicidade era necessariamente dotado de um verdadeiro talento artístico, e, correlativamente, quem fosse competente no mundo da arte era necessariamente dotado de um talento comercial, ou de um talento para a publicidade, para fazer ver, difundir e vender suas obras. Mas – é neste ponto que a distinção acontecia – isso não significava, sempre segundo ele, que publicidade e arte produzissem os mesmos objetos. Ao contrário. A iniciação de Warhol consistiu, pois, no aprendizado dessa distinção:

> Nós conversávamos enquanto eu lhe mostrava meus desenhos publicitários ou as ilustrações nas quais trabalhava. Eu adorava ouvir De falar. Ele se exprimia maravilhosamente, com uma voz profunda e fácil, e as vírgulas e pontos estavam

sempre no lugar. No passado ele havia dado aulas de filosofia no College William and Mary, na Virginia, e literatura no City College de Nova York. Ele passava a impressão de que, quem o escutasse por tempo suficiente, ficaria conhecendo aquilo para o resto de sua vida.[4]

De conhecia os jovens artistas, particularmente Robert Rauschenberg e Jasper Johns, que acabara de conhecer e ajudar. Esses, embora se dissessem desde o começo artistas e com ambições puramente artísticas, tiveram de engolir, por algum tempo, seu desprezo pelo comércio. Sem um centavo no bolso, aceitaram trabalhar para a Tiffany, a importante loja de produtos de luxo nova-iorquina. Ali eles montavam vitrines, como Warhol. Mas utilizavam um nome fictício para esses trabalhos. Eles criaram um pseudônimo comum, porque trabalhavam juntos: Matson Jones. Assim seus nomes permaneceriam puros, e seu futuro artístico não seria manchado pelo que a necessidade material os constrangia a fazer.

Para Warhol, era diferente. Ele era financeiramente independente. Estava livre, portanto, para experimentar e orientar suas pesquisas estéticas em função da pura necessidade formal, não precisando se curvar à lei do mercado da arte, a de alguns pretensos marchands com todo o poder sobre artistas necessitados e ainda sem renome. De, sensível à independência, ao talento e à inteligência de Andy Warhol, avaliou suas possibilidades, e o incitou nesse contexto a se tornar pintor: "Eu não compreendo por que você não se torna pintor, Andy, você tem mais ideias que qualquer um".[5] Esse estímulo encontrou eco garantido em Warhol que, desde seus primeiros sucessos gráficos, tentava penetrar no mundo das galerias, esperando ser reconhecido como artista. Assim, em 1955, a publicidade que ele realizou para *Vanity Fair Lingerie* veio acompanhada por uma pequena nota em letras douradas precisando que as ilustrações haviam sido feitas por Andy Warhol, cujas pinturas estavam expostas nos maiores museus e galerias de arte contemporânea do mundo.[6] Warhol certamente não pensava em permanecer ilustrador pelo resto da vida. Mas foi exatamente ali que ele começou a pôr toda a sua sensibilidade ao serviço daquela "arte", fazendo-a aflorar à superfície de suas primeiras realizações "artísticas". Ora, a via da sensibilidade era um impasse artístico, quando era ela mesma que fazia seu sucesso na ilustração comercial.

Essa observação sugere retraçar a lógica própria da evolução do trabalho de Andy Warhol. Tal evolução não tem nada de paradoxal, ao contrário do que pensa o historiador da arte Hector Obalk, que sustenta a seguinte contradição:

> Eis um publicitário que, mais dotado para o desenho, utiliza seu talento para fins comerciais e se vê felicitado por seus pares por dar ao desenho de ilustração algumas letras de nobreza, ao perceber, em meados dos anos 50, em Nova York, o que se faz de mais refinado na publicidade. E eis que, no momento em que esse jovem talento, mais artista que muitos publicitários, quer entrar no meio da arte, ele tolhe o desenvolvimento de todas suas disposições artísticas para mostrar o quê? Imagens publicitárias.[7]

Como se evidenciou mais acima, a distinção entre publicidade e arte está nas suas estéticas, nos seus campos de sensibilidade aos quais ambas remetem respectivamente. No caso da publicidade, a categoria sensível visada é o agradável incitativo. No outro caso, no caso da "arte autêntica", a categoria sensível solicitada é a do fascínio, em outras palavras, a contemplação que se pode definir como um fenômeno de reabsorção ou de diluição da sensibilidade subjetiva, situada, interessada, numa superfície refletora e brilhante, perfeita.

Warhol quis fazer pessoalmente o relato do que o colocou no caminho de sua carreira de artista pop, num dia de 1960:

> Um dia, às cinco horas da tarde, soou a campainha e De entrou e se acomodou. Eu lhe servi um scotch e o conduzi até onde estavam dois quadros virados contra a parede, cada um com cerca de um metro e oitenta de altura por um metro de largura. Eu os virei, os coloquei lado a lado contra a parede e recuei para observá-los. Um deles era uma garrafa de Coca com rastos na metade superior. O outro apresentava

> o contorno exato em preto e branco da mesma garrafa. Eu não disse uma palavra. Não precisava. De sabia perfeitamente o que eu queria saber.
> "Tudo bem, escute, Andy", ele me disse após tê-los examinado por alguns minutos, "um dos dois é uma merda, pode ser encontrado em toda parte. O outro é notável, é nossa sociedade, é o que nós somos, ele é absolutamente magnífico e despojado, e você deve destruir o primeiro e expor este aí."
> Não posso contar o número de pessoas que, depois desse dia, quando via meus quadros, explodia de rir. Mas De nunca achou que o pop fosse uma brincadeira.[8]

Pop, como uma pequena explosão. Pxit, como um barulho de escapamento, o barulho de uma válvula de segurança por onde escapa vapor fervente. Ou o barulho que produz o contato com o ar ambiente, como o de uma garrafa que se desarrolha e que havíamos mantido hermeticamente fechada por tempo demais. Acumulou-se gás no gargalo da garrafa e ele fez pressão sobre a rolha. Um gás à espreita da ocasião para escapar e que se expande para todos os domínios: pop *art*, pop *music*, pop *culture*. "Pop", são códigos, signos de um território, de um lugar pessoal aberto e trabalhado. São todas as lantejoulas e os lampejos da sociedade da abundância que inspiram o desejo de explosão em intervalos regulares. É o novo ponto de contato entre o mundo dos artistas e o da sociedade contemporânea, cintilante, técnica e pluralista. "Os artistas pop utilizavam imagens que qualquer pessoa percorrendo a Broadway poderia reconhecer numa fração de segundo: histórias em quadrinhos, toalhas de piquenique, calças masculinas, celebridades, cortinas de chuveiro, refrigeradores, garrafas de Coca-Cola, todas aquelas incríveis coisas modernas que os expressionistas abstratos fizeram tanto esforço para não notar."[9] Todas aquelas coisas modernas, incríveis e populares.

Pop. O termo soa bem em inglês (do qual provém), mas também em francês (que o recuperou naturalmente). O pop teve uma missão: separar o popular do tradicional, do familiar, do folclórico. A pop art será americana? Foi o que pareceram pensar os artistas pop americanos, em primeiro lugar Warhol, que se lembra aqui da repercussão que teve o surgimento dessa corrente artística: "O mundo da arte havia mostrado tanto entusiasmo que mesmo os europeus mais rígidos acabaram por admitir que nós fazíamos parte, sim, da cultura mundial".[10]

No entanto, a pop art surgiu primeiro na Europa. Ela surgiu no mundo da arte em 1947, como uma onamatopeia, numa colagem do artista ítalo-escocês Eduardo Paolozzi, intitulada *I Was A Rich Man's Plaything* ["Eu era o brinquedo de um homem rico"]. Essa corrente se formou, com certeza, sob o efeito de uma influência cultural americana cada vez mais hegemônica. Essa colagem inaugural combina, aliás, todos os símbolos da cultura americana de massas e anuncia os fundamentos da iconografia pop, na qual se acotovelam revistas populares (aqui *Intimate Confessions*), a pin-up particularmente "sexy" que domina a imagem, marcas publicitárias, uma delas uma garrafa de Coca-Cola – quinze anos antes das serigrafias de Warhol, das obras de Claes Oldenburg e dos *Combines* de Robert Rauschenberg –, um bombardeiro americano, e, por fim, o que dá movimento à colagem: um revólver apontado para a cabeça da pin-up, que faz "pop!" num balão de história em quadrinho.

Tal foi o ato de nascimento no campo artístico de uma época consciente de sua modernidade e instigada pela constatação de uma ruptura irreversível com a primeira metade do século XX, e, certamente, com o século XIX. A convicção de que a civilização se desenvolve num ciclo longo, contínuo e durável, havia desaparecido. O sentimento de que o tempo era feito de acelerações e saltos dominaria: (já) se estava amanhã. "This Is Tomorrow", é justamente o nome de uma exposição que ocorreu de 9 de agosto a 9 de setembro de 1956 na White Chapel Gallery, em Londres. Essa exposição lançava oficialmente na Europa a pop art como corrente artística. O cartaz da exposição é uma colagem do artista britânico Richard Hamilton, com o título provocador:

Just What Is It that Makes Today's Homes So Different, So Appealing?* A colagem mostra uma sala moderna, com um grande vão envidraçado que dá para uma sala de concertos de jazz; uma mulher (faxineira) passa o aspirador de pó numa escada, um homem sarado de sunga está no centro segurando um pirulito gigante estampando na sua embalagem "Tootsie Pop" (uma marca de pirulito, ou *lollipop* em inglês) – e, no segundo plano descentrado, uma televisão mostra uma mulher ao telefone, semioculta por uma mulher nua sentada num sofá como se estivesse num salão de beleza. O efeito da colagem é desconcertante. Mas, precisamente, nenhuma dúvida: os artistas começavam a trabalhar o "não estético", eles faziam o exterior entrar em seu trabalho. Para criticá-lo? Para exaltá-lo? A ambiguidade persiste.

A exposição de Londres deu lugar a uma elaboração conceitual das noções e das sensibilidades colocadas em jogo nesse novo movimento artístico europeu. Richard Hamilton sintetizou esses avanços teóricos numa carta de 16 de janeiro de 1957 endereçada a Peter e Alison Smithson, dois arquitetos próximos de Eduardo Paolozzi, membros do Independent Group (grupo inglês de reflexão artística) e curadores da exposição seminal "This Is Tomorrow". Eis um extrato dessa carta-manifesto:

> Houve algumas manifestações em Londres, no pós-guerra, que eu qualificaria de importantes e que têm uma relação com o que considero um objetivo:
> "Parallel of Life and Art" [O paralelo entre a arte e a vida] (pesquisa de imagens de caráter geral).
> "Man, Machine and Motion" [O homem, a máquina, e o movimento]
> (pesquisa de imagens tecnológicas particulares)
> A pesquisa de Peter B[anham] sobre a linha dos automóveis
> A pesquisa na imagem publicitária (Paolozzi, Smithson, McHale)
> O debate do I. G. [Independent Group] sobre a relação entre a pop art e as belas-artes.

* "O que precisamente torna as casas de hoje tão diferentes, tão sedutoras?"

> "House of Future" [A casa do futuro]
> (adaptação das atitudes da pop art do desenho industrial à escala da arquitetura doméstica)
> T.I.T. ["This is Tomorrow" ("Eis o amanhã")] O inconveniente (e ao mesmo tempo a grande virtude) da exposição T.I.T., é sua incoerência e a obscuridade de seu propósito. A meu ver, uma nova exposição deveria ter uma concepção bem mais metódica e unificada do que esta era caótica. [...]
> [...] um quadro das características da pop art [poderia perfeitamente dar uma solução ao problema de unificação dessa nova corrente artística].
> A pop art é:
> Popular (concebida para um grande público)
> Efêmera (solução de curto prazo)
> Consumível (facilmente esquecida)
> Barata
> Fabricada em série
> Jovem (destinada aos jovens)
> Espirituosa
> Erótica [Sexy]
> Fantasiosa
> Glamourosa
> Lucrativa
> Ela é apenas um começo. A primeira parte do trabalho é, talvez, a análise da pop art e o estabelecimento de um quadro. Eu ainda não me sinto seguro sobre a "sinceridade" da pop art.[11]

No momento dessa elaboração teórica, a pop art era, pois, uma corrente exclusivamente inglesa. Nos Estados Unidos, a abstração lírica acabava de triunfar. Embora a vertente americana não tardasse a se fazer presente e a fazer barulho, ela não se inscreveu na continuidade da corrente europeia. A pop art nascia oficialmente nos Estados Unidos no fim de 1962, por ocasião de um colóquio organizado pelo Museu de Arte Moderna de Nova York reunindo críticos, colecionadores, marchands e artistas americanos.*

* As atas desse colóquio foram publicadas em *Arts Magazine* de abril de 1963.

Esse colóquio ocorreu após a manifestação espetacular da existência de uma geração de jovens artistas em total ruptura com a abstração e o lirismo. Henry Geldzahler, curador do Metropolitan Museum de Nova York no início dos anos 60, muito engajado na promoção das correntes artísticas contemporâneas, o descreveu da seguinte maneira: "Era como um filme de ficção científica – os artistas pop, dispersos nos quatro cantos da cidade [Nova York], desconhecidos uns dos outros, saindo da lama, e cambaleando até o primeiro plano".[12] Os principais artistas que assim perturbavam a cena artística americana, depois mundial, foram Roy Lichtenstein, Claes Oldenburg, James Rosenquist, Robert Rauschenberg, Jasper Johns, e, claro, Andy Warhol. Para todos eles, e também para os marchands, foi uma surpresa constatar uma convergência espontânea entre eles, revolucionando os princípios da estética.

O fenômeno Warhol, que alçou voo em 1962, foi uma fonte inesgotável de surpresa para todos os atuantes do meio artístico. Estimulado e encorajado por Emile de Antonio, ele trabalhou sem descanso para encontrar o espaço de sua originalidade. Em 1960, ele pintava as duas versões da garrafa de Coca-Cola que mostrou a Emile de Antonio. Em 1962, foi propelido ao topo da corrente pop com, como ponto de partida dessa ascensão fulgurante, uma exposição individual na Stable Gallery – uma das galerias de arte mais em voga de Nova York – onde expôs serigrafias das latas de sopa Campbell, de Marylin Monroe e de cédulas de dólar.

Entre as duas, Andy Warhol procurou a brecha. Em 1961, ele continuava numa zona intermediária entre o trabalho publicitário e as experimentações iconográficas. Por exemplo, em abril de 1961, decorou as vitrines da grande loja Bonwit Teller, no cruzamento da Rua 57 com a Quinta Avenida, com suas próprias telas "artísticas", as que anunciavam seu período pop, com as efígies de Popeye, do Super-Homem, ou representando cartazes publicitários mais irônicos, mas, sobretudo, muito gráficos (como *Before and After,* publicidade para a cirurgia plástica do nariz). Ora, evidentemente não eram as vitrines de grandes lojas que Warhol desejava como cenário de exposição de suas obras não publicitárias. O que ele queria era interessar às galerias, aos museus, em resumo, àqueles lugares que fazem das pessoas artistas. Enquanto sondava, tateando e experimentando no terreno das formas artísticas, ele observava e experimentava igualmente o efeito de sua personalidade e de algumas de suas obras sobre os representantes do mundo da arte. O fato é que ele sabia fazer falarem dele. Ele atraiu inicialmente a atenção de alguns artistas, como Robert Rauschenberg e Jasper Johns, alguns anos mais velhos que ele. Rauschenberg não hesitou em reconhecer a força e a originalidade de Andy Warhol, fazendo uma avaliação interessante sobre o direcionamento dos esforços deste último: "Andy tinha uma extraordinária habilidade para desenhar rapidamente, mas essa facilidade poderia ter-lhe sido fatal; ele precisou duvidar dela e não ceder a ela, como atestam todas as suas obras. Ele sempre se furtou de qualquer complacência, mesmo na escolha de seus temas, que não será jamais puramente estética, mesmo que ele se entregue ao preciosismo ou à provocação. E aí reside a sua força".[13] Se os artistas (Robert Rauschenberg, mas também Jasper Johns) e os agentes (Emile de Antonio) se punham a falar de Warhol, logo os galeristas e os colecionadores iriam se interessar por ele, como atesta de maneira eloquente Walter Hopps. Walter Hopps foi um importante curador de exposições na história da arte contemporânea nos Estados Unidos. Com Irving Blum, futuro grande promotor da obra de Andy Warhol, ele fundou a Ferus Gallery em Los Angeles em 1957, onde Warhol expôs pela primeira vez suas serigrafias de latas de sopa Campbell, de julho a agosto de 1962. Em 1963, Walter Hopps organizou a primeira retrospectiva americana de Marcel Duchamp*, no Pasadena Art Museum, na Califórnia. Ele tinha uma percepção segura do que marcaria a história da

* "By or of Marcel Duchamp or Rrose Sélavy", "Por ou de Marcel Duchamp ou Rrose Sélavy", foi o nome dessa exposição. Rrose Sélavy é o alter ego feminino que Marcel Duchamp inventou para si no início dos anos 20. Ver Marcel Duchamp, *Duchamp du signe*, Flammarion, col. "Champs".

arte contemporânea. Eis o relato feito por Walter Hopps, em detalhes, de seu primeiro encontro com Andy Warhol, relato no qual o espanto predomina:

> Em 1961, Irving Blum, David Herbert e eu estávamos à procura de novos talentos. David farejava o vento melhor que nós naquela época, se interessava por tudo que se mexia, evoluindo tanto no meio artístico como no meio homossexual. Nós começamos a acompanhar os trabalhos de Robert Rauschenberg e de Jasper Johns, quando David começou a nos repetir em todos os tons que devíamos ir ver um certo Andy Warhol, que seguramente nos interessaria. E nós passamos então para ver esse tipo, seguindo seus conselhos.
>
> Quando ele nos abriu a porta, o ar mais morto do que vivo, não pude me impedir de suspirar, convencido de que perderíamos nosso tempo; e a decoração duvidosa, na qual cavalinhos de pau ficavam lado a lado com máquinas de chiclete, só reforçou minhas convicções. "Mais um decorador decadente", eu pensei, o que não tinha nada de novo, já que o gosto do público começava a pender para as taças de Tiffany. Por todos os cantos daquela casa só se viam objetos desse tipo. Fomos levados a um salão; e havíamos visto num corredor toda uma coleção, cheia de trecos da mesma espécie... sapatos pontudos, particularmente estragados, estilo anos 40. A própria casa, vasta e muito sinistra, estava notavelmente vazia. Sugeria mais um entreposto, um verdadeiro bazar. "Caramba", observei, "você coleciona um bocado de máquinas de chiclete." Quanto a ele, ele se fazia de cientista louco em seu laboratório, como um Des Esseintes ocupado no recenseamento de um catálogo de modas... ao gosto do dia – mas de dias passados.
>
> Eu fiquei vagamente fascinado mesmo assim diante daquele bazar estonteante, enquanto Irving Blum revirava os olhos pasmos, como se para se desculpar por me haver arrastado para aquela roubada.
>
> Foi aí que Warhol nos fez entrar numa peça totalmente irracional; uma biblioteca, mas uma biblioteca rigorosamente vazia, que não tinha um livro, o menor quadro na parede, parecendo que ele acabara de chegar ou de levar a mobília embora. No entanto, o que nos tirou o fôlego foi que o chão

estava forrado, literalmente forrado de jornais, periódicos e revistas de rock ou de cinema, com os quais, com toda evidência, Warhol devia se regalar.

A peça estava literalmente forrada de revistas. Nós entramos, sob um fundo musical pop tonitruante, cuspido por um aparelho de som estéreo bem medíocre; havia um verdadeiro amontoado de almofadas, cobertores e, talvez, até um pequeno colchão. Não havia um único assento até onde eu me lembre. Creio que nós nos acocoramos, a menos que um de nós tenha encontrado um banquinho para sentar. O mais extraordinário, porém, era toda aquela literatura de estação de trem, todas aquelas revistas baratas e imaginar Warhol chafurdando prazeroso ali dentro.

Nós não sabíamos o que dizer, porque ele ainda não havia nos mostrado nada.

Aí, Warhol se sentiu na obrigação de nos fazer falar, nos perguntando o que tínhamos vindo fazer em Nova York, por quais artistas nós nos interessávamos e por quê. Por exemplo, ele me perguntou o que eu achava de Jasper Johns: mas assim que eu lhe respondi que o considerava um artista sério, ele me intimou a me explicar. Progressivamente, o interrogatório virou inquisição. Ele nos sondando demoradamente antes de se decidir a nos mostrar o que quer que fosse.

Finalmente, um de nós lhe perguntou: "Você teria alguma coisa para nos mostrar?".

Até ali, Andy não havia parado de nos perguntar, de nos empurrar para nossas trincheiras, mostrando-se falador como eu jamais o vi depois. "Err, bem... Err.. Sim!" ele acedeu, em desespero de causa.

Aí ele se levantou, foi até um armário que se encontrava num canto da peça, da frente do qual teve de desenterrar todas as revistas que forravam o chão para poder abrir a porta. Ele tirou dali duas pequenas telas, bastante surpreendentes no seu gênero: uma emoldurada, de uma produção que me recordou um pouco a de Rauschenberg por seu lado inacabado. Dir-se-ia uma velha publicidade de máquina de escrever Royal, perfeitamente realizada. "Hum, interessante", nós dissemos, realmente interessados e muito admirados.

Quanto à segunda tela, era uma ampliação de duas personagens de histórias em quadrinhos – Dick Tracy e seu alter ego, Sam Ketchen – lambuzadas: cores esfumadas, contornos borrados.

Perfeito! E, finalmente, ele exibiu a última peça, uma tela com aproximadamente três metros de altura, que desenrolou no chão forrado de revistas. Uma coisa assombrosa! Uma ampliação em cores de uma história em quadrinhos: Super-Homem em pleno voo, mas um Super-Homem maior que o natural levando em seus braços uma Lois Lane em miniatura, ao contrário da verdadeira história em quadrinhos, na qual todas as personagens têm a mesma altura. Com a cor chapada, sem o menor relevo, fugindo, pois, de todas as leis da composição. Não se diria uma tela, mas antes um quadrinho ampliado. Nós jamais tínhamos visto algo assim, e estávamos considerando aquilo, fascinados, quando, sem nos dar tempo para olhá-la em detalhe, Warhol a enrolou e guardou. E isso foi tudo. Curioso comportamento. Ele nos havia mostrado seu trabalho, e fim. Embora tivéssemos chegado lá decididos a sair o quanto antes, persuadidos de ter caído numa emboscada, nós iríamos permanecer com nossa fome, porque ele acabava de virar a situação, após ter provocado nossa curiosidade.[14]

Warhol se mostrou, ao longo desse encontro, a um só tempo bizarro, esquivo e inquisidor. Ele estava em pleno trabalho de exploração e observação daquele mundo, em parte novo e desconhecido para todos, porque todos buscavam a novidade e a originalidade. Ora, a experiência se revelou conclusiva: ele soube intrigar e interessar esses curadores de exposição e, menos de um ano depois, Warhol expunha suas primeiras realizações pop, primeiro em Los Angeles, depois em Nova York.

Entretanto, em meio às obras que iam garantir a Warhol uma notoriedade inesperada, não figurava justamente a tela com o Super-Homem ampliada. Essa tela sumiu de circulação. Warhol havia descoberto que outro artista fazia a mesma coisa que ele. Durante esse período, com um amigo, Ted Carey, ele visitava regularmente todas as galerias de Nova York. Um dia, esse amigo lhe disse que tinha visto na galeria de Leo Castelli uma pintura que lembrava uma história em quadrinhos. Andy Warhol foi ver pessoalmente. O jovem que trabalhava na galeria, Ivan Karp, que se tornou em seguida um promotor influente da obra de Warhol, mostrou-lhe uma tela representando uma garota com um balão acima da cabeça. O desenho era inspirado numa propaganda publicada todas as semanas no *New York Times*, e era de Roy Lichtenstein. Ivan Karp se recorda: "Andy meditou sobre aquilo com um ar transtornado antes de declarar: 'Bem... Eu também trabalho nesse filão'".[15] Andy abandonou a representação ou a iconografia de HQ, deixou-a para Roy Lichtenstein, que o havia realmente precedido nesse terreno, em especial junto aos galeristas. Warhol ficou um pouco traumatizado por essa descoberta, ainda mais que a Leo Castelli era então a galeria na qual desejava entrar.

Entretanto, afora esse trauma circunstancial, a descoberta dos trabalhos dos jovens artistas que rompiam com a abstração lírica foi determinante para a orientação do trabalho de Andy Warhol e para a invenção de sua identidade pop específica. As obras de Roy Lichtenstein e de Jasper Johns tiveram, em particular, um impacto decisivo. Jasper Johns (que também expunha na Leo Castelli) havia deslocado o paradigma e o procedimento do ready-made. Ele consagrava o retorno da pintura ao figurativo, bem executado artesanalmente, pela mão do artista, mas de maneira impessoal, o trabalho sendo subordinado à representação limitante de um objeto mais poderoso que qualquer emoção interior – como a bandeira americana que Jasper Johns pintou, minuciosamente, laboriosamente, em 1955. Jasper Johns permitiu então um retorno das técnicas figurativas em pintura eliminando qualquer interferência sentimental, qualquer julgamento pessoal, qualquer estado de espírito. Warhol também fabricava suas telas e seus objetos, reelaborando as representações publicitárias ou midiáticas com uma técnica própria – o que faz deles verdadeiros objetos de arte. Foi assim que seu encontro com Johns guiou Warhol em suas investigações técnicas para fazer da iconografia popular a estética exclusiva de sua obra. A descoberta de Roy Lichtenstein, por sua vez, foi mais traumática para Warhol naquele momento. Aquela "coincidência" colocava para Warhol o problema da escolha do conteúdo de suas "representações". Era um problema prático. O que representar? E, correlatamente, como pintar?

Esse problema de conteúdo da representação encontraria uma solução na escolha de sua técnica pictórica. Sua técnica em pintura será uma técnica de produção em série. A escolha do conteúdo da representação se transferiu naturalmente para a imagem que se repete, a imagem remetendo de si mesma a um princípio de quantidade, de multiplicação, de difusão e de difração indefinidas: as imagens de objetos de consumo de massa, as imagens repercutindo sem descanso nas mídias. Dessa maneira, Warhol abandonava a representação de HQ sem abandonar o que visivelmente agradava aos marchands, a saber, a composição fria e impessoal que emanava de suas experimentações pop: "Eu decidi que, como Roy fazia tão bem as histórias em quadrinho, era melhor eu parar logo as minhas e me engajar numa outra direção na qual seria o primeiro, por exemplo, a quantidade e a repetição".[16]

Warhol compreendeu que devia explorar completamente a via da neutralidade radical, da quantidade pura. Com o alvoroço causado pela primeira exposição de seus retratos de 32 variedades da sopa Campbell em Los Angeles em julho e agosto de 1962 – principalmente, uma mistura de incredulidade, de hilaridade e de hostilidade –, Andy não hesitou em fazer desaparecer toda gestualidade da arte para torná-la bastante isolada e anônima. O que o tornou no mesmo lance o ponto de referência da nova geração de artistas dita pop, porque ele se expôs absolutamente, revelou tudo da técnica e de suas intenções com uma franqueza inimaginável. Ele expôs isso na superfície de suas telas impessoais. Ou, o que é a mesma coisa, fez desaparecer de suas telas qualquer sugestão de profundidade interior ou psicológica.

Essas imagens chapadas e essas repetições conservavam, contudo, algo de enigmático, sem que se tratasse de profundidade. Não, tratava-se antes de enigma, no sentido de que elas provocavam sistematicamente o espanto e a incredulidade. Com isso, as pinturas de latas de sopa Campbell puderam ser apelidadas de as "Giocondas dos tempos modernos". Assim declarou uma crítica da época por ocasião de sua primeira exposição na Stable Gallery*, em 1962: "De todos os pintores que hoje se colocam a serviço – ou que se fazem escravos – de uma iconografia popular, Andy Warhol é sem dúvida o mais espetacular, o mais persistente".[17] Essa persistência lhe valeu sua coroação como "príncipe da pop art". Os outros artistas americanos dessa nova geração se mostraram mais reservados com respeito à etiqueta "pop", que a imprensa se apressou a utilizar. Eles teriam preferido o nome de "novos realistas" (para poderem ser colocados na mesma linhagem de Caravaggio e Courbet). Isso porque se dizer pop era admitir um compromisso com o mundo do comércio e das imagens vulgares. À pergunta lançada por um jornalista "O que é a pop art?", Roy Lichtenstein respondeu, ambíguo:

> Não sei – o uso da arte comercial como tema da pintura. Eu presumo. Ficava difícil encontrar um quadro que fosse bastante abjeto para ninguém pendurá-lo – qualquer um penduraria qualquer coisa. Ficava quase tolerável expor um velho trapo repulsivo de pintura, todo o mundo estava habituado a isso. A única coisa que todo o mundo concordava em detestar era a arte comercial; mas, aparentemente, eles não detestaram suficientemente esta. – *A pop art é abjeta?* – isso não soa muito bem, não é? Bom, é uma implicação dos aspectos, para mim, mais insolentes e mais assustadores de nossa cultura, aquelas coisas que se detesta, mas que também têm um forte poder de impregnação.[18]

Warhol foi mais radical. Nenhuma ambiguidade em sua avaliação do pop. Mais que uma arte da colagem, ou da

* Situada, em 1962, na Rua 74 Leste, 33, Emile de Antonio apresentou Warhol à galerista Eleanor Ward, que, segundo De, fora dona da "mais bela galeria de Nova York" na época em que sua galeria ainda estava localizada na Rua 58 Oeste – um velho estábulo reformado. Até esse encontro, e apesar do alvoroço causado pela exposição de suas primeiras obras na Ferus Gallery, Andy Warhol não conseguia encontrar um galerista em Nova York. Na Stable Gallery, Andy Warhol expôs *Do It Yourself*, *Baseball*, *Marilyn Diptych*, *Gold Marilyn Monroe*, *129 Die*, *Close Cover Before Striking*, *Red Elvis*, *Troy Donahue*, *Dance Diagram*, uma série de latas Campbell sobre uma mesma tela, cédulas de dólar.

combinação, Warhol compreendeu que o pop era a arte do factual, a arte do presente, e que isso transbordava o domínio da arte. A arte era ao mesmo tempo um avatar da cultura pop e uma corrente artística, o que lhe assegurava uma dupla hegemonia: invasão da arte no terreno da cultura de massa, e invasão da cultura de massa na arte. Ele materializou esse paradigma que um pensamento moderno fez resolutamente seu: o sentido do mundo no qual vivemos está na superfície das imagens que ele produz. Se há a possibilidade de um distanciamento, de uma colocação entre parênteses, é permanecendo na superfície que ele pode se produzir, porque o olhar se liberta da armadilha da interpretação sem-fim, que instala o desejo de significação e a esperança de uma transcendência, de um além. Warhol faz assim essa observação fenomenológica profunda e fecunda para seu trabalho: "Eu me dei conta de que, se você olha alguma coisa por tempo suficiente, toda significação desaparece".[19] A ideia foi, pois, aumentar a potência das superfícies de reflexão. Graças à difração das imagens publicitárias, ou simbólicas, graças ao princípio de reprodução em série de imagens, o caráter icônico se anula: essas imagens retomadas, reproduzidas em quantidade, remetem apenas a elas mesmas, isto é, às suas qualidades estéticas ou sensoriais. Atua uma espécie de reducionismo muito eficaz nessa atenção total à unidimensionalidade das imagens. Era a ostentação mais eficaz contra a tagarelice, o mito da interioridade e a prática da introspecção em arte.

Em suma, o pop aparecia como um novo tipo de realismo, ultramoderno. Foi o que consagrou a exposição "New Realistes", na galeria Sidney Janis em Nova York, durante o mês de novembro de 1962. Era uma exposição internacional com 29 artistas, cujas obras ilustravam a natureza urbana, industrial, mecânica, publicitária do ambiente contemporâneo. Entre eles, Warhol e seu quadro *200 Soup Cans* figuravam num lugar de destaque, com o *Lingerie Counter* de Claes Oldenburg em vitrine, instalação composta por um amontoado de lingerie feminina, iluminado por uma lâmpada de neon. A nova tendência era a de artistas resolutamente urbanos, trabalhando sobre a multidão das ideias e dos fatos cotidianos entrelaçados, explorados na vida moderna. A conjuntura era particularmente favorável a Andy Warhol, pois ele realizava ao mesmo tempo sua primeira exposição individual na Stable Gallery.

No fim de 1962, a pop art americana havia nascido e fora batizada. Todos os artistas dessa nova geração tiveram consciência da ruptura com as concepções tradicionais da arte que eles iniciavam. Os atores mais antigos do mundo da arte se encarregaram de declará-lo. Com exceção de Willem De Kooning, todos os pintores expressionistas abstratos que a galeria Sidney Janis representava até então renegaram o galerista e partiram, suspeitando nessa promoção da pop art um oportunismo financeiro. A imprensa repercutiu essa indignação, tanto a imprensa especializada como a generalista. Podia-se ler, por exemplo, em 26 de novembro de 1962, na revista *New Yorker*, um artigo intitulado "The Art Gallery: The Game of Illusion" ["A galeria de arte: o jogo da ilusão"], assinado por Harold Rosenberg, falando de um terremoto que abalava o mundo da arte e evocando o destronamento do expressionismo abstrato. E podia-se ler também, no volume de dezembro de 1962 de *Arts Magazine,* um artigo assinado pelo crítico e artista Sidney Tillim, que afirmava: "Com o senso dos negócios e o dom de escolher o momento [...], o marchand Sidney Janis interveio na voga da arte 'pop' na época da colheita". O galerista não era considerado mais que um vulgar marchand, o que, sob a pluma daqueles detratores, era o insulto supremo.

Mas o anátema podia ir mais longe. E foi mais longe. Durante o colóquio ocorrido no MoMA em dezembro de 1962, propósitos muito hostis e sem sutileza dominaram. O discurso de Peter Selz, então curador do MoMA e um dos organizadores do colóquio, é assombroso, muito violento, colocando-se claramente no terreno das grosserias:

> O que se pode, antes de tudo, reprovar na pop art é essa incrível ausência de esforço que supõe uma incrível covardia. Os artistas são blasés e chiques. Eles têm em comum com toda a arte acadêmica – aí compreendida, aliás, a arte nazista

e a arte soviética – uma aceitação complacente dos valores admitidos. O pior, e num sentido mais esquisito, é que essa arte, de um conformismo abjeto, esse anexo da Avenida Madison*, é apresentada como de vanguarda.[20]

A pop art teve, pois, desde seu início, detratores irreconciliáveis que rejeitavam violentamente o que consideravam uma falsa arte, uma arte de pacotilha, que tinha todo o jeito de uma prática idólatra das formas modernas do consumo. Esses representantes de certa concepção tradicional da arte, como prática necessariamente não atual e intempestiva, estavam aborrecidos com o surgimento dessa corrente, e, em particular, com um de seus representantes mais radicais, Andy Warhol.

Esse tipo de crítica, contudo, errava o alvo com Warhol, que trabalhava obstinadamente em sua entronização como artista entre 1960 e 1962. Seu trabalho novo e sob muitos aspectos estranho, porque realmente inesperado, militava por um olhar distanciado e uma espécie de suspensão de todo julgamento de pendor – notadamente moral e sociológico. Andy Warhol se recusou assim, sistematicamente, a deixar que associassem suas obras a comentários sociológicos sobre o estado da sociedade americana. "A pop art será um comentário da vida americana?" A resposta foi lapidar: "Não". Andy Warhol recusou de maneira explícita até a ideia de que se pudesse associar a seu trabalho qualquer intenção crítica: "Eu gosto das coisas ordinárias, simplesmente. Quando eu as pinto, jamais tento torná-las extraordinárias. Quero somente pintá-las ordinárias-ordinárias. Os críticos sociológicos são dilapidadores.**

* Uma das avenidas, em Manhattan, que abrigavam as lojas mais elegantes.

** Andy Warhol, *Entretiens 1962-1987*, Grasset, 2005, p. 32. Ver nesse mesmo livro (p. 55) esta outra entrevista que mostra Warhol ainda mais próximo de uma recusa de julgar a ausência de qualquer inclinação sociológica. "Uma das questões aparentemente mais discutidas, sobretudo no que diz respeito a seu trabalho, é a da origem dos temas tratados. A exposição das sopas Campbell há algum tempo, e agora a das pinturas de Elvis Presley... Ao olhar o público na Ferus Gallery, sobretudo os professores de arte dos colégios que tentam explicar a seus alunos, insistindo na maior parte do tempo no significado social: é o... é um aspecto de nossa cultura que ele representa. Você concorda com isso? Você se perguntou conscientemente: 'Qual é o símbolo de nossa cultura?' ao preparar a exposição das sopas Campbell? – Bem, não."

Alguns críticos de arte, desde sua primeira exposição pessoal em Nova York em novembro de 1962, haviam captado perfeitamente a aposta da irrupção de semelhante obra, irrupção aliás intempestiva apesar das aparências. Um deles assim se exprimiu:

> No primeiro instante, Andy Warhol desconcerta. Ele pinta uma lata de sopa Campbell com tanta simplicidade e inocência que é tentador ver aí tanta humanidade e mistério quanto se pode encontrar nas boas pinturas abstratas. No entanto, diferentemente dos outros novos realistas, aos quais é frequentemente associado, ele não tenta colocar sua alma a nu; o interesse que nutre por seu tema é absolutamente ingênuo. Se ele pinta Marilyn Monroe em vinte ocasiões, é porque é assim que ela lhe aparece: vinte vezes diferentes, e, contudo, parecendo sempre sair de uma revista de cinema. Seu propósito não é jamais satírico. Ele simplesmente ama as pessoas que pinta.[21]

Desde seus primeiros passos na aventura da iconografia pop houve, portanto, pessoas vivamente interessadas pelo trabalho de Andy Warhol. Sua personalidade atípica e desconcertante aliada ao caráter neutro, obstinado e sistemático de suas pinturas prendia a atenção. Alguns curadores de exposição, e não dos menores, acompanharam e apoiaram o trabalho de Andy, como Ivan Karp, muito dedicado. Embora trabalhasse para Leo Castelli, ele prospectava para encontrar colecionadores que se interessassem pelo trabalho de Andy, como Henry Geldzahler, curador de exposição, no centro de redes culturais e mundanas influentes – ele organizou uma festa brilhante após o vernissage da primeira exposição de Andy Warhol na Stable Gallery.

Embora Andy Warhol se contentasse de imediato em apresentar as tentativas de Ivan Karp como condenadas ao fracasso[22], não é menos verdade que muito cedo colecionadores compraram suas telas. Os Scull, cuja fortuna provinha da exploração de uma frota de táxis em Nova York, e os Tremaine, cuja fortuna provinha de anúncios a néon, grandes colecionadores de arte contemporânea, foram os primeiros a comprar obras de Warhol. Vale lembrar que na primeira exposição dos "retratos" de latas de sopa Campbell em Los Angeles, no verão de 1962, o curador da exposição, Irving Blum, depois de começar a vendê-los individualmente – em particular a Dennis Hopper, um astro em ascensão do novo cinema hollywoodiano –, foi acometido de remorso. Era assombrado pela imagem da série completa – havia 32 representações de latas de sopa Campbell. Ele resolveu então readquirir todas as telas que já havia vendido e negociar com Andy Warhol. E arrematou o lote todo por... mil dólares. As primeiras obras saíram rapidamente e a preços que desafiavam toda a concorrência. Assim, os conhecedores, como Irving Blum, e os amadores como os Tremaine, se apressaram a comprar. Em 1962, os Tremaine adquiriram mais de uma dezena de obras de Warhol, entre as quais uma pintura de lata de sopa (com abre-latas) e uma Marilyn em díptico. Em sua casa, eles colocavam esses quadros ao lado dos de Picasso e Fernand Léger.

A opinião de Emily Hall Tremaine, que criou em 1986 uma fundação para as artes, é característica de um dos dois pontos de vista dominantes sobre Andy Warhol no início de sua ascensão social fulgurante. A alternativa era bastante limitada, aliás, entre o ponto de vista desdenhoso e escandalizado e o ponto de vista surpreso e intrigado, que na realidade detectava, no cerne dessa obra improvável, muito mais que um espírito cínico ou descontraído. Os primeiros colecionadores partilhavam esse último ponto de vista, o que exprime aqui Emily Hall Tremaine:

> Voltamos por diversas vezes ao ateliê de Andy. A maior parte do tempo, ele fazia funcionar ao mesmo tempo dois aparelhos estéreo: um tocava Bach a pleno volume, o outro vociferava rock. Então nós chegamos a considerar que Andy e sua obra eram, talvez, mais enigmáticos e mais complexos do que todos os artistas e os trabalhos de que começávamos a tomar conhecimento.[23]

Há duas coisas aqui: o método Warhol e o impacto Warhol. De início, Warhol elaborou de fato um método. Este foi uma verdadeira máquina de guerra contra o expressionismo, contra a valorização de uma intimidade supostamente profunda. Há aqui uma convergência com Paul Valéry e sua célebre fórmula: "O que há de mais profundo no homem é a pele".[24] Assim, para bloquear o refluxo de uma sensibilidade que sabe ser limitada e enganosa, Warhol elaborou um método que o obrigava a se aferrar rigorosamente a seu partido – "método", é a palavra exata: "Eu sabia que queria me livrar dos comentários gestuais, e por isso havia adotado aquele hábito de pintar escutando a pleno volume a mesma faixa de rock'n'roll, um 45 rotações, sem parar, durante o dia inteiro".[25] A torrente de música o condicionava a pintar "sem comentário" e sem envolvimento emocional, de maneira impessoal. Sua maneira de agir desvinculava diretamente a relação sistematicamente suposta entre a "sensibilidade pessoal" do artista e sua obra. Ao operar nesse novo desligamento, a obra de Warhol teve um impacto considerável e inesperado.

O espanto provocado pelas pinturas de Warhol teve, para alguns, como se viu, o gosto do enigma. Para outros, esse espanto teve o gosto de um problema filosófico. O encontro com essa obra constituiu o prelúdio de uma recolocação em questão das definições de arte admitidas até então. O fenômeno Warhol esteve na origem de uma revolução no campo das teorias estéticas em geral, e, em particular, presidiu o advento de uma filosofia da arte como domínio de reflexão próprio, que não se confundia mais com uma reflexão filosófica sobre a arte. Arthur Danto, eminente filósofo da arte, viu nas realizações pop de Andy Warhol um instrumento filosófico suscetível de renovar profundamente a definição de arte. Ele relata o fermento que foi para sua reflexão a visita à segunda exposição de Warhol na Stable Gallery, em 1964, com seus fac-símiles de caixas da Kellogg's e caixas do sabão em pó Brillo:

> Todo meu interesse por essa exposição residia no fato de que, vindo da obra de um homem que se considerava apenas

um artista, ela levantava a questão da natureza da arte na sua forma filosófica mais pura. A definição da arte preocupa os filósofos desde sempre, mas eles não encontraram resposta porque consideram que sabem a priori quais coisas são obras de arte, a questão sendo somente explicitar sua natureza. Warhol desafia essa hipótese colocando diante de nossos olhos um objeto tão próximo da realidade que as diferenças perceptíveis não poderiam constituir as diferenças entre a arte e a realidade. Agora estava claro que a diferença não podia ser percebida pelo olho. Eu refleti sobre essa caixa de Brillo durante todo aquele ano – uma de minhas filhas me deu uma caixa de Brillo vazia no Natal – e considero que meu livro *La Transfiguration du banal* é um esboço de resposta ao problema que Warhol, melhor que qualquer filósofo, e melhor até que Duchamp antes dele, havia tido a inteligência de levantar.*

Essa reflexão pioneira abriu caminho para a estética contemporânea. Esta reconhecia a importância do empreendimento tanto artístico como intelectual de Andy Warhol, ponta de lança do movimento pop, na mudança de paradigma intelectual para apreender a arte. Vinte anos após a reflexão fundadora de Arthur Danto nesse campo, Jacques Rancière, outro filósofo eminente do sensível, desenvolveu da seguinte maneira a verdade implícita nas decisões estéticas da pop art: "É impossível circunscrever uma esfera específica de presença que isolaria as operações e os produtos da arte das formas de circulação do imaginário social e mercantil e das operações de interpretação desse imaginário".[26] A distinção entre a arte e a realidade, dada como evidente, está perfeitamente confundida em nossa modernidade. Warhol promoveu essa confusão, fazendo da realidade um componente da arte, e não o inverso. Warhol trabalhava, pois, na extensão do domínio da arte. Em seu "Theatrum philosophicum", Michel Foucault nos disse bem que Warhol nos ajuda a perceber:

* Arthur Danto, "Quem foi Andy Warhol?", *Les Cahiers du Musée national d'art moderne, Warholiana,* n. 34, 1990, p. 7-8. *La Transfiguration du banal* (Seuil, 1989) foi um acontecimento na história das ideias estéticas.

Grandeza de Warhol com suas caixas de conserva, seus acidentes estúpidos e suas séries de sorrisos publicitários: equivalência oral e nutritiva daqueles lábios entreabertos, daqueles dentes, daqueles molhos de tomate; daquela higiene de detergente; equivalência de uma morte no vazio de um veículo eviscerado, na ponta de um fio telefônico no alto de um poste, entre os braços cintilantes e azulados da cadeira elétrica. "Dá na mesma", diz a besteira, afundando em si mesma, e prolongando ao infinito o que ela é pelo que ela diz de si: "Aqui e alhures, sempre a mesma coisa; que importam algumas cores variadas, e claridades maiores ou menores? Como é besta a vida, a mulher, a morte! Como é besta a besteira!" Mas, ao contemplar bem na face essa monotonia sem limites, o que de repente se ilumina é a multiplicidade dela mesma – sem nada ao centro, nem no topo, nem além –, crepitação de luz que corre ainda mais rápida que o olhar e ilumina alternadamente aquelas etiquetas móveis, aqueles instantâneos cativos que, doravante para sempre, sem nada formular, se fazem signo: de repente, sobre o fundo da velha inércia equivalente, as riscas do acontecimento rasgam a obscuridade, e o fantasma eterno se diz dessa caixa, desse rosto singular, sem espessura.[27]

A fábrica (1963-1965)

Imagino que faço parte de minha época, como os foguetes e a televisão.[1]
ANDY WARHOL

Mesmo após a decolagem da carreira pop de Andy Warhol, o antagonismo entre seus admiradores e seus detratores não desapareceria. Longe disso. Warhol tomou o partido de radicalizar seu posicionamento artístico – forjando com isso para si uma reputação bastante singular, que lhe atrairia uma celebridade tanto espetacular quanto inesperada, à qual, no entanto, ele aspirava profundamente.

Escandalizando uns, empolgando outros, Warhol impressionava. Em particular pelas maneiras de conquistar em grande escala o mundo e o mercado de arte que ele desenvolveu a partir de 1962. Isso porque ele via as coisas em grandes dimensões, na escala da grande sociedade de consumo moderna, inspirado pelo modelo da publicidade então onipresente. Ele queria fazer parte da identidade visual do ambiente americano, urbano, moderno. Anunciar às claras o desejo de ser rico e famoso fazia parte dessa estratégia de conquista. Isso fazia parte do jogo do sucesso, do reconhecimento. Não se saberia realmente dizer qual foi sua motivação primeira. O gênio artístico? O desejo de glória? A ganância? Impossível dizer. Todas essas determinações intervieram ao mesmo tempo. Como o formula, com precisão, Arthur Danto: "É o triunfo de uma vontade artística raramente igualada na história da arte, e ainda mais espantoso por Warhol não esconder suas motivações naturais".[2] O objetivo era claro: criar uma obra com forte impacto público, insuperável. E, para tal, Warhol soube resolver inteligentemente o problema colocado pelo modernismo após todas as invenções formais, técnicas e pictóricas do século XX: "Por que eu deveria ser original? Por que não poderia ser não original?"[3], reivindicava então Warhol. Desde 1960, ele havia encontrado o imaginário a explorar, com um potencial popular muito forte – todo o mundo reconhecia as imagens da sopa Campbell e da Coca-Cola. Em 1962, ele encontrou a maneira de transformar sua criação em produção. De um lado, refinou uma técnica quase inteiramente mecânica, a serigrafia. De outro, adotou, como meio de produção, técnicas empresariais, trocando o ateliê do artista pessoal por um espaço de produção em série que requeria a intervenção de empregados. Não mais um ateliê, mas uma usina, ou uma fábrica – *Factory*, em inglês. As duas categorias que doravante definiriam e orientariam seu trabalho eram a quantidade e a impessoalidade.

O meio de produção, primeiro. Warhol trabalhava desde 1947 no decalque, na reprodução de imagens preexistentes, em especial com a técnica do carimbo ou do mata-borrão. Em 1962, ele reduziu, porém, a possibilidade de cópia. "Em agosto de 1982, eu começava a serigrafia. O método do carimbo de borracha que eu havia utilizado para repetir as imagens me pareceu, de repente, demasiado artesanal. Eu queria alguma coisa mais forte, que desse a impressão de ter sido realizada numa linha de montagem".[4] Por quê? Por que esse desejo de mecanização? Sua prática era acompanhada por declarações a um só tempo claras e enigmáticas que deixavam os jornalistas atônitos. Como a seguinte, citada com frequência: "Eu queria ser uma máquina, e eu me digo que isso que eu faço como uma máquina é exatamente o que desejo fazer".[5] Esse desejo podia ter motivos materiais, porque a produção em série é amiúde mais lucrativa do que uma fabricação por unidade. Fundamentalmente, porém, a chave está numa ambição de apatia, de suspender uma expressividade emocional desbordante e condescendente. É nesse sentido que ele afirmava muito facilmente: "O estilo não é tão importante assim[6]", porque "como se pode pretender que um estilo seja melhor que outro?"[7] Fundamentalmente, o estilo remete a alguma coisa de pessoal, a alguma coisa de obtuso, de derrisório em relação à quantidade de coisas, de indivíduos e de pontos de vista existente. Esse processo de uma vir-a-ser-máquina que define a essência mesma do gesto warholiano é, em si, uma denúncia do mito da subjetividade, sendo a subjetividade, como as outras coisas, um fenômeno de superfície, um epifenômeno superficial, um efeito secundário. O desejo de se tornar uma máquina, para Warhol, é comparável ao de ser uma coisa entre as coisas, de tentar barrar a visão deformada pela subjetividade, de tentar ser tão impessoal e indiferente quanto o "mundo". Um desejo de "se abrir à terna indiferença do mundo"[8], como diz a personagem de Mersault na última página de *O estrangeiro*, de Camus.

O que está em jogo nessa escolha de mecanizar a criação artística, de automatizá-la, é a descoberta dos efeitos positivos da indiferença, em primeiro lugar o de se precaver contra os efeitos nefastos das críticas e dos ataques vindos do exterior. "Se pudéssemos ficar mais mecânicos seríamos menos feridos – se pudéssemos ser programados para fazer nosso trabalho com felicidade e eficácia."[9]

Mas a repressão do impulso expressivo, para Warhol, cobrava o preço de um verdadeiro condicionamento, de um treinamento rigoroso de sua mão. A descoberta da serigrafia com certeza facilitou as coisas para Warhol que, entre 1960 e 1962, foi constrangido a desenhar e pintar com um realismo obsessivo, ainda que o resultado não ficasse exatamente à altura de suas exigências, apesar de seus desenhos e pinturas de latas de sopa, de cédulas de dólar, de primeiras páginas de jornais, de desenhos para colorir, de tampas de Pepsi-Cola terem um acabamento notável e denotarem um agudo senso do objeto e do enquadramento. A aplicação da técnica serigráfica a partir de uma imagem fotográfica, em sua produção artística, ofereceu a Warhol a possibilidade de um resultado acabado, saturado, polido, brilhante, que correspondia exatamente ao seu projeto.

> Na serigrafia, pegamos uma fotografia, ampliamo-la, transferimo-la para uma tela de seda com cola e em seguida passamos a tinta por cima, e a tinta atravessa a seda onde não há cola. Dessa maneira, temos sempre a mesma imagem, levemente

diferente a cada vez. Era simples, rápido e imprevisível. Eu estava muito empolgado.[10]

Era um meio extraordinário, incrivelmente adaptado ao contexto da onipresença repetitiva das imagens na imprensa e já na televisão. Fora-se o dogma da unicidade da obra de arte. Fim das ideias de gênio pessoal e de princípio criador individual.

Isso agradou seus detratores que, além de lhe censurarem o fato de não produzir nenhuma imagem original, pessoal, ou seja, de não criar nada, puderam estigmatizar seu recurso a um procedimento sistematicamente mecânico que, segundo eles, eliminava completamente o "gesto artístico".

Em primeiro lugar, a fabricação da tela de serigrafia a partir das provas fotográficas e até, melhor ainda, das pequenas fotos recortadas na imprensa é uma invenção de Warhol. Em segundo, foi de fato a adoção dessa técnica que selou o seu destino artístico. Quando ele expôs seus primeiros quadros em serigrafia, por exemplo, uma composição de uma série em reta infinita de imagens de latas de sopa impecavelmente alinhadas, ou das séries de garrafas de Coca-Cola, algumas pessoas ficaram vivamente impressionadas. Como Leo Castelli, que havia se recusado a expor Warhol em sua galeria, alguns meses antes, porque já representava Roy Lichtenstein. Numa carta relatando as lembranças mais marcantes que guardava de Andy Warhol, Castelli contou primeiro essa recusa, depois sua surpresa quando viu as séries de imagens inesperadas de Marilyn Monroe, de Elvis Presley.[11] Robert Rauschenberg também foi marcado pelo quadro serigráfico das garrafas de Coca-Cola (*210 Garrafas de Coca-Cola*), e ficou muito interessado na possibilidade de obter uma imagem maior que a original e utilizá-la várias vezes – Rauschenberg veio pessoalmente procurar informações sobre aquela técnica e produziu quadros contendo partes serigrafadas na primavera de 1963. Jasper Johns ficou igualmente interessado, em particular por uma obra de Warhol, *Handle With Care* ["Atenção, frágil"], em que o procedimento serigráfico permitia obter o motivo do tabuleiro de dama tão presente na obra de Johns. Warhol emprestou-lhe de bom grado a tela de serigrafia que havia usado para essa obra, e Jasper Johns a utilizou na composição *Arrive/Depart.**

Se há inegavelmente um gesto artístico warholiano, seu caráter repetitivo e impessoal rompia, por outro lado, o laço espiritual e material entre o artista e a obra de arte. Fazer desaparecer da arte as categorias de paternidade, identidade, filiação, unicidade da obra, condená-las por insignificância e obsolescência, eis no que trabalhava Warhol. Ele iniciava ali uma ruptura radical com os hábitos mentais em matéria artística.

> Parece que Lichtenstein disse que poderia não pintar mais histórias em quadrinho daqui a um ou dois anos: acho que seria genial poder mudar dessa maneira. E creio que é isso que vai ocorrer, e que todo o mundo vai entrar nessa. Talvez seja essa a razão por que eu me meti na serigrafia. Acho que qualquer um seria capaz de fazer as pinturas em meu lugar. Não consegui tornar cada imagem tão clara e simplesmente idêntica à primeira. Seria formidável se houvesse mais de nós utilizando a serigrafia, até o ponto em que se tornasse impossível saber se o quadro é meu ou de algum outro.[12]

Embora não se tratasse para Warhol de tornar sua obra intercambiável com a de Rauschenberg, de Johns ou de Lichtenstein enquanto artistas, o que estava em jogo acabaria por ser a feitura de uma obra coletiva.

Isso passou pela escolha de um lugar adaptado às necessidades de uma produção artística que se pretendia industrial. Todo o mundo chamaria esse lugar de Factory. Mas a passagem para uma produção "industrial" transcorreu em várias etapas. Houve, na verdade, quatro Factory. E a Factory, conceito genérico, teve uma ancestral onde Warhol trabalhou

* É David Bourdon que conta esse episódio em *Andy Warhol,* Flammarion, 1989, p. 123, n. 9. Ele remete a um estudo da obra de Jasper Johns ressaltando essa utilização pontual da serigrafia pelo artista: BERNSTEIN, Roberta. *Jasper Johns' Paintings and Sculptures 1954-1974,* UMI Research Press, 1995, p. 111-112.

inicialmente sozinho, como um Hércules, produzindo centenas de serigrafias. Situado na Rua 87 Leste, não longe de sua casa na Avenida Lexington, era um antigo quartel de bombeiros que ele alugava por uma ninharia desde o início de 1963. O antigo quartel não fora reformado. Não tinha eletricidade, nem água, nem telefone. Warhol instalou todo seu material no primeiro andar, cujo piso tinha um grande buraco que deixava ver a rampa de acesso vertical típica de um quartel de bombeiros. Os visitantes tinham de ficar atentos sobre onde pisavam.

Até o verão de 1963, Warhol trabalhou sozinho em suas obras artísticas. Seus contemporâneos só se deram conta da quantidade de trabalho realizado depois de alguns meses. E a originalidade dessa obra se dissimulava facilmente sob os aspectos da evidência e da banalidade. O fato é que se construía nesse momento um corpus de obras inédito e excepcional, o de um Prometeu que rompera suas correntes e que ia revelar seu poder de libertação em todos os campos. A partir de 1963, no momento em que a pop art dominava a cena da vanguarda artística, Andy Warhol tornou-se insuperável. Warhol, Robert Rauschenberg, Jasper Johns, Jim Dine, Roy Lichtenstein e James Rosenquist foram convidados a participar de uma importante exposição programada para ocorrer de março a junho de 1963 no Museu Solomon R. Guggenheim, o templo nova-iorquino da arte moderna. A exposição, intitulada "Six Painters and the Object", dava uma visibilidade excepcional a esses artistas, bem como ao novo "objeto" da arte. O evento registrou a inserção no campo pictórico de objetos não valorizados culturalmente e considerados, em geral, como inutilizáveis pela arte e indignos do que era até então sua principal seção, as belas-artes.

Entre aqueles artistas emblemáticos dessa entrada à força, Warhol, ao ver de alguns críticos de arte, se destacava do conjunto. Assim Barbara Rose, numa avaliação da exposição, ousou afirmar com vigor: "Somente Andy Warhol propõe alguma coisa verdadeiramente nova quanto à técnica, adaptando o procedimento puramente mecânico da serigrafia às exigências da pintura sobre tela"[13], depois de observar, perfidamente, que

Rauschenberg e Johns seguiam o filão dos expressionistas abstratos e que Rosenquist era um surrealista.

As obras de Warhol escolhidas para a exposição eram perfeitamente representativas da paleta iconográfica de sua obra entre 1960 e 1963. Ali estavam uma ampliação de desenho de história em quadrinho (*Dick Tracy*), uma propaganda de cirurgia plástica de nariz, pintada à mão (*Before and After*), um conjunto de dois painéis de serigrafias de Marilyn Monroe (*Marilyn Diptych*) – um formado por 25 vinhetas em preto e branco, o outro por 25 vinhetas pintadas sobre fundo amarelo-alaranjado brilhante, em que os cabelos são sempre muito amarelos, o vermelho aplicado nos lábios é muito vermelho e meio atravessado, e os traços verdes sobre cada pálpebra são bem grossos –, o primeiro quadro composto com serigrafias de uma foto da imprensa de celebridades de Liz Taylor (*The Man in Her Life*) e uma serigrafia sobre fundo prateado de uma cadeira elétrica (*Silver Disaster n. 6*). Ponta do iceberg, essa última tela faz parte de uma série chamada *Death and Disasters*: acidentes de estrada, cadeira elétrica em todas as cores, tumultos raciais vibrantes, suicídios espetaculares, intoxicações alimentares escandalosas, outros retratos de Marilyn, personificação ideal desde agosto de 1962 da proximidade de Eros e Tanatos. Quando Warhol começou a serigrafar fotos de Liz Taylor da imprensa, ele afirmou que era "porque ela estava doente e todo o mundo dizia que ela ia morrer".[14]

De repente, dois anos apenas depois dos balões de HQ, das latas de sopa e das garrafas de Coca, Warhol punha-se a trabalhar sobre a morte e a catástrofe, e em grande quantidade.

As serigrafias mostrando catástrofes, desastres fariam parte de um método globalizante para dar conta de tudo sem se colocar no lugar de Deus, ou seja, sem julgar? "Tudo é bonito", "*All is pretty*", dizia ele, então, a toda hora. Isso seria o equivalente warholiano do "vai tudo bem no melhor dos mundos possíveis", proclamado por aqueles otimistas que Voltaire combatia por considerá-los impostores e pessoas perigosas? Estaremos diante de uma empresa de justificação do mundo tal como ele é, em nome de um ponto de vista globalizante e racional? A obra de Warhol se assemelharia a uma teodiceia contemporânea?

Mais profundamente, dada a posição de neutralidade de Warhol, sua abstenção de qualquer julgamento de caráter negativo e normativo, há sem dúvida alguma coisa de negação da categoria moral e metafísica do mal. Sua obra desdobraria, sem que ele houvesse pretendido, argumentos espinosistas? "O conhecimento do mal é um conhecimento inadequado"[15], declara Espinoza como uma proposição verdadeira. O discurso sobre o mal, ou a sua denúncia, só coloca, na verdade, um ponto de vista, um viés subjetivo. Warhol expressou esse objetivo surpreendente a propósito de sua série *Death and Disasters*: "As pessoas passam ao lado e não lhes importa o mínimo que um desconhecido seja morto, então eu me disse que seria uma boa coisa que as pessoas que normalmente não pensam nisso se lembrassem desses anônimos. *Eu não teria impedido Marilyn Monroe de se suicidar, por exemplo: creio que cada um deve fazer o que deseja, e se isso a deixou mais feliz, então era o que ela precisava fazer*".* A declaração é surpreendente especialmente porque faz eco a uma ideia proposta não sem ambiguidade por Espinosa, três séculos antes: "Se um homem percebesse que pode viver mais comodamente suspenso na forca que sentado à sua mesa, ele seria insensato se não se enforcasse".[16] O que pode sugerir a pergunta: Warhol não se inscreveria na linhagem de Espinosa, tratando de defender certo liberalismo (neutralismo) moral que sempre escandalizará os partidários de uma moral ativa ou intervencionista, armado de princípios gerais?

Essa leitura filosófica não estaria indo longe demais? Essas séries de serigrafias não seriam mais bem interpretadas dentro de um quadro de referência psicanalítico? Seriam elas para Warhol exutórios, uma espécie de terapia para curar uma angústia da morte particularmente presente nele? A expressão desse tipo de angústia coincidiria com as teses alarmistas que começaram a se espalhar no mundo ocidental na esteira

* WARHOL, Andy Warhol. *Entretiens 1962-1987*, Grasset, 2005. Grifado pelo autor.

da Segunda Guerra Mundial – Günther Anders é um representante dessa corrente de pensamento que quer alertar a opinião pública sobre a fragilização do sentido do humano por causa da proliferação das imagens e dos bens de consumo, e sobre a vulnerabilidade e a finitude do indivíduo em face da máquina capaz de "reencarnação industrial". O fascínio pela máquina pode ter sua origem na consciência infeliz de se ter um corpo vulnerável, sofredor, inadaptável, mortal; dito de outro modo, sofredor daquela imperfeição original de ser perecível, enquanto a máquina pode ser infinitamente reparada, e depois substituída por outra.[17] O mito da máquina estaria ligado, portanto, ao desejo de eternidade, e com seu necessário contraponto: a angústia da morte.

Quando Warhol expôs pela primeira vez em Paris na Galeria Ileana Sonnabend*, em janeiro e feverciro de 1964 – ele expôs alguns quadros tirados de suas séries *Disasters*, como *Pink Race Riot* –, certos pontos de vista críticos, especialmente o destacado no texto do catálogo, tentaram claramente apresentar Warhol como um artista engajado: "Warhol põe no quadro o estado atual da brutalidade e da morte. Não são os extermínios em massa que o comovem, é a morte do indivíduo, é a violência feita ao único, ao caso particular, o 'castigo exemplar'. Espetáculo que a civilização oferece a si mesma".[18] Mais adiante, no catálogo, podem-se ler também as impressões de Alain Jouffroy: "No corpo humano, tão friamente observado, parece-me que vejo a vida eviscerada como uma boneca, cujo interior não se pode se impedir de vasculhar mesmo sabendo que ali se vai encontrar a morte. [...] Do objeto – produto da escravidão humana, produto da sofisticação coletiva – passamos sem transição nem precaução oratória à angústia mais cruel, e como que ao zero da condição individual. A gravidade de um homem em face da vida".[19] Gravidade de Warhol?

A série *Death and Disasters* reflete, sobretudo, de maneira marcante – em especial porque ela é feita sem nenhum

* Ileana Sonnabend foi casada com Leo Castelli.

tipo de viés –, a realidade e o sistema da indústria das imagens midiáticas repetidas sem parar, incansavelmente retomadas de um órgão de imprensa a outro, difundidas numa cadeia após outra, até que estejam presentes em todos os canais de difusão, em todas as telas. O comentário de Warhol no dia da morte do presidente John F. Kennedy é esclarecedor sobre esse ponto:

> Eu tinha achado formidável que Kennedy fosse presidente: ele era bonito, jovem, elegante, mas não me tocava tanto ele estar morto. O que me incomodava era a maneira como as televisões e as rádios programavam a tristeza de cada um. Parecia-me que, mesmo se esforçando, não se podia se escapar do fato. Convidei um grupo de pessoas para passar pela minha casa para sairmos para jantar fora num daqueles bares berlinenses na Rua 86. Mas não deu certo, todo mundo estava deprimido.[20]

Foi assim que Warhol, retirando de *Life, Newsweek, National Enquirer* e, por vezes, dos arquivos de polícia e das agências de notícia, imagens reproduzidas pelos meios de comunicação de massa, reciclou representações já "consumidas" pela cultura popular. O gesto de Warhol confronta, pois, de um lado, uma indústria (a "mass media"), explorando a imagem fotográfica, em franco progresso, e, de outro, a indústria de um trabalho artístico de reprodução, de captação, e finalmente de desvio estético do sensacional e da imagem-mercadoria-comercializada. Estamos em presença de um meio de conquista e de exploração homogênea no terreno a conquistar e a explorar. E, ao mesmo tempo, trata-se de um desvio, de um empreendimento diametralmente oposto ao fotojornalismo e à comunicação: o trabalho serigráfico de Warhol acentua os "ruídos ópticos", os defeitos de origem da imagem, amplia o grão grosso da má foto de imprensa, até nos obrigar a escrutinar a imagem reproduzida em série para discernir sob a cor, sob os parasitas ópticos, a cena original.

Uma coisa é certa, e a consideração desse aspecto das coisas impede de atribuir-se excessivamente o empenho do artista a razões psicológicas ou subjetivas (como a angústia da morte): Warhol sempre dava um jeito de estar num lugar onde não o esperavam. Como bem o atesta de início a série dos *Disasters*. Como o atesta igualmente sua segunda exposição individual em Nova York, na Stable Gallery. Essa exposição aconteceu de 21 de abril a 9 de maio de 1964 e se intitulou "The Personnality of the Artist". O convite mostrava Warhol de terno e gravata-borboleta pretos, camisa branca, cabelos arrumados – estilo emprestado das novas esferas chiques nova-iorquinas. Sob o retrato do artista, lia-se: "Seu trabalho suprime estes estigmas da arte moderna – personalidade e criatividade – que foram sacrificados às raias da blasfêmia". Para ressaltar o contraste com o título da exposição, Warhol escolheu mostrar apenas fac-símiles de caixas de sabão Brillo, de caixas de Kellog's, de caixas de Tomato Ketchup Heinz e de caixas de suco de maçã Mott. As caixas se empilhavam até o teto e impediam a circulação no espaço. A galeria parecia barricada. Cada caixa de madeira pintada custava trezentos dólares. Havia centenas delas. Nenhuma foi comprada. A galerista Eleanor Ward ficou muito decepcionada, e mortificada. Alguns meses mais tarde, Warhol rompeu seu compromisso com ela: ele fora enfim solicitado por Leo Castelli. Isso foi motivo de grande satisfação para o artista, que conseguia assim sua revanche sobre o meio seletivo da arte para o qual a rejeição ao mercantilismo era estupidamente considerada prova suficiente de qualidade artística. Na Castelli, em novembro e dezembro daquele mesmo ano, ele mostrou grandes serigrafias de flores, feitas a partir de uma foto de hibiscos, retocada, encontrada numa revista de fotografia, ilustrando um artigo sobre material de revelação fotográfica da Kodak em toda sorte de cores vivas. A produção desses quadros de flores atingiu uma escala industrial: Warhol conseguia fazer até 24 quadros em um dia. "Amigos vinham fazer o trabalho para mim", não hesitava em precisar o artista que perenizaria esse método. "Algumas vezes, há até quinze pessoas à tarde colocando as cores no lugar e esticando as telas."[21] Warhol dirigiu a produção de mais de novecentas dessas telas[22] que, por serem muito agradáveis de ver, muito gráficas e muito sintonizadas com a época, foram vendidas em tempo recorde... ao contrário de seus quadros das séries *Death and Disasters*.

Em 1964, Andy Warhol mudou, portanto, de estratégia iconográfica, não só para vender, mas também para explorar de outro modo seu pressuposto de distanciamento estético.

A celebração do novo fenômeno Warhol – que, no entanto, mudava constantemente o ângulo de ataque estético de suas obras – chegou ao apogeu em outubro de 1965, no Instituto de Arte Contemporânea da Filadélfia, onde foi organizada a primeira exposição de obras de Andy Warhol num museu: as obras foram retiradas das paredes antes da abertura por temor de que a multidão as danificasse. De fato, o lugar foi invadido por uma multidão de pessoas em delírio, espremendo-se para ver Andy Warhol. Para estar ali. Warhol estava prestes a se tornar um ídolo. Isso porque o Warhol dos anos 60 fazia o que bem queria. Ele era o rei do pop.

Suas iniciativas eram imprevisíveis. Um testemunho disso é a história desta outra exposição, a Exposição Universal de Nova York, em 1964. O curador da exposição, o arquiteto Philip Johnson, encomendou uma obra de Andy Warhol que seria pendurada na fachada do pavilhão do Estado de Nova York. Andy Warhol executou uma obra de novo inesperada e problemática, *The Thirteen Most Wanted Men*, a partir de clichês verdadeiros da polícia de treze fugitivos ativamente procurados pelo FBI, cada um dos quadros comportando como título o nome real do indivíduo procurado. Em 16 de abril de 1964, Nelson Rockefeller, governador do Estado de Nova York, e Robert Moses, curador da Exposição Universal, ordenaram a retirada das treze figuras serigrafadas (25 painéis de 122 x 122 centímetros). A obra de Warhol, como as de Roy Lichtenstein e de Robert Indiana, igualmente apresentadas nessa exposição, devia exprimir a nova tendência pop, e certa descontração da arte contemporânea americana. Rockefeller havia ordenado a retirada dos *Most Wanted Men* sob o pretexto de que os criminosos em questão não eram mais procurados pela polícia, e que era, portanto, injustificado exibir seus retratos dessa maneira. Warhol teve então 24 horas para retirar os painéis rejeitados. Ele propôs substituir esses retratos de delinquentes pela efígie de Robert Moses. Johnson recusou essa solução assaz irônica e subversiva. Warhol decidiu então revestir os *Thirteen Most Wanted Men* com uma camada de tinta de alumínio, deixando assim ao novo monocromo prateado o cuidado de denunciar o ato de censura.

Desde a época dos episódios das caixas de Brillo e dos treze fugitivos, explodindo de espírito de provocação e irreverência, Warhol já operava com a ajuda de cúmplices. Entre eles, cúmplices anônimos, de passagem, mas também e, sobretudo, cúmplices fiéis, centrais para esta história. O primeiro dessa categoria foi Gerard Malanga, seguido de perto por Billy Linich, que se rebatizou Billy Name, Billy "Nome". Os dois assistentes-cúmplices-amigos participaram especialmente da confecção das caixas de madeira presenteadas à Stable Gallery e das serigrafias de flores, produzidas em massa, apresentadas na galeria de Leo Castelli.

Andy Warhol havia conhecido Gerard Malanga em junho de 1963, numa sessão de leitura de poesia na New School. Este o impressionou e o arrebatou porque conhecia a técnica da serigrafia – por ter trabalhado durante um verão numa fábrica de gravatas estampadas. O encontro foi providencial: Gerard Malanga, estudante, aprendiz de poeta, a cabeleira castanha exuberante no centro de uma rede de jovens criativos e entusiastas, procurava trabalho desesperadamente. Warhol lhe ofereceu o salário-hora mínimo legal: US$ 1,25. Que o jovem fogoso de vinte anos, nascido no Bronx, apressou-se em aceitar. No dia seguinte ao encontro, Gery "Pie" compareceu ao antigo quartel de bombeiros e começou a trabalhar com Andy "Pie"* em séries de retratos de Liz Taylor sobre fundo prateado. A prata foi a tonalidade dominante do período.

---

* Assim eles se apelidaram reciprocamente durante alguns meses. Uma montagem de uma série de fotos de cabines fotográficas de Andy Warhol e de Gerard Malanga posando juntos traz no lado uma menção *With love from Andy "Pie" and Gery "Pie"* ("Com amor, de Andy "Pie" e de Gery "Pie"). O documento data de dezembro de 1963.

Gerard Malanga relatou alegremente que havia aceitado naquele momento, sem saber, um emprego de verão que se prolongaria por dez anos. De fato, ele se tornou o primeiro "braço-direito de Warhol", e depois o "Primeiro-Ministro da Factory".[23] Ele foi o principal colaborador de Andy Warhol durante os anos 60, e um personagem-chave no desenvolvimento da Factory, polo de atração de uma multidão de pessoas.

Gerard Malanga e Andy Warhol foram complementares. Graças a Malanga, Warhol introduziu em seu circuito mundano toda uma fauna anticonformista, resolutamente jovem, moderna, urbana, "artística": atores, dançarinos, poetas, dramaturgos, cineastas experimentais... Multidão salpicada de belas moças que Malanga sabia localizar, cortejar e fazer vir à Factory, como a atriz Marisa Berenson, encontrada numa boate. E graças a Warhol, Malanga obtinha suas entradas no mundo da arte e, mais em geral, no mundo do dinheiro: mundinho de famílias abastadas (que fornecia o grosso dos colecionadores de Warhol, como os Scull), universo das revistas de moda, com seus diretores de arte, seus modelos, seus estilistas – que Warhol teria sempre em seu entourage, como Bitsey Johnson, Halston, Diane de Furstenberg... Os laços entre a alta costura e a arte se pretendiam então estreitos. Yves Saint Laurent lançou uma coleção pop art em 1966... Gerard Malanga também contou como Warhol, naqueles anos, sem deixar de praticar a pintura, era absolutamente curioso de tudo, de todo o mundo, do talento particular de cada um: poesia, dança, cinema, moda. Ele ia a toda parte, via de tudo. Tudo lhe interessava.

Em janeiro de 1964, Andy e Gery tiveram que sair do quartel de bombeiros no Upper East Side. Eles investiram então numa antiga fábrica abandonada, totalmente decrépita, imensa: trinta metros por quinze. Esse espaço aberto ficava no quinto andar de um prédio da Rua 47 Leste, 231, entre a Terceira Avenida e a Segunda Avenida, com grandes janelas voltadas para o sul. Hoje, o imóvel não existe mais, foi demolido em 1968 e substituído por uma entrada de estacionamento ao lado de uma espécie de área verde urbana, com sete árvores.

O conjunto de imóveis estreitos, tipicamente nova-iorquino, com suas escadas de incêndio na frente das janelas que os guarnecem de alto a baixo, termina no número 225. Não longe dali fica o edifício da Organização das Nações Unidas com sua multidão de bandeiras, dispostas em semicírculo. Na frente do número 225, no 224, o prédio da YMCA* de Manhattan continua lá. A Factory? Nem uma placa, uma inscrição. Nenhum café na vizinhança, na rua, na Segunda Avenida ou Terceira Avenida traz o nome de, ou evoca a Factory, a Silver Factory, da qual falam, contudo, todos os livros de pop art. Isso porque a Factory da Rua 47 Leste foi mítica. Ela foi sem dúvida a primeira ocupação artística contemporânea. De fato, os muros de Nova York não conservaram um vestígio dela – a velocidade da mudança é motriz nesta cidade varrida por ventos fortes, sua essência é moderna, sua virtude é, portanto, o esquecimento ou a extinção. Mas, ao inaugurar uma maneira de fazer arte no centro da cidade de concreto, a Factory permanece memorável, inscrita em prata indelével no coração dos anos 60.

Silver Factory: as paredes e os tetos foram revestidos por folhas de alumínio. Os banheiros foram igualmente cobertos por folhas prateadas, e decorados com desenhos murais pornográficos muito expressivos representando ao mesmo tempo corpos em posições acrobáticas, circassianos, e corpos quiméricos. Essa obsessão pelo prateado era de Billy Linich, o outro pilar da primeira Factory, efêmera e histórica. Andy o havia conhecido algum tempo antes, nos anos 50, quando Billy trabalhava como garçom no lugar da moda que Andy apreciava e frequentava assiduamente, Serendipity, o império dos confeitos – que esse restaurante continua sendo até hoje. Em plena decolagem de sua Factory, Andy foi festejar, por acaso, na casa de Billy, que trabalhava então como iluminador num teatro off-Broadway. Ele havia revestido totalmente seu apartamento com folhas de alumínio e colocado alguns holofotes. Ambiente. Warhol adorou. Ele pediu para Billy Name decorar o novo espaço nesse estilo.[24]

* Young Men's Christian Association, ou Associação Cristã de Moços.

A Factory virou *silver*, sombria e especular, porque numerosos espelhos e cacos de espelhos ornamentavam suas paredes. Sombria, porque Warhol gostava de ocultar as janelas, não obstante numerosas. Billy Name se instalou na Factory, para acelerar o trabalho de decoração. "O fundo do loft se tornou progressivamente seu domínio. Desde o começo, ele tinha uma aura misteriosa: não se sabia o que se passava, tipos estranhos enfiavam a cabeça perguntando se Billy estava lá, e eu lhes indicava o fundo do loft"[25], relatou Warhol em suas lembranças dos anos 60. Warhol contou também que todo esse bando vivia nas anfetaminas, "que eles se injetavam nas veias", e que eles eram todos incrivelmente magros. O relato passa a impressão de uma vasta locação conjunta, uma justaposição de práticas que podiam permanecer isoladas nos grupos, sem serem adotadas pelo grupo vizinho. De toda maneira, Andy confiava em Billy:

> Billy era diferente de todos os outros drogados porque ele tinha modos que inspiravam confiança: era calmo, as coisas eram sempre muito limpas nele, e a gente sentia que podia confiar nele para ficar de olho em tudo, incluindo em seus amigos mais estranhos. Tudo isso era obra da anfetamina, mas o interessante é que ele podia comunicar a atmosfera a pessoas que não consumiam drogas.[26]

Billy Name foi, pois, decorador e guardião da primeira Factory. E também seu "ambientador".

O acesso à Factory era feito por um elevador monta-cargas com portas pantográficas de ferro. No centro da Factory reinava um enorme sofá de formas curvas onde muitos podiam se acomodar ao mesmo tempo. Alguns arremedos de cadeiras e poltronas quebradas serviam de reforço para a grande quantidade de pessoas que frequentava o lugar. Nunca havia o suficiente, aliás. A Factory tornou-se um lugar aberto a todos. Atores, modelos, pintores, fotógrafos, escritores, cineastas (underground), moças e mulheres de boa família, músicos, ativistas políticos, gigolôs, prostitutas, traficantes e desequilibrados. Um lugar de passagem, de ocupação, de reunião. Um entra e sai constante em todas as horas do dia e da noite, Andy ficava sempre de pé, um pouco afastado, os braços cruzados, observando por trás de seus óculos pretos. Andy mudou de estilo. Andy, o sonâmbulo, era como o chamariam durante esses anos de atividades intensas. Havia ali um telefone de parede de moedas, um projetor de cinema, caixas de filmes, depois um amplificador e uma bateria quando o Velvet Underground ocupou o lugar, e todo o material de pintura e serigrafia de Warhol.

Lugar de trabalho, lugar de passagem, lugar de lazer, lugar de encontros, lugar de reuniões, lugar de projetos, lugar de paraísos artificiais, lugar de festas. Um modo de vida híbrido, moderno, alternativo se desenvolvia, se inventava. Warhol recordou: "Nós trabalhávamos habitualmente até cerca de meia-noite e depois descíamos ao Village, a lugares como o Café Figaro, o Hip Bagel, o Kettle of Fish, o Gaslight, o Café Bizarre ou o Gino. Eu voltava para casa por volta das quatro horas da manhã, dava alguns telefonemas, frequentemente para Henry Geldzahler, por uma hora ou mais, e quando o dia raiava, tomava um Secondal, dormia uma ou duas horas, e estava de volta à Factory logo depois do meio-dia. Quando eu chegava lá, a rádio e o toca-discos estavam ambos em pleno volume – "Don't Let the Sun Catch You Crying" se misturava com "Turandot", "Where Did Our Love Go?", com Donizetti ou Bellini, ou ainda os Stones cantando "Don't Fade Away", enquanto Maria Callas cantava "Norma".[27] Billy Name era um grande amante de ópera.

Dessa mistura de gêneros, de toda essa energia convergindo para esse lugar único, de todas aquelas idas e vindas, Andy Warhol seria o mestre? Será que teria controle sobre tudo que ali se passava? Houve quem lhe atribuísse esse controle e mesmo, longe da passividade que ele reivindicava, intenções manipuladoras e sádicas. Por exemplo, Leo Castelli estava convencido de que tudo em Warhol era pensado: "Ele controlava totalmente seu império nos mínimos detalhes. Era o regente da orquestra".[28] Warhol, como um Cidadão Kane, desejaria construir um império e se exercitar na manipulação para garantir sua influência e assegurar um poder? Embora ele dominasse sua obra plástica tanto quanto podia, em relação ao resto, isto é, as maneiras de ser de uma juventude que se libertava do rigor moral da geração precedente, o grau de interatividade era tal, era um tamanho viveiro, o élan vital de toda aquela gente era tão forte que Warhol e sua Factory só poderiam desempenhar um papel de revelador e não de causa direta.

O fato é que aquele lugar agiu imediatamente como um ímã. E, com efeito, Andy se serviu dele. Ele conseguiu que na Factory todo mundo trabalhasse. Evidentemente, alguns acharam que era exploração. Warhol, cínico, explorava o talento de todos aqueles jovens atraídos por aquele novo lugar modernoso como mariposas pela luz. E alguns queimaram as asas e caíram como Ícaros patéticos. Assim, Freddy Herko, dançarino, membro da primeira turma de Warhol, suicidou-se de maneira espetacular em 27 de outubro de 1964 (bem no meio do período warholiano das *Death and Disasters*): ao som da *Missa da coroação* de Mozart, Freddy Herko dançava nu na sala de um amigo quando se aproximou da janela e atirou-se do décimo quarto andar. Andy dedicou-lhe um quadro de flores brancas. Este foi um dos primeiros de uma longa lista de suicídios mais ou menos voluntários que se sucederam no círculo próximo de Warhol. E o acusavam constantemente de insensibilidade, o que ele mesmo encorajava com suas declarações ambíguas e provocadoras. Warhol cruel ou liberal?

Mas Warhol foi sempre muito claro, muito explicitamente liberal. Ele se manteve numa posição de observador, de observador onipresente e radicalmente passivo. Conferiram-lhe um lado sádico, mais precisamente maquiavélico, porque lhe atribuíram também um magnetismo de uma potência particular, capaz de desencadear comportamentos extremos nas pessoas. Warhol, uma espécie de Nosferatu? Ele seguramente o era na sugestão e na provocação, sem ter, contudo, o papel de diretor espiritual. Ele gostava de estar com as pessoas, era muito curioso em relação a elas:

> Muita gente achava que todo mundo girava em torno de mim na Factory, que eu era uma espécie de grande atração que cada um queria ver com os próprios olhos, mas era bem o contrário: era eu que girava em torno deles. Eu simplesmente pagava o aluguel, e aquela multidão vinha para lá porque a porta estava aberta. Ninguém estava realmente curioso de me ver, eles queriam ver uns aos outros. Eles vinham ver quem vinha.[29]

Deixando de lado o sentido afetivo dessa observação, parece claramente que a Factory e o papel de Andy nela eram criar um quadro propício ao surgimento de ideias e de experimentações espontâneas geradas pelo coletivo informe, e jovem, que se constituía espontaneamente na fábrica de Warhol. Desses agrupamentos, atritos e movimentos, saía alguma coisa que, sem nenhuma dúvida, fora desse contexto criativo e ágil, e sem a presença dele, jamais teria se produzido. Andy Warhol era um criador de ocasiões e de acontecimentos.

Entre as pessoas atraídas pelo lugar, havia especialmente vários fotógrafos que fixaram em suas películas aquele ambiente e aquelas personagens, como Cecil Beaton, Stephen Shore, Nat Finkelstein, e também Billy Name e Gerard Malanga, que acumularam, durantes esses anos, preciosos documentos fotográficos sobre a Factory.

Nat Finkelstein deu um testemunho vivo de sua passagem pela Factory em *The Factory Years 1964-1967*.[30] Seu caso é exemplar. Enviado em 1965 para tirar algumas fotos para um jornal, ele ali permaneceu dois anos. "Eu estava intrigado: as paredes eram prateadas, os banheiros não funcionavam, as pessoas faziam coisas bizarras por toda parte daquele lugar estranho. Eu me encontrava nessa fábrica com alguns dos mais pirados do mundo. Eu disse a mim mesmo, quem precisa ir para a Nova Guiné?"*

Nat Finkelstein teve a sensação de participar de uma revolução cultural que abalaria a superestrutura de nossa sociedade.

---

* Finkelstein faz alusão aqui à fotógrafa Inge Morath, que partiu no começo dos anos 60 para a Nova Guiné.

Extravagância *camp* (1965-1966)

Acampe aí. Enfie-se onde puder; enfie-se nesse lugar.[1]
D'Hautel e F. Schoell

"Acampe aí" é o contrário de "levante acampamento". Significa "fique onde está, instale-se, progrida". O *camp* é um estilo, uma maneira de se afirmar, de se impor. É a expressão de um gosto que quer se diferenciar tanto do gosto convencional e conformista como do bom gosto, apanágio de uma classe social que detém o monopólio da cultura. É, portanto, fazer valer um certo gosto pelo que é reputado de mau gosto: potência libertadora! Amar o ketchup, o dinheiro, Shirley Temple, o pub, a televisão, as *movie stars*, o papa, o consumo de massa, certamente, por que não? Mas, além disso, e sobretudo, é afirmá-lo em alto e bom som, trombeteá-lo por toda parte. O *camp* é um avatar moderno e decadente da subversão popular, carnavalesca, que se exibe, usa cores berrantes e fala grosso. Máquina de guerra contra o elitismo cultural? Warhol continuava inovando. Nunca lhe faltaram slogans reivindicando a trivialidade e a vulgaridade de seu gosto, o que o liga a Rimbaud, que aplainou o caminho antes dele: "Nunca mais as pinturas idiotas, em cima de portas, decorações, telas de saltimbancos, placas comerciais, iluminuras populares; a literatura fora de moda, latim de igreja, livros eróticos sem ortografia, romances de nossos avós, contos de fadas, livrinhos infantis, óperas velhas, refrões tolos, rimas ingênuas".[2] Modernidade *oblige*.

O *camp* põe em jogo certa representação de sua pessoa, a valorização de ser um exibicionista e de saber manter a pose. E o termo, que pertence hoje ao vocabulário anglo-americano familiar, deriva do francês "se camper" (se instalar provisoriamente). O *Oxford English Dictionary* indica a data de 1909 para a primeira ocorrência escrita do termo, com o sentido de "ostentatório, exagerado, afetado, maneiroso, teatral, efeminado ou homossexual; característico dos homossexuais". A partir do início do século XX, o *camp* passou a definir, pois, uma atitude de desafio à cultura dominante, impondo a um só tempo um quadro normativo hétero na afetividade e na sexualidade, e rejeitando formas de vida minoritárias e divergentes (em relação à norma). Mas se trata, desde a origem, de um confronto que se pretende ironicamente frívolo. Seu caráter provocador decorre desse humor particular e dessa tendência a dar espetáculo. O caráter efêmero de suas manifestações impede de se fazer dele uma atitude política no sentido tradicional, porque embora o *camp* exprima uma crítica social, ele também quer ser uma enorme gozação. Essa atitude diverge resolutamente do espírito da seriedade e reivindica um lado infantil malicioso e perverso. O gosto que Warhol tinha pelas fofocas maledicentes e o emprego de um vocabulário ofensivamente grosseiro, pretextos para rir de maneira furtiva, são *camp*.

Susan Sontag, que lecionava então na Universidade de Colúmbia, futura grande figura intelectual americana de renome internacional, popularizou o termo em 1964, quando publicou um artigo sobre o "estilo 'Camp'"* que fez algum barulho. O notável é que esse artigo, dedicado a Oscar Wilde, não menciona Warhol em nenhum momento. Entretanto, a citação de Oscar Wilde colocada por epígrafe do artigo evoca inegavelmente Warhol: "Deveríamos ser uma obra de arte, ou vestir uma obra de arte".[3] E o detalhe da análise de Susan Sontag confirma a impressão de que Warhol foi uma fonte de inspiração evidente, central, incontornável. Susan Sontag teve todo o tempo para observar o fenômeno, ela acompanhou seu desenvolvimento, porque era uma testemunha direta. Sontag esteve na Factory desde seu princípio, em 1964, o ano da publicação de seu artigo. Warhol guardou traços de suas visitas em filme. Em várias ocasiões, na realidade, a câmera de Warhol filmou Sontag para um de seus projetos experimentais, conhecidos como *Screen Tests*, "testes de imagem para

* A tradução francesa desse ensaio data de 1968, "Le style 'Camp'", in *L'Oeuvre parle*. Seuil, 1968.

cinema".* Todos os visitantes da Factory sentavam-se diante de uma câmera montada sobre um tripé, com filme preto e branco, e recebiam a instrução de fixar a objetiva sem piscar, por três minutos, enquanto um holofote iluminava cruamente a cobaia. Contam-se hoje 472 desses filmes. Simplesmente, "amigos passavam e se instalavam diante da câmera, stars da bobina do dia".[4] E assim mais de trezentas pessoas se sucederam diante da câmera, algumas em diversas ocasiões.

Susan Sontag foi testada não menos de sete vezes. Ela devia se interessar pela Factory, para voltar lá com tanta frequência, apesar de não esconder suas reservas sobre a obra de Warhol, achando especialmente que lhe faltava "sinceridade". Warhol se interessou rapidamente por ela: "Ela era muito influente, escrevia sobre literatura, pornografia, cinema (sobretudo Godard), arte, qualquer coisa. E não foi uma surpresa ela ter reservas à minha pintura, pois numerosos intelectuais brilhantes tinham as mesmas reservas. [...] Ela tinha boa aparência, cabelos negros que escorriam sobre os ombros, grandes olhos negros, e usava roupas muito elegantes. Ela gostava muito de dançar também, ela saltava em todas as direções".[5]

Susan Sontag destaca especialmente em seu ensaio que o "gosto *camp* é, acima de tudo, uma maneira de provar, de encontrar seu prazer sem se preocupar com um juízo de valor. O *camp* é generoso [...] existe amor no gosto *camp*, amor à natureza humana".[6] É uma maneira de ver o mundo, e de evoluir nele de uma maneira exclusivamente estética, sem pudor, com brilho. O *camp* não é chique, porque pode ser agressivo. De todo modo, ele não é inofensivo, é áspero, não é liso. Mas ele é, ao mesmo tempo, segundo essa análise, supérfluo, vaidoso, prostituído: "É uma espécie de linguagem codificada, e até mesmo um passaporte pessoal, entre os grupelhos civilizados".[7] Como imaginar que Warhol não estivesse visado aqui? Outras observações negativas parecem de fato ir ao ataque, como a seguinte: "O *camp* especula sobre

* Para uma apresentação completa dos *Screen Tests,* ver Callie Angell, *Andy Warhol Screen Tests. The Films of Andy Warhol. Catalogue raisonné,* Abrams, 2006.

a inocência; o que significa que ele a revela, mas também, quando pode, a corrompe".[8] Como imaginar, também aí, que essa tirada não se refere a Warhol, àquele do qual ao mesmo tempo se elogiava a inocência angélica e se denunciava a frieza manipuladora, a crueldade? E quando a análise do *camp* conduz Sontag a fazer dessa noção uma resposta à seguinte pergunta, "Como é possível ser dândi na época de uma cultura de massa?"[9], aí também se pensa em Warhol e em seu esnobismo desabrido e universal. É fato que, *in extremis*, Susan Sontag toma suas precauções e evoca o espírito pop no fim de seu ensaio, mas entre parênteses e para ressaltar uma diferença entre o pop e o *camp*. Como uma fraca justificativa para o fato de não mencionar o nome de Andy Warhol nas páginas precedentes. Embora haja *camp* no pop, embora seja impossível não fazer a aproximação, a "pop art é mais seca e mais chata, mais séria, mais distanciada de seu objeto, niilista no fim das contas".[10]

Niilista? Mais séria?

"Mais distanciada", isso certamente é verdade a se julgar a pop art com relação à sua figura de proa, Warhol. O tema da máquina que lhe é tão caro o atesta. Mas o *camp* consiste igualmente numa espécie de distanciamento, porque ele zomba das ideias recebidas, das convenções, e pretende se libertar pelo exagero de tudo que freia a liberdade de expressão.

Em contrapartida, Warhol seria niilista? Não. Ele amava as coisas, e as acolhia, as aceitava. Ele tinha uma grande capacidade de absorção, surpreendia-se com tudo e achava tudo sempre genial: "*Oh yeah? Great!*". Uma grande tolerância, em particular para as condutas marginais: "As pessoas inconvenientes me convêm perfeitamente"[11], ele gostava de dizer. Quando foi preciso definir a atitude pop para os jornalistas, Andy Warhol, em conformidade com o espírito da juventude da época, não hesitou em convocar os princípios do amor e da simpatia: "Esse é o tema do pop? – Sim, é amar as coisas".[12] Entretanto, ele explicitou seu pensamento ao longo do tempo: "Não acredito verdadeiramente no amor.

Acredito mais na simpatia. – E o que ela é? – Simplesmente pensar nas coisas".[13]

Warhol seria "sério"? É fato que a ironia e a arte do distanciamento e do controle representavam um papel central na obra de Warhol. Mas o senso de humor de Andy Warhol sempre foi mais ou menos ignorado, mal conhecido, subestimado. As pessoas o achavam antes bizarro. Na maioria das vezes, ele desconcertava as pessoas seja com uma tagarelice insignificante, mundana – a língua inglesa fala de *small talk*, "conversinha"; Warhol era o rei da *small talk* –, muitas vezes com uma espécie de mutismo por trás do qual sua personalidade se escondia, como por trás de seus óculos escuros dos quais ele nunca se separava. Esse silêncio, entrecortado de murmúrios, acampado embaixo de um blusão de couro, atrás dos braços cruzados e dos óculos escuros, era uma pose que contribuía para a construção de uma personagem pública. A descrição que acompanhou uma das primeiras entrevistas de Warhol que o consagraram porta-voz da corrente pop é emblemática da postura que o artista havia adotado: "Nós fomos ao ateliê de Warhol, onde descobrimos um jovem muito original: quase ausente, desencantado, é impossível entabular uma conversa séria com ele. Ele permanece inacessível. Quando pedimos para entrevistá-lo como porta-voz do pop, ele respondeu não, eu é que devo entrevistá-los".[14]

Em 1965, Warhol respondeu ao artigo de Susan Sontag com um filme justamente intitulado *Camp*. Reunindo diante da câmera um grupo de atores performáticos para fazer "camping", como se dizia naqueles anos, Warhol improvisou na Factory uma espécie de revista de cabaré extravagante, grotesca e divertida. Momento amalucado e inspirado como muitas experiências artísticas empreendidas na Factory, com seus acidentes divertidos como uma silhueta arrumando um microfone no campo da câmera, ou um zoom da câmera sobre nada, sobre um teto, ou uma tubulação. Nesse filme-manifesto, espera-se que cada um exprima sua concepção do *camp* pela performance que propõe. O filme é típico do cinema *made* *in Warhol's Factory*: o cenário é apenas o da Factory, e os atores, em sua maioria, são frequentadores do local. O filme começa com uma dança expressionista com música de Wagner, executada por Paul Swan, dançarino de vanguarda dos anos 20, e igualmente pintor. Paul Swan usava um traje de dança dos anos 20, roupa curta neoclássica e pluma sobre a cabeça. Jane Holzer, grande loira de cabeleira abundante, une-se a ele na dança. Chamada então pela turma de "Baby Jane", Jane Holzer era uma modelo muito festejada e aclamada. No fim de 1964, podia-se ler nos jornais nova-iorquinos que ela era *The Girl of the Year.** Naquele dia, ela usava um pulôver branco e uma calça bem cortada, mas sóbria, nada de extravagante comparada a Paul Swan. A extravagância estava no casal improvável que eles formavam. O registro resulta em incompatibilidade. Depois a câmera passa para Mario Montez, travestido com uma peruca parecendo um chucrute, que canta "If I Could Shimmy Like My Sister Kate", um standard de jazz, enquanto a câmera encadeia planos fechados e abertos, freneticamente, e Gerard Malanga lê na sequência um de seus poemas sobre os atos sexuais que ele executa em público, enquanto Jack Smith, cineasta e artista underground, cruza de maneira teatral o espaço prateado para ir até um armário embutido cuja porta ele abre para descobrir um exemplar da história em quadrinhos *Batman*. Em seguida, Tally Brown, uma atriz de cabaré, depõe de frente para a câmera: "*I don't think anybody's camping. I think we're all doing ourselves*".** Não estará aí uma resposta de Warhol e sua turma a Sontag? O *camp* não tem a ver com poses momentâneas e superficiais, "inautênticas"; o *camp* qualifica a maneira como as pessoas assumem seus papéis, aquela consciência do jogo definidor de sua vida. E isso fala de Warhol em primeiro lugar.

* No *New York Times Magazine* de dezembro de 1964, Tom Wolfe publicou um artigo, irônico mais elogioso, sobre Jane Holzer, então com 24 anos de idade, "The Girl of the Year", que certamente fez barulho naquele "grupelho civilizado", mundano e festeiro.

** "Eu acho que ninguém está fazendo 'camping'. Acho que todos nós estamos sendo nós mesmos." (N.T.)

Porque Warhol teve que sofrer os efeitos da personagem pública que ele havia construído para si em função das circunstâncias, e de seu conhecimento do contexto artístico da época. Sua bizarrice ocultou ao longo do tempo seu humor. E se houve por bem supor, com o tempo também, que essa bizarrice foi se transformando em sinistra perversidade, e reduzir Warhol à figura de um frio calculista e um pobre voyeur de mal com seu corpo. A "redescoberta" da dimensão humorística de sua obra e de sua personagem intervém tardiamente, como atesta este comentário sobre seu último livro, *America,* publicado em 1985: "*America,* o livro de Andy Warhol publicado este mês pela Harper & Row, é o ensaio fotográfico de um dos artistas mais conhecidos deste país. Com mais de 58 anos de idade, ele concebeu um livro que reserva numerosas surpresas. Da parte de um artista cuja expressão dominante é a de uma máscara e cujo traço dominante é a passividade, essas fotos são curiosamente engraçadas, tocantes ou tristes".[15] A reputação de Warhol se construiu sobre um mal-entendido, em razão de uma interpretação sem dúvida excessivamente literal de sua obra e de seus propósitos. Segue daí que fazer de seu senso de humor um dos motores de sua inspiração e de sua produtividade – o que é, contudo, um fato – parece paradoxal: "O humor é interessante", observa a jornalista sempre a propósito de *America.* "Ele contradiz sua reputação e o preconceito que o considera desprovido de emoção."[16] Era inevitável. Warhol cristalizou os preconceitos e as interpretações equivocadas. Mas Warhol quis valorizar seu senso de humor. À pergunta "Como seus ideais se traduzem em humor?", ele respondia: "Fazendo as pessoas rirem um pouco". O que isso quer dizer? "Nada. Apenas divertir"[17], afirmou ele em 1973. Ele caracterizava da seguinte maneira sua particular relação com a realidade: "Adoro trabalhar com restos, agir em coisas largadas, porque todos as consideravam imprestáveis – eu sempre pensei que essas coisas tinham justamente um grande potencial de graça. Como um trabalho de reciclagem. Eu sempre achei que havia muito humor nos restos".[18] Seu humor aflorava claramente em seus livros.

Warhol contribuiu, contudo, para alimentar esses mal-entendidos. Sua personagem pública estava sempre numa esquiva indolente, na defensiva. E essa indolência, em contraste com a agitação constante em torno da personagem, produzia um efeito estranho, um efeito bastante incomum capaz de confundir ou fascinar. Sua introversão, a um só tempo natural e estudada, era bem extravagante. Na época, isso lhe valeu a reputação de ser original, misterioso, enigmático. Ele se tornara totalmente da moda. Na metade dos anos 60, ele criava a tendência.

É fato que Andy era adulado porque encarnava a Arte com um grande "A" para toda uma nova geração que sonhava com arte. Mas ele o era também porque parecia fazer o que queria. Em 1965, quando apenas começara a integrar a galeria de Leo Castelli, Andy Warhol anunciou que abandonaria a pintura. Declaração inaudita! O fenômeno Factory o inspirou mais do que se poderia ter previsto no começo. A câmera 16 mm Bolex, que ele havia comprado em 1963, o levou a desprezar seus pincéis. Os tempos eram fáceis, tudo podia acontecer, o contexto o favorecia. O nome, as obras e a personagem de Warhol eram exportados agora para além-fronteiras. Em 1965, suas serigrafias corriam o mundo ocidental: Paris, Milão, Turim, Essen, Estocolmo, Buenos Aires, Toronto. O *New York Herald Tribune* publicou um artigo na edição de 17 de maio, consagrado à visita de Warhol a Paris, qualificando-a como a maior comoção transatlântica desde a visita de Oscar Wilde a Buffalo nos anos 1890. E, desta vez, o tornado cultural era americano e valorizava no solo mesmo da Velha Europa os símbolos da cultura de massa americana. Warhol estava exultante, atônito:

> Nós nos divertimos muito em Paris, uma noite em claro após outra em night-clubs como o Castel ou o New Jimmy, que pertenciam a Régine. [...] Havia um ritual muito maluco no Castel: a música parava bruscamente e todo o mundo se atirava no chão, numa espécie de corpo a corpo erótico, para um flerte rápido, as saias levantadas, as calças abaixadas – isso

ocorria três ou quatro vezes por noite. Acabavam de filmar ali algumas cenas de *What's New Pussycat?**, e a cidade inteira parecia invadida por astros como Terence Stamp, Úrsula Andress, Peter Sellers, Woody Allen, Romy Schneider, Capucine, Shirley MacLaine, Peter O'Toole, Dalí, Zouzou, Donald Camel, Vadim, Jane Fonda, Catherine Deneuve, Françoise Dorléac, Francoise Sagan, Jean Shrimpton...[19]

Toda aquela gente... Todos aqueles astros... E na noite de seu vernissage na galeria Ileana Sonnabend (razão de sua temporada parisiense), onde estavam expostos seus grandes quadros de flores, Andy Warhol declara que abandonava a pintura para se consagrar aos filmes, criando a surpresa. A arte o aborrecia, eram as pessoas que ele achava fascinantes. Ele queria agora passar todo seu tempo ao redor delas a escutá-las, registrá-las, captá-las.

Evidentemente, ao lado da declaração pública, ele tranquilizou seus amigos galeristas e curadores de exposição: ele honraria as encomendas, e, talvez, pintaria também alguns retratos de tempos em tempos. Retratos parecidos com os de Ethel Scull – *Ethel Scull Thirty-six Times* – executado em 1963, uma série de 36 serigrafias a partir de fotos de cabines automáticas com poses diferentes a cada vez, fixadas sobre 36 painéis de cinquenta por quarenta centímetros; retrato pronto, a obra era particularmente cintilante, alegre, com aquele aspecto de tabuleiro de xadrez de cores vivas e aleatórias. Em 1966, Warhol teve aquela ideia de papel pintado repetindo uma cabeça de vaca rosa sobre fundo amarelo. E, em 1966 e 1967, ele pintou uma série de seus autorretratos a partir de uma fotografia preto e branco que mostra seu rosto meio mergulhado na obscuridade, dois dedos da mão direita, indicador e anular, pousados sobre a boca, o polegar sob o queixo: imagem de expectativa e de estudada afetação, características próprias do Warhol dos anos 60.

---

* *O que é que há, gatinha?*, filme de 1965, de Clive Donner, roteiro de Woody Allen, com Peter Sellers, Peter O'Toole, Romy Schneider.

O que Warhol não queria mais, na metade da década, era refazer o que já havia feito. Estranho para um artista que fizera da repetição o princípio de seu universo pictórico? Não era a técnica que estava em causa e sim os modelos de seu primeiro período pop. "Eu não queria continuar pintando de novo os mesmos temas que fizeram sucesso."[20] Acabou Jacky O. (tema predileto de 1964), acabou Elvis (1953), acabou Liz. No entanto, as efígies de Marilyn Monroe, da Mona Lisa* e do dólar americano só conheceriam um breve eclipse. Elas voltariam no último período, sobre fundo negro.

Por enquanto, o que Warhol realmente queria era dirigir alguns filmes e dar adeus com estardalhaço à pintura. Ele imaginou para isso "uma pintura que flutua". Recorreu então a um engenheiro, Billy Kluver, e juntos eles produziram com material prateado e hélio espécies de almofadas gigantes, que Warhol batizou de *Silver Clouds*, "Nuvens Prateadas". "[...] deixá-las sair pela janela e elas voarão para longe e isso fará um objeto a menos. E... E, bem, é uma forma de terminar com a pintura...[21]", ele comentou. Era também uma maneira de investir em outros céus. Suas "pinturas flutuantes" foram expostas primeiramente na Leo Castelli, assim como seu papel pintado com a efígie de vacas rosadas, em abril de 1966, antes de ser o único elemento cenográfico de um balé de Merce Cunningham**, *Rain Forest*, criado em 1968.

1968, o clímax dos anos 60, aqueles anos cujas palavras de ordem foram as da ruptura, do excesso e da revolta. Aquela década viu o nascimento dos "jovens" como uma categoria sociocultural. Os "jovens" começavam, enfim, a não se vestir como seus pais. Na cidade, as roupas de domingo, bem-cuidadas, com estilo, ou simplesmente "decentes", saíam de moda. A mudança de época era visível, ela era vestimentar. O jeans saíra para conquistar a cidade. A cidade mudava de comportamento.

* Para os quadros com as efígies de Marilyn Monroe e de Liz Taylor do período pop de Warhol, ver especialmente *Thirty Are Better Than One* e *La Joconde (en couleur)*, obras de 1963.

** O coreógrafo Merce Cunningham trabalhou também com John Cage, Marcel Duchamp, Robert Rauschenberg.

A evolução dos costumes, o abrandamento das mentalidades, a libertação dos espíritos se impunha. "De repente, tudo estava de cabeça para baixo: os pais tentavam se parecer com seus filhos. Mesmo nos vernissages, as novas minissaias de cores vivas eclipsavam as pinturas penduradas nas paredes."[22]

Era uma época de hibridização, que via justaporem-se a atração pelo mundo dos ricos e um fascínio cada vez maior e irresistível pelas condutas marginais, livres, errantes, refratárias, arriscadas e, por vezes, perigosas, cada vez mais provocadoras. A época misturou a juventude dourada, que fornecia os apartamentos ultrachiques perfeitos para festas, à marginalidade espalhafatosa, rapidamente celebrizada. Eram o princípio do sucesso estrondoso dos Rolling Stones, e a época desembocou prontamente numa institucionalização da figura do roqueiro de sucesso, graças a Mick Jagger, programado como uma máquina de fabricar tubos. A dimensão mecânica do vocalista dos Rolling Stones com certeza fascinou Andy Warhol, porque ele fez dezenas de retratos em serigrafia do astro do rock. O anticonformismo rock'n'roll não rejeitava necessariamente o enriquecimento pessoal e a convivência com as classes abastadas. As fotos de Stephen Shone, de 1965 a 1967, mostram essa nova geração na morada da antiga, em apartamentos de cobertura nova-iorquinos. Sente-se perfeitamente que esses jovens se empolgam com esse luxo, o aproveitam. Mas não é apenas isso. Sente-se perfeitamente também que as velhas convenções se rompiam. O jugo se quebrava por baixo. Modernidade democrática do século XX *oblige*. Uma foto de Warhol tirada por Stephen Shore o mostra sentado sobre uma cadeira baixa num salão muito elegante decorado em tons claros, obra-prima pendurada na parede, fogo na lareira. Warhol segura um copo com base de cristal lapidado numa pose caricaturalmente afetada.[23] Um trejeito. A nova geração mostra a língua para a antiga.

O espírito de provocação e de impertinência ganhava terreno. Isso se tornava a moda. No vernissage de uma importante exposição do Metropolitan Museum de Nova York, "Três séculos de pintura americana", em 1965, Andy Warhol apareceu com óculos de sol amarelos, um paletó de smoking e uma calça manchada de tinta. Ele estava acompanhado por sua musa do momento, Edith Minturn Sedgwick, que vestia um collant de bailarina e tinha mechas prateadas nos cabelos para combinar com a peruca do artista. Andy Warhol a havia conhecido em janeiro de 1965 numa casa noturna. Andy notou de imediato seu comportamento pródigo e exuberante – ela gastava sem pensar – e sua maneira de dançar, única: "Seus movimentos de dança tinham um quê de egípcios, com sua cabeça e seu queixo inclinados de uma maneira absolutamente perfeita e magnífica".[24] Ele identificou prontamente a descendente de uma velha família abastada da Nova Inglaterra. Ela havia se mudado para Nova York no ano anterior, tendo abandonado Cambridge e o meio estudantil elitista da Universidade de Harvard e seus cursos de escultura, para se tornar modelo, como legiões de outras garotas. Muito depressa, ela inventou um estilo todo seu que seduziu as revistas de moda em geral, *Vogue*, *Life*, *Time*. Muito esbelta numa época em que as moças eram ainda um pouco roliças – um remanescente dos anos 50 –, lisonjeando o gosto *camp* pela androginia, uma camiseta, uma blusa de malha, ou uma túnica bem curta sobre collants pretos, com frequência um casaco branco de marta, pesados brincos para orelhas furadas, grandes colares de pérolas, cabelos loiros, geralmente curtos, presos atrás, olhos grandes muito maquiados. Ela era muito bonita, muito excêntrica, egocêntrica, extravagante, exuberante, voraz, estava constantemente drogada (ácido, álcool), era festeira, instável, maníaca, desequilibrada e ambiciosa. Um coquetel arriscado.

Andy e Edie se tornaram inseparáveis na maior parte de 1965, criando um intenso fenômeno de moda só deles, com fãs e imitadores. Fusão fulgurante. Andy chegou a dizer de maneira maldisfarçada em sua *Filosofia* que ele sem dúvida amava Edie.* Um número incrível de fotos os mostra juntos

* Ele escreve (p. 34): "Nos anos 60, uma pessoa me fascinou mais que qualquer outra que conheci. E esse fascínio era certamente próximo de certa forma de amor." Segue-se um capítulo que conta as recordações de Andy sobre Edie, cujo título é: "Amor (Primeiro)".

na Factory, em vernissages, na rua, em sessões de moda, nas noitadas elegantes ou underground. Na noite do vernissage de Andy Warhol no Instituto de Arte Contemporânea da Filadélfia, tomado de assalto, a multidão entoava "Andy! Edie!". Andy fantasiaria ser Edie? Era a opinião de Truman Capote: "Andy Warhol teria certamente adorado ser Edie Sedgwick. Ele teria adorado ser uma charmosa debutante da boa sociedade bostoniana". Essa suposição é duvidosa e limitada, contudo, porque Truman Capote está sendo aqui claramente maldoso e trocista, acrescentando imediatamente: "Em suma, ele [Andy] teria amado ser qualquer um, menos Andy Warhol".[25] Henry Geldzahler supôs mais um complexo físico e sexual do que um complexo social: "Andy sempre sentira que não era atraente, e estar ao lado de Edie era ser Edie durante algum tempo. Ele adorava aparecer em público com ela".[26] O fato é que Edie foi onipresente nos filmes que Warhol rodou da primavera ao outono de 1965: *Bitch*, *Vinyl*, *Horse*, *Face*, *Poor Little Rich Girl*, *Restaurant*, *Beauty* 2, *Kitchen*, *Afternoon*, *Space*, *Factory Diaries*, *Prison*, *Outer and Inner Place*, *Lupe*. Depois houve, em 1966, *The Andy Warhol Story* ** * * * (Four Stars)*. *Poor Little Rich Girl* ["Pobre menina rica"] conta a história e os estados de espírito de Edie, rebento de uma família abastada que já havia dilapidado todo seu dinheiro, e que se lamenta por isso: é a história de Edie. E ele certamente ficou fascinado por essa "beleza" selvagem, e já arruinada:

> Ela era incrível diante da câmera, ela tinha uma maneira especial de se mover. E não parava um segundo, mesmo quando dormia, suas mãos se agitavam muito. Ela era toda energia, não sabia o que fazer quando se tratava de viver sua vida, mas era maravilhoso filmá-la.[27]

Esse fascínio, contudo, era certamente narcisista: Edie identificou-se com Warhol, ela o fetichizou, começou a usar os cabelos prateados, queria se parecer com ele. Afinal, é impossível não insistir nos fatos: o artista talentoso, determinado, perseverante, produtivo apesar de seus pavores, de suas neuroses, de suas angústias era Andy Warhol. Edie Sedgwick era uma moça muito bonita, cheia de problemas, muito frágil. Um fogo de palha. Andy reparou em Edie porque ela fascinava e atraía as objetivas, o que se encaixava no projeto globalmente midiático que Warhol começava a construir naqueles anos. E a imprensa de moda e mundana realmente se interessou por essa garota original, cheia de energia, que expunha voluntariamente sua intimidade em suas colunas. Em novembro de 1965, a revista *Life* a batizou de "a garota dos collants pretos". Ela era uma fonte de inspiração à distância para as garotas que só podiam se aferrar à imprensa de moda para inventar um estilo para si, para impor uma personalidade. Seu estilo tinha um ar de reivindicação libertária, de promessa de liberdade inaudita. A cantora Patti Smith se recorda da primeira vez em que viu uma foto de Edie na *Vogue*: "Em um número da *Vogue*, vi um belo dia uma foto de Edie, de collant e blusa de malha, numa pose de dançarina, com uma graça de efebo. Ao vê-la equilibrando-se em cima da cama, à frente de um pequeno cavalo desenhado a carvão na parede, com seus cabelos platinados, fiquei tão abalada que de fato tive a sensação de ter descoberto alguma coisa, e alguma coisa que para mim era tudo... Perfeitamente na moda, Edie irradiava inteligência e energia".[28] Mas o fascínio que ela suscitava no meio da moda e da noite nova-iorquina se devia, em parte, à sua relação com o dinheiro e às fantasias que se ligavam à imagem da garota rica e de sua relação com Warhol.

Essa juventude dourada com a qual Warhol sempre gostou de conviver, à qual pertenciam Edie Sedgwick e Jane Holzer, se rebaixava na Factory, inebriando-se com o vento da libertação iconoclasta e amoral que soprava sobre o lugar. A arte contemporânea, da qual a Factory se tornara o centro, que fazia sonhar e afluir continuamente uma multidão colorida, incorporava muitas outras dimensões sensoriais além da visual. As novas experiências estéticas que ali ocorriam se nutriam de mundanismo, de explosão festiva, de consumo de drogas, de frivolidade exagerada e de gosto imoderado pelas aparências. David Boudon, crítico de arte e testemunha direta, descreve esse fenômeno caleidoscópico:

> A Factory serve de clube, de centro sociocultural, de lugar de paquera e de ponto de encontro de algumas das personagens mais extraordinárias de Nova York: excêntricos declamando longos textos, modelos posando para a galeria, poetas mal-humorados, cineastas underground e redatores-chefes autoritários, aos quais se juntavam de vez em quando celebridades como Tennessee Williams ou Bob Dylan. Fotógrafos profissionais de todos os países ocidentais afluíam para a Rua 47 Leste, o novo posto avançado do anticonformismo artístico.[29]

Um lugar de festas, de ambições, de desejo de glória, de vaidades. Era uma grande festa, um sonho de *freaks* sob o efeito de ácido, a grande fantasia americana, o brilho, cheio de ambiciosos narcisistas e de malucos. Alguns partiam em limusines, outros em ambulâncias – às vezes nas duas com um pequeno intervalo de tempo. Era uma época de excessos.

Warhol tinha todo um bando ao seu redor que cuidava de dar prova disso. Havia especialmente Ondine (Robert Olivo, seu nome verdadeiro), pássaro da noite constantemente repleto de anfetaminas, que, certa noite, falou sem parar diante de um gravador de Warhol; a transcrição desse turbilhão de palavras descontroladas deu um livro, *a: A Novel*, que foi publicado em 1968. Ele apareceu também nos filmes do primeiro período (filmados por Warhol): *Batman Dracula* (1964), *Afternoon* (1965), *Restaurant* (1965), *Vinyl* (1965), *Horse* (1965), *The Chelsea Girls* (1966), **** (1967), *The Loves of Ondine* (1967).

Era o surgimento do narcisismo descontrolado da juventude. Ali seguramente se inventava a ideia, e o espírito, do *beautiful people*. Os frequentadores habituais da Factory assim se autoproclamavam, achando-se magníficos. Ondine evoca nestes termos uma festa organizada na Factory por Lester Persky (o agente de Tennessee Williams):

> Uma grande festa em homenagem às belezas, tanto femininas como masculinas, de Nova York, reunindo, além de pessoas como Montgomery Clift, milhares de outras pessoas e verdadeiras estrelas de cinema. Jamais esquecerei o momento

> em que vi a porta do monta-cargas se abrir para Lester Persky e Tennessee Williams sustentando Judy Garland. Todo mundo preferiu ignorá-lo. Simplesmente... As únicas pessoas realmente festejadas então eram Edie e eu... as pessoas da turma de Warhol. Nureyev, num dado momento, convidou Judy Garland para dançar o twist. Eles se levantaram. Todo mundo se virou. Francamente. Era a festa dos drogados e das novas celebridades. E até Nureyev estava totalmente ultrapassado.[30]

Esse terreno era também o terreno resvaladiço da vanguarda. E a atmosfera ambiente ficaria rarefeita, como num subterrâneo.

Crônicas do underground (1966-1968)

*"Sure everyone is wild these days."**[1]

ANDY WARHOL

No fim de 1865, Gerard Malanga levou Andy Warhol para assistir a um concerto em Greenwich Village, no Café Bizarre. Naquela noite, o Velvet Underground se apresentava. Warhol foi imediatamente seduzido por seu estilo bruto e poético, queixoso, mas não complacente, espécie de ladainha erótica e destorcida, com palavras cruas. Tóxico. O grupo havia se formado uns meses antes, após o encontro decisivo de Lou Reed, diplomado em literatura, cantor e guitarrista, com John Cale, um galês que viera estudar música em Nova York, tocador de viola elétrica, piano e baixo. Seu projeto era artístico. Eles eram movidos pelo desejo de fundir certos traços da vanguarda musical (na linha de John Cage e de LaMonte Young), a poesia moderna e um rock'n'roll bruto, sem concessões, de acordes estridentes e metálicos, cadenciado por microfonias e repetições.

Outros dois completaram a formação: Sterling Morrison no baixo, e uma garota, Maureen Tucker, na bateria. Em 1965, eles haviam escolhido um nome que cheirava a enxofre: Velvet Underground, nome emprestado do romance epônimo de Michael Leigh, lançado em setembro de 1963, que narrava as práticas sexuais não convencionais – orgias sexuais, bissexualidade, homossexualismo – libertadas dos tabus da moral, parte integrante do que logo se chamaria de revolução sexual, mas que permanecia escondida nas margens da sociedade.

Warhol propôs ao Velvet Underground fazer da Factory seu lugar de ensaio. Andy queria se tornar seu agente. Queria ter seu nome associado a um grupo de rock de vanguarda. Warhol instigou o grupo a ter uma cantora, uma bela garota, a um só tempo fria e hipnótica: era Nico, uma loira de cabelos

* "Certamente, hoje todo mundo é desvairado."

longos com franja, com um rosto perfeito, a "garota mais bonita do mundo". Foi Gerard Malanga quem reparou em Christa Päffgen (seu verdadeiro nome), que era originalmente uma modelo alemã um pouco conhecida na Europa por ter aparecido muito nova em *La Dolce Vita*, de Fellini, e que tentava se tornar cantora. Sua aura meio pagã, misteriosa e melancólica contrastava com as garotas americanas que ocupavam até então o terreno da Factory, como Baby Jane ou Edie, exuberantes e agitadas. "Ela teria podido ser a figura de proa de um barco viking."[2] Sua voz tinha um quê do som de "um computador IBM com o sotaque de Garbo".[3] Andy Warhol não foi o único a ser seduzido por aquele mutismo, aquela perfeição física de androide. Lou Reed e John Cale concordaram em integrar Nico ao grupo. Começou um idílio entre Lou Reed e Nico, que não resistiu, contudo, ao espírito paranoico de Lou Reed, que queria ser o único a cantar suas próprias canções. O Velvet Underground & Nico duraria alguns meses, o tempo de se apresentar por todos os Estados Unidos, e de sair um primeiro álbum em 1967, o tempo de criar um mito alternativo. Warhol financiava. Ele os integrou a um projeto de evento multimídia concebido com Paul Morrissey, em vias de se tornar o segundo homem da Factory. Esse último era cineasta. Era um grande conhecedor e amante do cinema hollywoodiano. Havia chegado à Factory no ano anterior e colaboraria estreitamente com Warhol durante nove anos. No começo, Paul Morrissey, que sempre conservou um jeito de jovem ambicioso e irado, ocupava-se da intendência das turnês multimídia produzidas pela Factory, *starring* a Velvet Underground.

A estreia desse projeto teve lugar na semana de 8 a 13 de fevereiro de 1966 na Cinemateca dos Cineastas de Nova York, fundada por Jonas Mekas, o porta-voz do cinema underground americano. Esta acolheu Warhol e seus novos protegidos para um evento experimental radical, uma espécie de prova estética. O anúncio publicado no *Village Voice* descrevia: "Andy Warhol, sob tensão, apresenta *live* o Velvet Underground, Edie Sedgwick, Gerard Malanga, Donal Lyons, Paul Morrissey,

Nico, Billy Linich" para o "rock'n'roll sob tensão". O Velvet Underground e Nico faziam um ruído ensurdecedor, enquanto os outros "intervenientes", Gerard Malanga, Edie etc., dançavam de maneira frenética. Gerard Malanga executava uma dança especial, *the whip dance*, "a dança do chicote". O Velvet tocava, e sequências de pontos de cores diferentes bastante hipnóticas giravam e ricocheteavam nas paredes, as luzes estroboscópicas lançavam clarões, e, fechando-se os olhos, podia-se ouvir o ruído de pratos e botas, o assobio dos chicotes e os pandeiros que produziam um retinir de correntes.[4] Os atores-performáticos estavam vestidos de branco. Eles formavam uma tela móvel, ou clarões de tela em movimento: sobre eles eram projetadas luzes de cores vivas que se moviam num ritmo estroboscópico, ao mesmo tempo em que filmes de Warhol eram exibidos: *Eat*, *Empire*, *More Milk*, *Yvette* (com Mario Montez, travesti, inspirado em Lana Turner) e *Vinyl* (primeira adaptação cinematográfica do romance de Burgess antes do filme *Laranja mecânica*, de Stanley Kubrick)". E tudo era filmado pelo "pessoal" da Factory, Paul Morrissey, Ronald Nameth ou Barbara Rubin. Esse espetáculo "total", um verdadeiro caos sensorial, acabou por se chamar *Exploding Plastic Inevitable*. Ele voltou a Nova York (notadamente na Dom, a maior boate da cidade), a Provincetown, a Boston, ao Meio-Oeste, ao Canadá. Cécile Guilbert exprime bem o caráter estonteante dessa cacofonia de vozes, sons, ruídos, imagens, formas, cores e luzes, constantemente construídas em abismo: "Transe, hipnose, efeito espelho reforçados pelo uso das anfetaminas... os filmes mostravam personagens que estavam em cena para encarnar em música suas personagens diante dos espectadores que eram eles mesmos filmados, fotografados, interpretados musicalmente para se tornarem por sua vez parte integrante do EPI".[5] Os membros do Velvet acabaram por usar óculos pretos durante as apresentações em razão das luzes cegantes e intermináveis. E não para fazer gênero, assegurava Lou Reed.

Todos os participantes desse projeto transdisciplinar, absolutamente psicodélico, tinham a sensação de participar de alguma coisa revolucionária. Como observou Warhol com agudeza, as "coisas não podiam ter aparências tão estranhas e novas sem que barreiras fossem quebradas. 'É como o Mar Vermelho', dizia Nico ao meu lado uma noite no balcão da Dom, de onde se via a ação e as pessoas que faziam a festa".[6] Ronald Nameth dirigiu um filme sobre essa performance em 1967. Esse filme mostra o ambiente alucinado, explosivo, caótico e colorido que reinava naquelas apresentações. O diretor, para comentar seu filme e seu tema, insiste na ideia de multidimensionalidade. O livro de Herbert Marcuse, *O Homem unidimensional: ensaio sobre a ideologia da sociedade industrial avançada*, uma das bíblias dos movimentos contestatórios dos anos 60, estava traduzido nos Estados Unidos desde 1964 – na França, isso só ocorreu em abril de 1968, coincidindo com a explosão libertária e a ocupação popular dos locais públicos.

O Velvet tornou-se parte integrante da Factory, dando-lhe uma nova identidade, mais rock'n'roll e underground, ou, mais exatamente: mais punk, *avant la lettre*. A música do Velvet não é parecida com a dos Rolling Stones, mais unificadora, mais popular, menos inquietante. A imprensa, contudo, considerava-a bárbara, uma aberração contrária à natureza. O próprio Warhol admitia que a banda causava um efeito doloroso, assustador e, no entanto, belo. Mas Warhol considerava essas experiências sublimes.

O período foi frenético. Passava cada vez mais gente pela Factory, o telefone não parava de tocar. E Warhol encorajava esse ambiente turbulento. Ele jamais ficava sozinho. Ele se recorda com um sorriso: "Eu tinha então a reputação de estar, ou de ir e, sobretudo, a festas, em companhia de ao menos vinte pessoas. Era como se nós adicionássemos uma festa àquela à qual íamos".[7] Mas, sobretudo, ele improvisava pequenos happenings nos jornais. Ele fez publicar no *Village Voice* o seguinte anúncio: "Eu patrocino tudo o que presta: roupas, clubes bissexuais, cigarros, fitas magnéticas, discos de rock, comilança, hélio, chicote, película e material de cinema, cédulas de dinheiro etc. Um beijo, Andy Warhol, EL S – 9 9941".[8]

O Velvet se instalou na Factory no momento em que começava o eclipse de Edie Sedgwick, que acabou por se desentender com Andy Warhol. Sua ambição de sucesso não era satisfeita pela Factory. Ela começou a desenvolver uma mentalidade paranoica com a ajuda das drogas. Tinha medo que sua aura sofresse com suas performances nos filmes de Warhol, que a mostravam invariavelmente seminua. Ela sonhava em ser uma estrela e não passava de uma "superstar" nos filmes underground de Warhol. O termo "superstar", que servia para designar os atores principais do cinema de Warhol em particular, foi introduzido na Factory por um amigo de Edie, Chuck Wein, justamente no momento em que esta começava a aparecer em todos os filmes que Warhol realizou em 1965. O fato de as "superstars" se autoproclamarem como tais – ou eram proclamadas como tais pelos membros do pequeno grupo –, fornecia a diferença irredutível entre as superstars do underground e as estrelas de Hollywood. As superstars eram estrelas confidenciais, e, em certo sentido, caricaturas das verdadeiras estrelas de Hollywood e do "star system" em vigor no cinema para o grande público. Warhol queria empurrar a lógica desse sistema ao limite: "As pessoas em geral só vão ao cinema para ver uma estrela, e se refestelar com ela. Pois bem, aqui, ao menos, se oferece a ocasião de olhar a estrela por todo o tempo que se desejar, de comê-la com os olhos".[9] Não porque nos estúdios de Hollywood as estrelas fossem mais talentosas ou mais belas diante da câmera, mas porque eram realmente mais populares, célebres e celebradas, conhecidas em toda a América e também no mundo. O que nunca foi o caso das superstars da Factory: Baby Jane Holzer, Gerard Malanga, Ondine, Edie Sedgwick, ou mesmo Nico. Nenhuma jamais teve o brilho de uma Marilyn, mas as superstars de Warhol faziam de tudo para chamar tanta atenção quanto as estrelas de Hollywood – com as quais se refestelavam ao menos na mesma intensidade –, sendo mais frívolas, mais liberadas, mais caricatas, mais subversivas, engajando-se em filmes anticonformistas, para não dizer provocadores.

Warhol tinha uma prática independente do cinema, que não era absolutamente comercial, o que lhe valeu o reconhecimento do meio cinematográfico de vanguarda de Nova York. Ao se lançar dessa maneira ao cinema, ele havia com certeza dado prova de muita ingenuidade – e não de cinismo –, porque seguramente havia esperado obter com seus filmes tanto sucesso quanto obtivera com as suas serigrafias, e que os filmes lhe trouxessem muito mais dinheiro, segundo o modelo mitificado dos produtores de Hollywood, com seus charutos, seus carros de luxo e suas mansões com palmeiras e piscina. Essa esperança foi certamente frustrada. A Factory só obteve "sucesso de crítica". Hollywood ignorou Andy Warhol e o deixou rodar em Nova York seus quilômetros de película. Seus filmes nunca foram superproduções comparáveis às hollywoodianas.

Aí reside talvez o mal-entendido entre Warhol e Edie Sedgwick. Enquanto o primeiro, artista compulsivo, rodava quilômetros de película sem pensar em qualquer maquiagem comercial, convencido, ao contrário, ingênua e narcisisticamente, de que esse caráter bruto seria acolhido por um sucesso popular, a segunda, atriz de paixão devoradora, esperava muito mais de seus filmes, em especial, dinheiro. Ora, a Andy Warhol Films Inc. não era lucrativa. Andy Warhol continuava a tirar seu dinheiro da pintura, e investia parte dele na produção de novos filmes. Edie Sedgwick se sentiu decerto explorada, como muitos outros. Warhol rejeitava, contudo, qualquer responsabilidade, pois não escondia nada de ninguém, e não auferia lucros do seu cinema: Warhol da racionalidade contábil e fria.

A ruptura entre esses dois inseparáveis foi provocada, sobretudo, por rivalidades pessoais. Edie Sedgwick apaixonou-se por Bob Dylan. Sua frustração, sua impaciência e sua dependência cada vez maior de entorpecentes atiçaram o antagonismo entre esses dois mentores. Edie acabou contando por toda parte que Warhol a havia destruído, que a encorajava a se drogar. Bob Dylan contribuiu espalhando esse rumor. Para grande surpresa e viva decepção de Warhol que, sem dúvida, se sentia traído. "Eu gostava bastante de Dylan, e da maneira como ele havia criado esse novo estilo tão impressionante. Ele não iria fazer toda sua carreira rendendo homenagem ao passado, ele faria as coisas à sua maneira, e era precisamente isso que eu respeitava. Cheguei a lhe dar um de meus *Elvis* prateados. Um pouco mais tarde, porém, fiquei paranoico quando me chegaram rumores segundo os quais ele usara o quadro como alvo para atirar dardos. Quando eu perguntava: 'Por que ele faria isso?', me respondiam invariavelmente por um diz que diz que do tipo: 'Ouvi dizer que ele acha que você destruiu Edie'; [...] Dylan não gostava de mim, ele me culpava pela droga que Edie consumia".[10] A própria Edie, em 1967 e 1968, quis acertar as contas no último filme que rodou em sua vida, *Ciao! Manhattan,* de John Palmer e David Weisman. A musa decepcionada conta ali, em off:

> Me angustia um pouco lhes dizer o que eu penso do Artista, tendo em vista que eu não penso em nada lisonjeiro, e não pretendo louvá-lo: mas ele terá o que merece. Warhol destruiu muita gente, e sobretudo muitos jovens. Foi na Factory que eu comecei a me drogar seriamente, que eu realmente me iniciei na droga, encontrando grande prazer nela. Tudo me levava a isso, e, naquele ambiente simpático, eu rapidamente desabrochei para me tornar uma drogada contumaz.[11]

Edie se destruíra, ao contrário de outros. No momento em que ela afundava e passava do ponto sem retorno em que seu vício tomava o poder, Bob Dylan sumiu. "Foi, no fim das contas, uma história triste a nossa", reconhecia Edie. "Bobby foi meu único grande amor, e esse grande amor teve de me levar ao manicômio. [...]. Para agradá-lo, eu teria feito qualquer coisa. Mas, desde o instante em que ele me deixou, eu me senti tão vazia e tão perdida que engolia comprimidos aos punhados. Ele havia mais ou menos parado de se drogar. Quando eu o conheci, ele passava pela minha casa com um amigo para se picar no banheiro. Quando esse sujeito morreu de uma overdose de heroína, Bobby sumiu.[12]" Depois ela descobriu que Bob Dylan estava na verdade secretamente casado desde novembro de 1965. Foi Warhol que lhe sussurou perfidamente a verdade. Edie teve palpitação, desmoronou e desapareceu. Ela morreu de overdose de barbitúricos em 1971, longe de Nova York.

Warhol foi obrigado a se explicar, tendo em vista o teor das acusações, e sua tenacidade, durante décadas:

> A despeito da opinião das pessoas, a verdade é que eu jamais ofereci drogas a Edie, jamais. Nem mesmo um comprimido para tirar o apetite. Nada. Ela tomava claramente muitas anfetaminas e calmantes, mas não era comigo que ela os encontrava. De vez em quando me acusavam de ser diabólico, de deixar pessoas se destruírem debaixo de meus olhos para poder filmá-las e gravá-las. Mas eu não creio que seja demoníaco a esse ponto, sou simplesmente realista. Aprendi quando jovem que, quando me torno agressivo e tento dizer a qualquer um o que ele deve fazer, não consigo nada. Aprendi que temos mais poder quando nos calamos, porque ao menos assim as pessoas têm uma chance de começar a duvidar de si próprias. Quando as pessoas estão prontas, elas mudam. Elas jamais o fazem antes e, às vezes, morrem antes de ter chegado lá.[13]

Andy não tentou mudar Edie, contudo. Tampouco esperou que ela mudasse. Mas Warhol com certeza se sentiu abandonado e traído por Sedgwick. Ele jogou com a concorrência ao se interessar por novas "superstars" potenciais: Ingrid Superstar, Viva, International Velvet, Ultra Violet – nomes *made in* Factory para atrizes que atuavam em filmes feitos à sua medida, diminuindo a importância do roteiro.

Isso porque, houvesse o que houvesse, Warhol prosseguia em seu ímpeto.

Warhol continuava filmando sem parar. Toda uma equipe na Factory era responsável pela realização de muitos filmes. Filmes, filmes e mais filmes. Eles filmavam tantos que Warhol nem se dava ao trabalho de dar título à maioria deles.

Marcel Duchamp gostava: "Gosto do espírito de Warhol. Ele não é apenas um pintor ou um diretor. É um cineasta e gosto muito disso".[14] Houve os *Screen Tests*, projeto monumental perseguido durante três anos (1964-1967), e os primeiros filmes de Warhol que fizeram sua reputação no meio do cinema independente, em especial: *Sleep* (filme de seis horas mostrando o poeta John Giorno em pleno sono – este adorava dormir, o que fascinava Warhol que, a essa época, devia ficar acordado o tempo todo), *Eat* (que mostra o artista Robert Indiana comendo uma banana), *Tarzan and Jane Regained... Sort of* (rodado com Dennis Hopper e Taylor Mead, ator underground que permaneceu um cúmplice fiel de Warhol e Morrissey), *Empire* (plano fixo do Empire State Building durante oito horas), *Kiss*, uma série de casais se beijando, entre os quais duas figuras andróginas, sem dúvida dois homens). Irving Blum, o marchand da Ferus Gallery, lembrou-se por muito tempo dessa última obra. De passagem por Nova York, ele visitou Warhol na Silver Factory. Andy lhe falou de sua nova orientação artística, fazer filmes, e lhe propôs ver um que acabara de terminar. Ele o instalou num canto e projetou para ele, sobre uma pequena tela, uma imagem mostrando um casal se beijando. O galerista reconheceu Robert Indiana e Marisol (outra artista), cujos lábios se tocavam, mas que permaneciam totalmente imóveis. Ele continuou olhando durante um tempo que lhe pareceu infinito. Ou Warhol está louco, ou está zombando de mim, ele disse para si, desconfiando que na verdade estavam lhe mostrando fotos, e não um filme. Aí, de repente, depois de uma eternidade, Indiana piscou um olho. Era um filme, portanto. Irving Blum ficou totalmente desconcertado.

Warhol rodou primeiro filmes mudos, sem roteiro, a câmera na mão, ou, na maior parte do tempo, a câmera montada sobre um tripé, filmando tudo que entrava no campo de visão. O que estaria em jogo nesses planos fixos intermináveis? Mostrar o tédio? Mais que o tédio, parece que esses filmes mostram o tempo, graças precisamente ao fato de que nada acontece. O nada se torna o tudo, o vazio o cheio.

Os primeiros filmes de Warhol se assemelhavam de fato à sua pintura, ou ativavam os mesmos paradoxos. "Há anos", declarou ele a Laetitia Kent, jornalista da *Vogue*, "as pessoas tinham o hábito de olhar através da janela durante horas, sem se cansar, mesmo quando não ocorria nada de especial. Esse é meu tema favorito para fazer filmes – apenas olhar, observar alguma coisa durante duas horas ou mais."[15] Sua câmera está como que à escuta, e não diz nada.

Os filmes dirigidos por Warhol de 1963 a 1967 têm um caráter radicalmente independente, underground – são agudos, aberrantes, irreverentes, impertinentes e, em certo sentido, chatos – do ponto de vista dos padrões do cinema narrativo, construído em torno de um roteiro e mantendo um ritmo constante. Mesmo quando os filmes de Warhol começaram a ser roteirizados (como *My Hustler,* de 1965), o enquadramento e a montagem não se tornaram mais convencionais. Aliás, quando uma ação deslanchava, a câmera podia perfeitamente se desviar dos atores para se fixar no teto prateado da Factory ou num móvel qualquer. Estamos longe dos filmes hollywoodianos, e, a despeito de Warhol, para dizê-lo claramente, longe dos filmes "grande público". Seus filmes não se constroem em torno de uma "ação". Com a intenção de valorizá-las, Warhol se interessava pelo poder de fascinação das imagens, tentando talvez descobrir as razões pelas quais elas podem se tornar hipnóticas, ao menos tentando fazer sentir esse poder. Essas razões têm a ver, por um lado, com a personalidade dos atores escolhidos, e a sua total liberdade. Têm a ver também, por outro, com as escolhas técnica e estética de uma lentidão de desenvolvimento que beira à imobilidade.

Warhol foi célebre como cineasta underground, e sua influência sobre o cinema e a videoarte artísticos é hoje reconhecida. Em dezembro de 1966, Jonas Mekas lhe havia concedido o sexto Grand Prix do cinema independente. Segundo os membros desse círculo, Warhol levava o cinema a suas origens com "um tratamento de rejuvenescimento e uma purificação". "Em sua obra, ele abandonou os 'floreios cinematográficos' na forma e no tema que o cinema acumulou até o presente. Ele dirigiu sua objetiva para as imagens mais comuns possíveis e, obedecendo apenas à sua intuição de artista, registrou com tenacidade as atividades cotidianas do homem e das coisas que ele viu ao seu redor [...] O cinema de Andy Warhol é uma meditação sobre o mundo objetivo. Em certo sentido, é um cinema da felicidade."[16] É um cinema que queria iluminar os recônditos, expor a nudez e a mecânica feliz dos corpos.

No entanto, Warhol parecia não querer essa etiqueta underground:

> Quando as pessoas me descrevem, elas não dizem "Andy Warhol, artista pop", dizem "Andy Warhol, cineasta underground". Ou, pelo menos, elas tinham esse hábito. Mas eu nem sei o que o termo underground pode querer dizer [...], não vejo em que eu tenha sido um dia underground, pois sempre quis que as pessoas me notassem.[17]

Certamente. Mas, como verdadeiro artista que segue apenas seu impulso, Warhol não fez nenhum esforço para tornar seus filmes populares. Ao contrário, os escândalos que regularmente eclodiam à saída de cada um deles o encantavam. Hollywood o fazia sonhar, por certo, mas não era o que ele queria fazer, que sabia fazer, e, portanto, o que fazia na realidade:

> Tentam fazer os piores truques, mas com perfeição... eu não sei, é tão fácil fazer filmes, quero dizer, é possível, bem... bem... contentar-se em rodar e todas as imagens saem perfeitamente.[18]

Seu cinema tem um lado teatro de marionetes para adultos. Por exemplo, ele filmou as nádegas de Taylor Mead em close-up durante duas horas, e o título dizia tudo: *Taylor Mead's Ass*. Durante a filmagem, que durou algumas horas, de costas para a câmera que enquadrava em close-up suas nádegas, Taylor Mead se entregou a uma ginástica improvável, enfiando regularmente toda sorte de objetos no traseiro. Ator underground refratário que era, ele não seguiu as indicações que Warhol lhe deu para ficar imóvel – imobilidade que teria resultado, com o tempo, numa imagem abstrata, ampliada pela superexposição, embranquecendo ao extremo a pele, e os violentos contrastes daí decorrentes. Esse resultado abstrato correspondia ao que Warhol sentia diante de um corpo ou corpos em ação: ele tinha sempre a impressão de uma mecânica abstrata, incompreensível, inverossímil e complexa, e espetacular. Assim, ele era um entusiasta das pesquisas estéticas das companhias teatrais de vanguarda como o Performance Group ou o Living Theater, nas quais os corpos de atores e dançarinos se colocavam incrivelmente em jogo. Warhol filmou essas companhias teatrais em ação com entusiasmo. Essa relação com o corpo, a um só tempo estética e interrogativa, implicava, sem dúvida, distância, estranheza e humor da parte de Warhol.

Ele certamente apreciava a beleza física, harmoniosa, encantadora, suave. Mas era fascinado também pelos físicos bizarros, desconjuntados, cômicos, que nos deixam perplexos, mas nos causam alegria. Como o seu: "Cada coisa que eu faço tem um jeito estranho. Eu ando de maneira estranha, tenho o ar estranho. Se tivesse podido ser um cômico, num filme, eu pareceria uma marionete".[19] Na Factory, na época do Velvet, ganhou o apelido de Drella, contração de Drácula e Cinderella (Cinderela).* Esse apelido, que não lhe agradava, tinha claras implicações negativas (como a de vampirizar e explorar sem piedade os que vinham a ele), mas, de um lado, ressaltava as contradições da personagem, tal como eram percebidas pelo seu círculo íntimo, e, de outro, o apelido era mesmo assim cômico. Outro exemplo de palhaçada: em novembro de 1966, ele escolheu sua mãe para "superstar". Ele a filmou em sua casa da Avenida Lexington dedicando-se a suas atividades domésticas costumeiras e falando sem parar, numa algaravia de inglês e ruteno. O filme se chama *Mrs Warhola*, e sua personagem principal – interpretada pela mãe de Warhol, pois – deveria ser

* Em 1989, Lou Reed e John Cale se reuniram para compor e cantar um ciclo de canções em memória de Andy Warhol, "Songs for Drella: A Fiction".

uma estrela envelhecida que teve uma porção de ex-maridos. Richard Rheem, que morou dois meses com eles, belo, jovem e suposto amante de Warhol na época, interpreta no filme seu atual marido. Warhol afirmou laconicamente sobre esse filme: "Nós tentamos recolocar os velhos na moda".

Mas esse cinema era um cinema para adultos num sentido igualmente sério. Ele tomava como referência explícita o gênero pornográfico. Sua ambição: mostrar verdadeiras brincadeiras entre corpos, ou uma verdadeira mecânica sexual. A câmera de Warhol registrava em plano fixo e fechado a dinâmica da sensualidade e a mecânica impessoal do prazer sexual. Seja numa tentativa de espiritualização, como em *Blow Job* (1963), que mostra em close-up o rosto de um homem objeto de felação até o gozo (praticado por uma mulher? Um homem? Jamais saberemos, o que contribui para o caráter perturbador da sequência). Seja numa vontade de ser muito explícito, de mostrar tudo, como em *Couch* (1964), em que casais (ou grupos) fazendo sexo se sucedem diante da câmera no meio da Factory. *Couch* tem cinquenta bobinas de filme de 35 minutos.

Em 1966, os estúdios Warhol realizaram *The Chelsea Girls*, que marcou uma virada, em particular, porque teve algum sucesso. Trata-se de um retrato íntimo das superstars da Factory do momento, que são filmadas em vários quartos de um hotel nova-iorquino, o Chelsea Hotel, pelo qual muitas superstars haviam passado. A música foi composta pelo Velvet Underground. O filme, com 3 horas e 24 minutos de duração, é experimental: é composto de doze bobinas de 32 minutos cada, em preto e branco e em cores, que deviam ser projetadas aos pares. Um público mais amplo descobriu com esse filme o tipo de cinema que a Factory promovia. Andy Warhol observou: "Até ali, em geral nossas produções suscitavam comentários como *artístico, kitsch, chique,* ou mais simplesmente, *chato*. Depois das *Chelsea Girls*, porém, palavras como *degenerados, inquietante, homossexual, drogado, nu* e *real* foram regularmente associadas a nós".[20]

Andy sabia exatamente por que queria fazer cinema: "Quando estava em Hollywood, pensava frequentemente na maneira estúpida e irreal como os filmes tratavam do sexo".[21] Em primeiro lugar, ele achava que os filmes de Hollywood em relação a esse ponto eram grotescos, irreais, falsos. Em segundo, Andy Warhol seguramente tinha um problema com a ideia de corpo, e muito concretamente com seu próprio corpo, que o estorvava, agitado por vagas pulsões, mas que não eram em nada comparáveis às dos corpos de que se cercava. O corpo e o sexo eram abstratos para ele. Andy Warhol era um voyeur, como são as crianças, com aquela espécie de intensidade frustrada quando a mecânica não pode realmente se produzir. O corpo e suas expressões sexuais misteriosas e, sobretudo, problemáticas, complicadas. Andy Warhol exprimiu um ponto de vista muito claro sobre o tema em sua *Filosofia*:

> O trabalho mais difícil, afora o fato de estar vivo, é ter relações sexuais. Claro, existem pessoas para as quais isso não é um trabalho, porque elas têm necessidade de exercício, têm energia suficiente para fazer amor, e o sexo lhes dá ainda mais. Para certas pessoas isso dá energia, de outras, tira. [...] Assim como ter relações sexuais, ser sexuado é um trabalho penoso. Eu me pergunto se é mais difícil 1/ um homem ser um homem, 2/ um homem ser uma mulher, 3/ uma mulher ser uma mulher, ou 4/ uma mulher ser um homem.[22]

Andy viveria a encarnação como uma tortura, uma provação, uma prova do santo mistério?

A ambivalência da personagem não escapava a ninguém, sobretudo àqueles que cotidianamente conviviam como ele, como Viva – Janet Susan Mary Hoffman era seu nome verdadeiro –, "superstar" que foi recrutada em 1967 para a Factory e que viria filmar em 1969 com Agnès Varda, fascinada pela contracultura americana. Viva descreveu o tipo de perversidade de Warhol:

> Andy queria sempre me empoleirar sobre tal ou tal tipo, me dizendo para sair com um ou com outro, embora esses tipos

> não me interessassem minimamente, mas deviam por certo interessar a ele, pois ele elogiava para mim as propostas deles. E, no entanto, bastava pousar a mão nele para vê-lo encolher-se resmungando; às vezes, eu fingia que ia cutucá-lo pelo prazer de vê-lo se encolher diante de meus olhos, gemendo: "Não, Viva, não". Todo o mundo se divertia fazendo isso [...]. No fim das contas, havia se tornado uma gag: bastava esticar e recolher a mão rapidamente, como se nos tivéssemos queimado sem mesmo tocá-lo, e ele se encolhia por conta de um reflexo condicionado.[23]

Andy não gostava de ser tocado. Pelas moças, com certeza, mas também pelos rapazes. Nesse terreno, ele estava em geral na defensiva. Seus filmes seriam terapias? Andy psicanalista? Em janeiro de 1966, Andy Warhol foi convidado a fazer uma conferência no jantar anual da New York Society for Clinical Psychiatry, na elegante Park Avenue. Andy foi com o Velvet, e dois de seus filmes: *Harlot* (70 minutos, falado, rodado em 1964) e *Henry Geldzahler* (Henry Geldzahler, curador do Metropolitan Museum de Nova York, fuma um charuto numa poltrona diante da câmera, durante uma hora e meia); as projeções e a música tonitruante do Velvet semearam a confusão e enfureceram os psiquiatras. No dia seguinte, o *Herald Tribune* publicou um artigo com o título hilariante:

> "Os psiquiatras fogem de Warhol."[24]

Embora se possam detectar zonas de problemas, de tensões neuróticas, de frustrações em Warhol, este as transformava em sarcasmo, e zombava desse tipo de "medicina", como sugere a história seguinte, contada em sua *Filosofia*:

> Como eu tinha a sensação de endossar os problemas de meus amigos, fui ver um psiquiatra de Greenwich Village e lhe falei de mim. Contei-lhe tudo: a história da minha vida, o fato de que eu nunca tinha problemas e assumia os de meus amigos, e ele me disse que telefonaria para marcar uma consulta, para continuarmos nossa conversa. E ele jamais telefonou. [...] Quando voltava desse psiquiatra, parei na Macy's e, tomado de súbita

inspiração, comprei meu primeiro aparelho de televisão [...]. Eu o levei para casa, [...] e logo me esqueci do psiquiatra.[25]

Warhol com certeza tinha um perfil de "perverso polimórfico" cáustico.

Os filmes de Warhol refletiriam experiências sadomasoquistas entre ele e o seu círculo? Como Warhol conseguia derrubar a inibição de suas "superstars"? Ele começara a ter uma sólida reputação de manipulador sádico. Mesmo entre pessoas próximas, mais indulgentes, que não tiveram de sofrer com as condutas marginais que tinham curso na Factory, essa opinião circulava bastante. Emile de Antonio, por exemplo, não hesitava em dizer: "Personagem perfeitamente sádica, Andy é capaz, com sua simples presença, de impelir as pessoas a transarem nuas ou a fazer qualquer coisa para chamar sua atenção".[26] Andy incitava ou Andy deixava acontecer? Os corpos nus e o sexo seguramente o fascinavam. Ele não iria se interpor como um bicho-papão encarnando a moral. Isso porque uma atmosfera de ilimitada licenciosidade pairava sobre a Nova York underground, em particular sobre a Factory. Mas Andy Warhol sozinho não poderia estar na origem de toda a revolução sexual dos anos 60. Vinham a ele os que eram atraídos por aquilo, decididos a participar, a transtornar, ou a ignorar os costumes. No entanto, essa imagem do pai afixada a Warhol era curiosamente disseminada, como sugere o testemunho de Viva: "A maioria das pessoas viu em Andy um padre confessor, mas não é essa minha opinião. Imaginem antes um pai de família de tal forma mergulhado em seu jornal à mesa que seria incapaz de lhe dar a menor atenção, a menos que você fosse se plantar embaixo do seu nariz. Pois isso é exatamente Andy, que estaria pronto a gravá-lo em fita mal você abrisse a boca".[27] O mal-entendido está certamente nisso: Andy não era pai de ninguém. E quem deveria se responsabilizar pela própria conduta? A pessoa ou o outro? E se a câmera agisse naqueles tempos de liberação sexual como um solvente da moralidade? Uma ocasião que todo o mundo agarrava ao mesmo tempo, perseguindo, cada um, fins diferentes?

A ocasião agarrada seria regressiva? Porque alguma coisa de absolutamente pueril se jogava e se expunha na Factory. E a exposição tingia-se de um prazer de regressão infantil. Diria-se que era um bando de adolescentes divertindo-se em baixar as calças e mostrar o traseiro pelo prazer da coisa. Só que, no contexto da Silver Factory, onde as drogas corriam soltas, frequentada por traficantes com nomes zombeteiros e debochados (como Rotten Rita*), essa atmosfera de *enfants terribles* se tornava mais pesada. No entanto, a Factory não colocava tanto em cena pós-adolescentes tardios, mas uma juventude reivindicadora, astuta, marginal, que experimentava de maneira arriscada sua radicalidade, sua curiosidade desabrida e sua inventividade extravagante e arriscada.

Warhol retratava durante esses anos, no fim das contas, uma espécie de Frankenstein pop, que deslizava do *camp* brincalhão e farsesco – popular – ao modo experimental e exploratório underground, mais elitista, porque de acesso difícil, inquietante, incômodo, ambíguo. Vários frequentadores habituais da Factory estavam engajados em processos de autodestruição. A imagem pública de Warhol sentia isso; Warhol passava confusamente por uma espécie de Drácula. Ele próprio alimentava essa reputação, divertindo-se – em 1964, ele havia dirigido um filme intitulado *Silver Dracula*.

A turma de Warhol havia se tornado uma gangue. E essa gangue incluía, em particular, algumas personagens extremas, como Brigid Berlin. Ela também era uma garota de muito boa família, mas tinha uma natureza tão tortuosa e tão astuta que teve uma longevidade excepcional entre os amigos de Warhol. Seu pai era Richard Berlin, presidente da Hearst Corporation. Ela havia crescido na Quinta Avenida, mas logo se rebelou. Ela contou que sua mãe teria feito dela uma socialite magra e respeitável. Em vez disso, ela consagrou toda sua genialidade a se tornar uma agitadora obesa.[28] Quando Andy a conheceu, em 1964, ela vivia num pequeno hotel e já a chamavam de Brigid Polk – jogo de palavras com "*pokes*", que significa injeções de drogas. Ela gravava todas suas conversas telefônicas com

* Em português, algo como "Rita Podre".

Andy, que eram diárias. Ela é *B* na *Filosofia de A a B* que se apresenta como um diálogo entre *A* (Andy) e *B* (Brigid). Ela jamais se separava de sua Polaroid e compulsivamente tirava fotos de tudo. Eles tinham paixões, hábitos, tiques em comum. E Brigid Berlin fascinava Warhol por ser muito *trash.* Warhol relata: "A Duquesa [era um dos seus apelidos] arrancava seu blusão, tirava uma garrafa de vodca da bolsa, e bebia um bom gole, aplicava em si mesma uma injeção de droga na nádega através do jeans, o abaixava para mostrar a quem quisesse seus abscessos – mesmo os rapazes ficavam chocados. Ela se picava em qualquer lugar, se tivesse vontade: na fila do cinema".[29] Trinta quilos a mais que todos os outros frequentadores da Factory, que eram todos extremamente magros, sempre desleixada, os seios à mostra, ou ao menos com um seio para fora, muito propensa à masturbação expansiva e pública. A irmã de Brigid Berlin, Richie Berlin, que também estava rompida com a família, lembra-se dela injetando-se droga diante da câmera em *Chelsea Girls.* Ela se lembra da reação de sua mãe, mortificada de ver a filha fazendo um número de lésbica drogada. Mais tarde, ela tentou perder peso, trancando-se em seu quarto de hotel e telefonando para Warhol todos os dias para informá-lo sobre os progressos de seu regime. Na metade dos anos 70, Warhol a contratou para cuidar da recepção da Factory, na qual ela tricotou sete horas por dia durante doze anos, quando não desaparecia por semanas inteiras.

Em 1967, a turma havia parcialmente se renovado. Os recém-chegados se tornaram os astros das novas produções de Warhol, agora dirigidas por Paul Morrissey. Uma multidão de fotos de família os fixou em película. Há a foto de Philip Halesman mostrando os membros da Factory, em 1968, numa formação piramidal, com Viva, Eric Emerson (dançarino), que faz a pose de um pássaro, Ultra Violet (cujo nome verdadeiro era Isabelle Dufresne), Ondine, Andy Warhol, Candy Darling (James Lawrence Slattery), Paul Morrissey, Nico, Taylor Mead, Ingrid Superstar, Gerard Malanga, Jay Johnson (ator), Fred Hughes (o gerente da Factory), Joe Dallessandro (o ator fetiche de Paul Morrissey, e ator principal das produções de Warhol desde os anos 60 a meados dos anos 70).

Richard Avedon também tirou uma foto de família dos membros da Factory um ano depois, em 1969, intitulada simplesmente "The Warhol Factory, New York City". O negativo maior que o natural, por uma montagem de várias tomadas, exibe o grupo num espaço vazio. Alguns estão nus, pisando nas roupas a seus pés, alguns reaparecem duas vezes, como Paul Morrissey e Joe Dallessandro. Esses dois abrem o baile, Paul Morrissey de terno escuro e gravata, e Joe de três quartos de perfil nu, deixando ver a tatuagem em seu braço: "Little Joe"; vêm em seguida Candy Darling nua, com rosto de mulher, com a fineza dos traços femininos e o sexo masculino, Eric Emerson nu, Jay Johnson nu, Tom Hompertz nu, Gerard Malanga de calça e jaqueta de couro. Depois reaparece Paul Morrissey, escondido atrás de Viva com a túnica de veludo e cetim e Taylor Mead com ar aturdido e maligno; segue Brigid Polk numa camiseta com decote profundo deixando ver um de seus seios; Joe Dallessandro está de volta, mas desta vez vestindo uma camisa e um jeans pretos, e, fechando o grupo, aparece Andy Warhol cortado pela borda direita da foto, segurando um microfone na direção do grupo.

Nenhum traço de Lou Reed ou de John Cale. Os anos Velvet haviam terminado. Lou Reed torcia o nariz para o patrocínio de Andy Warhol. Em 1967, ele encerrou sua colaboração no dia seguinte ao da saída de seu primeiro álbum mítico pela Universal Records, álbum que Andy Warhol havia financiado, contudo. Lou Reed queria sua independência. Warhol não recebeu um centavo sobre as vendas desse álbum, mas deixou nele sua marca indelével. Ele havia concebido a capa. Esta exibe na frente toda branca um adesivo destacável de uma banana amarela que deixa aparecer, quando era levantada, a mesma banana, só que descascada e bem rosada. Embaixo da imagem da banana, há apenas o nome de Andy Warhol. É preciso virar o disco para ler: "*The Velvet Underground & Nico Produced by Andy Warhol*" e ver uma foto do grupo tocando de óculos escuros e, embaixo, os cinco rostos de cada um dos membros, sob luzes estroboscópicas coloridas.

Os membros da fábrica de Warhol no fim da década eram atores. O cinema se tornara a atividade principal da Factory, aquela que lhe dava reputação. Mas seu cinema continuava marginal, apesar da inflexão roteirística que Paul Morrissey tentou lhe conferir, distanciando as novas produções das primeiras experimentações de Warhol, absolutamente radicais e irreconciliáveis com o cinema convencional.

Ocorre que o terreno da marginalidade e da originalidade, reservado até então ao cinema independente, começava a interessar Hollywood. John Schlesinger dirigiu um filme sobre a prostituição masculina, *Perdidos na noite**, em 1968, com Dustin Hoffman. O diretor, bancado por Hollywood, pesquisou no terreno do cinema underground nova-iorquino, fazendo contato com Warhol e Paul Morrissey e disposto a engajar algumas "superstars" da Factory. Ele chegou a pedir para Warhol fazer o papel de um cineasta underground numa cena do filme. O filme saiu em 1969 e recebeu o Oscar de melhor filme em 1970.

Andy Warhol foi amargo:

> Eu sentia o mesmo ciúme pensando em *Midnight Cowboy* que quando tinha visto *Hair* e percebido que as pessoas que tinham dinheiro se apoderavam dos temas do underground e da contracultura e os restituíam com um tratamento comercial bom e muito polido; o que nós tínhamos a oferecer no começo, quero dizer, era um conteúdo novo e mais livre, e um olhar sobre pessoas reais. Mesmo que nossos filmes não fossem tecnicamente sofisticados, pelo menos até 1967, o underground era o único lugar onde o público podia ouvir falar de temas proibidos e ver cenas realistas da vida moderna. Mas agora que Hollywood e Broadway se apoderaram desses mesmos temas, as coisas ficaram um pouco confusas: antes a escolha era entre o preto e o branco, agora é entre o preto e o cinzento.[30]

O tempo do degelo moral havia chegado, e trazia consigo o fim dessa vanguarda artística. Restavam apenas as

* *Midnight Cowboy* é o título original.

desvantagens da censura para os filmes underground. O cinema independente estava em guerra com toda a polícia de costumes. Jonas Mekas programava na Cinemateca de Nova York filmes que desafiavam abertamente as leis de censura, como *Un chant d'amour*, de Jean Genet, que datava de 1950. É verdade que o sucesso de filmes como *Chelsea Girls*, de Andy Warhol, ou *Blow Up*, de Michelangelo Antonioni, em 1966, provocou uma diminuição do rigor das leis que regulamentavam a censura. Mesmo assim, os filmes de Warhol continuavam sendo sistematicamente censurados e, na melhor das hipóteses, classificados como X, sendo projetados num cinema pornô escondido na cidade.

Nos últimos anos, Andy Warhol havia investido toda sua energia artística na aventura cinematográfica. E seus amigos do universo pictórico acabaram por não considerá-lo mais um pintor. Quando Henry Geldzahler foi nomeado curador para os Estados Unidos na Bienal de Veneza, em 1966, ele não selecionou nenhuma obra de Warhol. Escolheu particularmente Ellsworth Kelly e Roy Lichtenstein. Quando Warhol tomou conhecimento disso, foi, apesar de todas suas declarações, um choque. Ainda mais porque Henry Geldzahler não ocultava suas reservas sobre a orientação das atividades de Warhol, segundo ele difusa: ele havia parado com a pintura e ainda não sabia fazer filmes que fossem "verdadeiramente cinema".

Em maio de 1968, a *Esquire*, célebre revista de tendências, fez sua capa com Andy Warhol. Foi George Lois, um dos publicitários mais influentes de sua geração, quem criou essa capa – e criaria 92 para essa revista. Nela se vê Andy Warhol afogando-se numa lata de sopa de tomate Campbell. O título não pretende ser ambíguo, mas cômico, e anunciava: "The Final Decline and Total Collapse of the American Avant-Garde".*

* "O declínio final e colapso total da vanguarda americana."

Tentativa de assassinato "feminista" em 3 de junho de 1968

*I never fall appart because I never fall together.**[1]
ANDY WARHOL

Na primavera de 1968, surgiu a oportunidade de um novo começo para a Factory. O edifício que abrigava a Silver Factory ia ser demolido, era preciso desocupá-lo. Isso caiu como uma luva para Warhol. Suas atividades estavam um pouco hipertrofiadas, talvez. A nova Factory deixaria aberta a possibilidade de ele relançar sua carreira artística. Andy sentia que precisava do novo, e que a escolha do próximo lugar era determinante:

> Mesmo que eu não soubesse exatamente o que queria, sabia que não queria me limitar exclusivamente ao cinema, queria fazer de tudo ainda, e não podemos nos desenvolver horizontalmente em escritórios, ao passo que num loft é possível. Meu estilo consistia mais em esticar que em me elevar. Para mim, a escala do sucesso era muito mais para os lados que propriamente vertical.[2]

Paul Morrissey achou o lugar ideal para uma nova Factory no sexto andar de um prédio na West Union Square, 33, de frente para uma praça, no sul de Manhattan. Mudança de decoração. Mudança de atmosfera? Warhol confirma:

> Sentia-se que essa mudança *downtown* não era apenas uma mudança de endereço, e, sobretudo, que "o período prata" havia terminado por completo, que nós nos dedicaríamos agora ao branco. E, além disso, a nova Factory não era um lugar onde as antigas farras poderiam se reproduzir. Apesar de a sala de projeção estar mobiliada com sofás, equipada com um som estéreo e uma televisão, apesar de haver também um lugar para se repousar, as grandes escrivaninhas

* "Eu nunca me desintegro porque nunca me integro."

na entrada, até a saída do elevador, sugeriam que se passava alguma coisa que era da ordem dos negócios, e que estava fora de questão vadiar.[3]

Billy Name ficou com o grupo, mas desta vez ele não se interessou pela decoração. Fred Hughes começava a assumir as rédeas. E, além disso, o Max's Kansas, o bar e cantina amalucados do mundo que povoava a Factory, agora ficava a uma rua dali. No Max, eles continuaram a fazer diabruras. No lugar de trabalho, não mais.

Warhol desejava, sem dúvida, diversificar. Mas o cinema não o largava. Ele antes o fazia sonhar. A partir de 1967, Warhol tentou dirigir e produzir um cinema erótico mais comercial. Seu primeiro filme nesse filão – que nos Estados Unidos se intitulou "sexploitation" – foi *I, A Man*. Warhol pensava em filmar com dois artistas principais idolatrados pela juventude, Nico e Jim Morrison. Jim Morrison, porém, se fez substituir por um amigo ator, Tom Baker. O cantor dos Doors havia aceitado no início, contudo. Por que teria recuado? Pela perspectiva de filmar cenas de nu, eróticas, sexuais até? Ou ele estava distante demais daquele pequeno círculo underground um tanto narcisista? Em novembro de 1966, os Doors se apresentaram pela primeira vez em Nova York, numa boate que os membros da Factory frequentavam. Quando Gerard Malanga entrou na boate e viu Jim Morrison todo de couro, gritou escandalizado: "Ele roubou o meu visual!".[4] A exclamação pode ter sido cômica. Ou talvez fosse uma expressão da hipertrofia daquele meio nova-iorquino.

Andy Warhol teve que abrir mão de Jim Morrison, portanto. *I, A Man* mostra as tentativas sucessivas de sedução e os assédios sexuais de Tom Baker com oito mulheres diferentes: Cynthia May, Stephanie Graves, Ingrid Superstar, Nico, Ultra Violet, Ivy Nicholson, Valerie Solanas e Bettina Coffin. O filme é entrecortado de sequências em que Baker, pensativo, fuma um cigarro. No penúltimo episódio, Baker tenta o ataque a Valerie Solanas. Ocorre que a participação desta última nesse gênero de filme era paradoxal e bizarra: Valerie Solanas era abertamente homossexual e acabava de publicar, às suas expensas, em 1967 – ano da rodagem do filme –, o *SCUM Manifesto*, em que expunha ideias feministas muito radicais, promovidas por uma associação que ela havia fundado e da qual era o único membro, a "Society for Cutting Up Men", "Associação para Cortar Homens em Pedaços". A sociedade que Valerie Solanas pregava era uma sociedade que teria "suprimido o sexo masculino" porque o "macho é um acidente biológico", uma "mulher defeituosa"[5], como explicita logo no início o pequeno opúsculo. A única arma capaz de instaurar essa sociedade de mulheres viris seria a violência, como diz muito claramente o opúsculo: "SCUM evitará sempre se deixar prender e se deixar condenar. SCUM agirá por baixo, furtiva e sorrateiramente (mas os assassinatos da SCUM serão sempre conhecidos como tais). Assassinatos e destruições serão realizados com discernimento, de maneira seletiva. SCUM é contra sublevações confusas e histéricas, sem objetivos reais, que são com frequência fatais aos do seu próprio campo. [...] SCUM perseguirá sua presa friamente, na sombra, e matará com a maior calma".[6]

Ali estava, portanto, Valerie Solanas num filme de Warhol. Ela, homossexual radical e militante, partidária de um ativismo violento, revoltada contra os homens e a exploração sexista da imagem da garota sexy à qual Warhol se devotava completamente. Perto do fim de sua cena, Baker, a personagem masculina que tentara em vão alcançar seus fins com ela, diz-lhe em desespero de causa, "O que é que você tem na cabeça pra não gostar dos homens?" A pergunta, no contexto, soa de uma maneira particularmente discrepante. Aquela situação era improvável e muito corrosiva.

Nos créditos, Warhol escreveu errado o nome de Valerie Solanas, que ficou "Valeria Solanis" – essa é a razão porque se encontra nos artigos de imprensa da época essa ortografia incorreta. Valerie Solanas, após o lançamento do filme numa única sala em Nova York, em 24 de agosto de 1967, enviou uma carta a Andy Warhol, controlando sua cólera, para lhe dizer com muita polidez que seu nome havia sido grafado de maneira incorreta, o que ela só havia notado ao ler na imprensa, e ela lhe pediu então que considerasse a boa ortografia e fizesse a correção. Warhol não corrigiu os créditos.

O filme foi projetado no ano seguinte na Cinemateca-16 de Los Angeles. Ele não sairia de uma estreita confidencialidade.

A origem desse estranho encontro é a seguinte: Valerie Solanas havia enviado a Andy Warhol, em 1966, um roteiro: *Up Your Ass* ["Vão dar o cu"]. Andy não respondeu. Ele chegara a exprimir publicamente sua surpresa diante de um roteiro cuja crueza e violência o haviam desconcertado. Ele chegou a colocar em dúvida a identidade daquela Valerie Solanas: "Nos perturbam sempre, os tiras aparecem por aqui o tempo todo persuadidos de que fazemos coisas monstruosas, nada mais falso. As pessoas às vezes tentam nos enredar: uma garota ligou para cá e queria me propor um roteiro intitulado *Up Your Ass*. Eu achei o título excelente, e fui amável o bastante para convidá-la a trazê-lo até aqui, mas ele era tão repugnante que eu achei que ela era uma policial. Não sei se ela era sincera ou não [...]. Imagino que estava convencida de que aquilo era um troço ideal para Andy Warhol".[7] Após essa recusa, Valerie Solanas quis recuperar seu roteiro. Ela telefonava regularmente, sem sucesso. Warhol acabou por lhe dizer que o havia perdido. Quando ela quis pedir dinheiro a título de compensação, ele lhe propôs atuar em *I, A Man* e a pagá-la por sua atuação. Foi assim que ela entrou no filme "erótico" de Warhol.

Em 3 de junho de 1968, Valerie Solanas passou logo depois do meio-dia pela (nova) Factory. Disseram-lhe que Andy só chegaria mais tarde, por volta das dezesseis horas. Ela o esperou do lado de fora, diante da West Union Square, 33. Estava estranhamente vestida para um dia tão quente de fim de primavera: com pulôver de gola rolê e casaco de inverno. Andy Warhol chegou com um amigo, Jed Johnson.

Eles tomaram o elevador para o sexto andar com Valerie Solanas. Warhol especifica que qualquer coisa mais estranha que as suas roupas o choca, e sua atenção se concentra em detalhes inesperados: "Olhando-a mais de perto, vi que ela havia maquiado os olhos e colocado batom".[8]

O elevador dava direto na Factory. Fred Hughes, o gerente, e Paul trabalhavam no mesmo recinto. Mario Amaya, crítico de arte, esperava Andy Warhol para lhe falar de um conceito de exposição. Andy Warhol caminhou para a escrivaninha onde estava Paul, que lhe estendeu o telefone. No momento em que Warhol largava o aparelho, um disparo o atingiu. Valerie Solanas, que ficara atrás dele, segurava um revólver e fez um segundo disparo. Andy Warhol desabou no chão. Ela se aproximou e atirou uma terceira vez e ele "senti[u] uma dor atroz, realmente atroz, como se uma pequena bomba houvesse explodido [nele]".[9]

Não era a primeira vez que Andy, ou aquilo que ele representava, era tomado como alvo. Em 1964, uma mulher de trinta e poucos anos, Dorothy Podber, vestida de couro preto, entrou na Silver Factory armada com um revólver e foi até quatro retratos de Marilyn, arrumados um sobre o outro de encontro a uma parede. Ela atirou e fez um furo em cada um. Então sorriu para Andy, que assistia a cena, e voltou para o elevador. Suas serigrafias se tornaram as *Shot Red Marilyn* e foram vendidas no fim dos anos 80 por preços extraordinários. Dessa vez, Andy não foi visado fisicamente.

Uma foto tirada por Stephen Shore em 1966 produz hoje um efeito perturbador, porque parece antecipar o atentado de 3 de junho de 1968. Essa foto preto e branco tirada na primeira Factory mostra uma garota (Diana Hall), lindamente trajada com um vestido de verão de riscas bem cortado, apontando um revólver (prateado) para a cabeça de Andy Warhol, que está vestido com uma blusa de marinheiro, sentado numa cadeira, conversando com outras pessoas, e de costas para a garota com o revólver.

Em 3 de junho de 1968, tiros verdadeiros foram disparados, ferindo gravemente Andy Warhol. Era a antevéspera do atentado mortal contra Robert Kennedy, em plena campanha eleitoral para a eleição presidencial americana, marcada para novembro daquele ano, atentado que enlutou o país.

Após atirar em Warhol, Valerie Solanas, achando certamente que havia alcançado seu objetivo, virou-se e atirou em Mario Amaya, que foi ferido na anca. Em seguida, ela mirou Fred Hughes, que corria para ajudar Warhol. Mas, por uma sorte incrível, Valerie Solanas o poupou. Ela tomou o elevador e partiu. Algumas horas depois, ela se entregava à polícia, que encontrou em sua casa dois revólveres de calibres diferentes, um deles o calibre 32 com o qual ela quase conseguira assassinar Warhol.

Após os disparos, Andy Warhol ficou banhado em sangue, e desmaiou rapidamente. Duas balas calibre 32 tinham atravessado seu estômago, seu fígado, seu baço, seu esôfago, seus dois pulmões. A ambulância chegou à West Union Square, 33, e levou Warhol mais morto do que vivo. Durante vários dias, não se sabia se ele sobreviveria aos ferimentos. Em 4 de junho de 1968, o *New York Daily News* exibia a manchete "*Actress Shoots Andy Warhol*"*, e o *New York Post* anunciava: "*Andy Warhol Fights For Life*".** Valerie Solanas, então detida, insistiu em convocar a imprensa para retificar um erro: ela não era atriz, mas escritora.

Dez dias depois, as duas principais porta-vozes do movimento feminista americano, Ti-Grace Atkinson e Florynce Kennedy, da célula nova-iorquina da Organização Nacional das Mulheres, deram uma coletiva à imprensa na qual fizeram de Valerie Solanas uma porta-voz incontestável do feminismo. Antes do fim do ano de 1968, o *SCUM Manifesto* encontrava um editor, Maurice Girodias, da Olympia Press, e um prefaciador, Paul Krassner. Alguns anos mais tarde, em 1972, trechos

---

* "A atriz atira em Andy Warhol."

** "Andy Warhol entre a vida e a morte."

de seu manifesto figuravam com destaque numa importante antologia organizada por Robin Morgan: *Sisterhood is Powerful*. E o *SCUM Manifesto* se tornou uma espécie de livro cult em alguns círculos politizados. E *Up Your Ass* teve também um destino: foi representada no teatro pela primeira vez em 2000, em São Francisco, e no ano seguinte em Nova York.

Retomada? (1969-1974)

P. M.: Não é um espanto? Hollywood vem para cá fazer um filme sobre um gigolô da Rua 42, e nós fizemos o nosso em 1965 [My Hustler].
A. W.: Como está o Dustin [Hoffman]?
P. M.: Oh, ele está muito bem...
A. W.: E o Jon Voight?
P. M.: Ele também está muito bem...[1]

Diálogo entre Paul Morrissey e Andy Warhol

O estado de Andy Warhol foi considerado crítico durante vários dias, mas ele sobreviveu. Coberto de cicatrizes, ele saiu do hospital em 28 de julho de 1968 como uma nova criatura do Dr. Frankenstein. Testemunha disso são as fotos Polaroid que ele mesmo tirou e, magistralmente, seu retrato com a cabeça cortada, realizado com Richard Avedon em 1969.*

"No mês de setembro, eu tinha voltado ao trabalho."[2] Como se não houvesse nada? Será que ele retomaria normalmente ao trabalho no ponto em que o havia interrompido?

Andy quis mostrar uma imagem inalterada; seus impulsos de rapaz voyeur permaneciam os mesmos, tão compulsivos como antes: "Eu estava tão guloso de pornografia que na primeira vez que saí de casa após o atentado", lembra-se Warhol complacentemente, "corri para a Rua 42, conferi os novos *peep-shows* e me reabasteci de revistas pornográficas".[3] Ele apenas saíra do hospital... A obsessão sexual continuava intacta. E sua vontade de continuar a produzir ou dirigir filmes "originais" também persistiu aparentemente.

Antes do atentado, Warhol e Morrissey, instigados pela superprodução hollywoodiana *Perdidos na noite*, tinham começado um novo filme: *Lonesome Cowboys*. O filme,

---

* Há vários enquadramentos desse retrato. O enquadramento com o rosto de Warhol é cativante pelo pavor que o olhar exprime. E o enquadramento que corta a cabeça de Warhol é igualmente cativante porque permite ver melhor ainda, talvez, as incríveis cicatrizes.

rodado em Tucson, Arizona, conta a história de um grupo de vaqueiros homossexuais cuja unidade é ameaçada pela chegada à cidade de um jovem belo e espirituoso. O desejo desencadeia rivalidades no interior do grupo. Desencadeia também a brutalidade furiosa quando os membros do grupo descobrem que o recém-chegado começou um caso com uma moça da cidade, Ramona (interpretada por Viva). Esse tema da violência se exprime numa cena de estupro coletivo do qual Ramona é a vítima. A moça está nua, enquanto todos os vaqueiros permanecem vestidos. Ninguém sai em sua ajuda. Por fim, o rapaz que desencadeou essas rivalidades e violências vai embora da cidade com um dos membros do grupo. Para a Califórnia.

Andy Warhol queria decididamente concluir esse filme. Ele chegou às raias da obstinação. "Quando eu me levantei e pude caminhar pela casa, pedi os copiões de *Lonesome Cowboys*. Horas e horas da mesma cena. Eu trabalhava com um projetor e uma pequena mesa de montagem, cortando trechos inteiros aqui e ali para chegar a uma duração padrão de duas horas."[4] Não que Andy Warhol estivesse se resignando a assinar um filme convencional, o filme é tudo menos convencional. A história é original e, se assim se pode dizer, perversa. Warhol queria terminar esse filme, em parte para continuar sinalizando a existência da Factory frente a Hollywood, que começava a se interessar por temas até então deixados ao cinema independente, e, em parte, porque terminar a montagem do filme era uma maneira de retomar um pouco o controle após semanas de ausência durante as quais Paul Morrissey dirigiu um filme em seu próprio nome, com os atores da Factory.

Paul Morrissey dirigiu *Flesh* ["Carne"] enquanto Warhol estava no hospital. A história se passa em Nova York, em 1968. O espectador segue o itinerário marginal de Joe (Dallessandro), prostituto italiano bissexual de dezoito anos, casado e pai de família. O filme é cadenciado pelos programas de Joe, que quer juntar duzentos dólares para financiar o aborto da melhor amiga de sua mulher: ele cruza lésbicas rivais, transexuais interessados e amigos possessivos (que são igualmente clientes)... O filme também tem uma dimensão sentimental: Joe ama todas essas pessoas que vivem nas margens e nas profundezas da sociedade.

A realização de *Flesh* é um ponto de virada na história da Factory. Warhol passaria progressivamente para Morrissey a direção dos filmes. Essa passagem foi considerada positivamente por uns – que viam nisso uma maturidade cinematográfica enfim atingida – ou negativamente por outros – que viam nisso precisamente o sinal de um distanciamento irremediável em relação à inspiração warholiana (artística) original. Uma inspiração especial emprestava aos filmes autenticamente warholianos uma simplicidade formal e uma originalidade de tom transgressoras, desconcertantes, e finalmente fascinantes. Jonas Mekas faz parte da segunda categoria. Ele considerou que a passagem do facho para Paul Morrissey marcava o começo da decadência (cinematográfica) da Factory. Em janeiro de 1969, ele exprimiu publicamente sua opinião sobre *Flesh*: "Eu me impressiono que se possa tomar esse filme como uma obra de Andy Warhol. *Flesh* é o equivalente a qualquer livro de sex shop, ele não tem nada de especial, nenhum valor estético ou estilístico. Num filme de Warhol, mesmo quando o ator interpreta, tem-se a impressão de se estar diante de um pedaço da vida real. Num filme de Morrissey, mesmo quando o ator é natural, ele parece fazer comédia".[5]

Como se para demonstrar essa diferença, Warhol escreveu e dirigiu um filme na sequência: *Blue Movie* – seria o último desse filão, a quintessência do que Warhol queria fazer no cinema. Dois atores, um apartamento, uma câmera, uma tarde. O filme foi rodado numa tarde de outubro com Viva e Louis Waldon, na casa de David Bourdon, em Greenwich Village. "Blue movie" é a expressão americana para designar um filme pornográfico. O filme de Warhol mostra um casal num quarto, fazendo amor, se deleitando na cama, conversando, ternamente, compartilhando uma verdadeira intimidade. Eles tomam banho no fim do filme. Farão eles ali realmente o que nos "outros" filmes normalmente só se simula? Eis o que Andy Warhol afirma cruamente nas páginas finais de *Popismo*, como se esse fosse seu desejo do que guardariam do filme: "Eu sempre quis fazer um filme de pura foda, nada mais, assim como *Eat* consistira somente de ver alguém comer, e *Sleep*, alguém dormir".[6] Antes de decidir chamá-lo *Blue Movie*, Warhol o chamava simplesmente *Fuck*. No entanto, devido à qualidade dos planos, cujo estilo não descamba para a crueza, o filme de Warhol é menos "filme pornográfico" que um filme sobre o gênero do filme pornográfico, ou um filme narrando um filme pornográfico. Viva faz da câmera outro parceiro do jogo, dirigindo-se diretamente a ela, e dando a essa relação (com o espectador) uma importância no mínimo tão grande quanto a que tem com seu parceiro. Falando para a câmera, ela descreve seu papel e suas exigências. *Blue Movie* é um filme que mistura ação e comentário da ação. Seria talvez, no espírito de Warhol, o primeiro filme pornográfico para o "grande público". Ele se convencera progressivamente de que a hora não era mais da pudicícia, como os novos temas das superproduções hollywoodianas indicavam. As coisas haviam progredido. O público devia estar maduro para seu *Blue Movie*. Após *Perdidos na noite*, Warhol se decidiu a mostrar em salas de cinema esse último filme em julho de 1969.

Evidentemente, uma semana depois, o filme foi censurado e retirado de cartaz. Evidentemente, assim como *Perdidos na noite*, que provocou escândalos por toda parte onde foi distribuído. Em Atlanta, o cinema que o projetava foi evacuado, a cópia do filme confiscada, e os espectadores fotografados pela polícia. Dos filmes de Warhol, apenas *Chelsea Girls* foi um verdadeiro sucesso tanto comercial quanto de crítica.

Uma divisão dos papéis na Factory se imporia, contudo. Com ela, inaugurava-se um período de ruptura para Warhol. Seu nome só aparecia esporadicamente, como produtor dos filmes de Paul Morrissey. Warhol ficou impressionado com o sucesso, em 1969, de *Sem destino,* o filme de Dennis Hopper no qual Jack Nicholson faz seu primeiro grande papel. Esse filme foi importante porque marcou o nascimento de uma inesperada terceira via entre Hollywood e o cinema independente underground nova-iorquino: a "Nova Hollywood".[7] "O que tornava *Sem destino* tão novo era a maneira de abrir o estilo hollywoodiano, de fazê-lo sair e de colocá-lo na estrada"[8], analisava Warhol. Mas justamente esse reconhecimento vinha acompanhado de uma dúvida: Andy duvidava seriamente que esse estilo "desenvolto" pudesse alcançar um verdadeiro sucesso, atingir um público de fato popular. Essa dúvida o encorajava a continuar defendendo e explorando o estilo "Factory", deslocado, ousado, irônico, *camp*. Warhol encorajava, pois, Morrissey, homem sempre colérico, especialmente nessa época em que Hollywood começara a se apoderar de seu território – o sexo e as drogas. Ele ficava exasperado com o lado romântico e chique que esta unia ao tema da marginalidade contemporânea.

Era preciso continuar, portanto. *Flesh* iria se desmembrar. Seria a primeira parte de uma trilogia. *Trash* (1971), com Joe Dallessandro e Holly Woodlawn, um ator/atriz drag-queen que conhecia bem os extremos e dificuldades da marginalidade*, que constituíam sua atração principal. O cenário é sempre Nova York, mas dois anos depois. Joe se tornou viciado em heroína, ladrão e impotente. Ele abandonou a prostituição, mas continua em luta com desejos fantásticos de uns e de outros. A sociedade que o rodeia está um pouco na mesma descida que ele. Seus problemas de dinheiro se agravaram bastante depois do filme anterior. Sua amante transexual (Holly Woodlawn, que fez uma atuação cômica de primeira ordem) tem a ideia de um subterfúgio para receber a assistência social. Segue-se *Heat* (1972), a última parte da trilogia: pode-se ver aí uma metáfora social de traços deliberadamente exagerados, que, por exemplo, ilustraria de maneira grotesca a dificuldade de um indivíduo ser livre na sociedade moderna sem afundar na marginalidade e nas drogas. Mas *Heat* pode ser interpretado também como uma metáfora do artista em busca de si mesmo e de reconhecimento. Nessa terceira obra, Joe aproximou-se do lugar onde se alimenta o fantasma: a Califórnia, Hollywood.

---

* Ele/Ela publicou uma autobiografia intitulada *The Holly Woodlawn Story: A Low Life in High Heels,* Nova York, St. Martin's Press, 1991 ("A história de Holly Woodlawn: Uma vida baixa de salto alto").

Ele fez um pouco de televisão. Fez um pouco de canto, mas o serviço militar truncou sua carreira... À espera de um hipotético contrato com seu agente de Los Angeles, ele se instala num motel repleto de artistas. Joe conhece Jessie, a filha drogada bissexual de Sally Todd, atriz célebre e rica, mas que está perdendo a vitalidade. Ela o apresenta à sua mãe, da qual ele se torna amante. *Heat* poderia perfeitamente passar por um *Crepúsculo dos deuses* underground, com vitríolo. Os filmes da trilogia de Morrissey foram acolhidos com entusiasmo, particularmente na Alemanha. Eles também foram um sucesso comercial de público e crítica nos Estados Unidos. Assim, em Nova York, *Trash* foi apresentado em pré-estreia no Cinema II, uma sala de cinema muito na moda no Upper East Side.

Andy fazia turnês de promoção, felicitava-se pelo sucesso desses filmes e esperava lucrar com eles para fazer contrato, enfim, com Hollywood. Atraída pelo barulho e o sucesso dessas novas produções, a "Major" Columbia os trouxe a Los Angeles após ter encomendado um roteiro. O trabalho e o estilo da Factory seriam reconhecidos por Hollywood? As discussões emperraram. Hollywood continuava a ser um horizonte fugidio. E houve ainda anos incertos, esperanças reavivadas e depois frustradas, "sim-não, acordo-não acordo"[9], segundo a expressão de Warhol. Mas Warhol ainda não desistira.

Ele tinha um motivo pessoal para não desistir. Esse cinema, arrebatado e feroz, lhe dava uma ocasião para acertar certas contas. À sua maneira; melhor dizendo, de maneira irônica e distante. Embora Warhol tenha tido apenas um envolvimento artístico distante com a trilogia dirigida por Morrissey, ele pareceu se envolver mais num filme hilariante que deixou muitos críticos perplexos. A filmagem começou na primavera de 1970, e o filme foi exibido em Nova York no início de 1972, após muitas peripécias – interrupções de filmagem e de montagem, alterações no roteiro, na direção dos atores, hesitações sobre o título: *Sex* (Warhol teria certamente gostado que todos seus filmes se chamassem *Sex*), *PIG's* – a sigla para *Politically Involved Girls** –, depois, finalmente, *Women in Revolt*. Em plena onda da reivindicação liberadora, gay, lésbica, feminista, Warhol intervinha. *Women in Revolt* mostra três mulheres engajadas em graus diversos na contestação feminista e em diversos estágios de sua "libertação" (a inocente, a convencida e a prosélita radical), e Warhol quis que essas três mulheres fossem interpretadas por travestis: Candy Darling, Jackie Curtis (os dois em pleno processo de transexualização) e Holly Woodlawn. O filme oferecia a ocasião para uma reflexão sobre a "feminilidade"? Warhol faria de fato valer a ideia seguinte na sua *Filosofia*: "Os travestis são o testemunho vivo do que as mulheres gostariam de ser, do que certas pessoas querem ainda que elas sejam, e do que certas mulheres querem ainda ser. Os travestis são os arquivos ambulantes da feminilidade ideal de estrela de cinema".[10]

Entretanto, *Women in Revolt* não era exatamente uma homenagem. Nem às drag-queens, nem às feministas. Andy Warhol tinha um olhar severo e era duro na crítica. Ele mostrava sem escrúpulos os ridículos e as fraquezas. Ele gostava de dizer que era realista. Isso certamente indica que ele não gostava muito dos idealistas. Apesar de ser fascinado pelo fenômeno do travestimento e da transexualidade, ele não hesitava em sublinhar o aspecto por vezes monstruoso do processo de mudança de sexo:

> Quando Jackie estava entre duas águas, ele era realmente desagradável. Ele começou a tomar hormônios em 1968, e naquele verão, quando Paul o filmava com Candy em *Flesh*, ele estava no meio dessa insólita passagem do homem para a mulher, mas sempre muito muito longe tanto de um como da outra. Suas sobrancelhas eram depiladas, e ele aplicava toneladas de maquilagem, mas isso não ajudava: a barba despontava, e ele tinha marcas, pequenos botões vermelhos, pelo que se podia perceber que ele fazia eletrólise. No entanto, o aspecto mais desconcertante de uma mudança de sexo não tinha nada a ver com a aparência, mas... com a *voz*. No caso

* "Garotas politicamente engajadas". O jogo de palavras que a sigla cria é violento porque *pig* designa, em inglês, "porco".

de Jackie, ele se aplicava em fazer o que a maioria dos homens faz quando quer falar como uma mulher: abaixava a voz até o murmúrio. Seja como for, o fato é que as vozes sussurradas jamais tornaram as drags mais femininas, isso as fazia parecer apenas mais desesperadas.[11]

Candy Darling era uma exceção, desse ponto de vista, esforçando-se muito para parecer tão feminino. Mas, justamente, Candy Darling era excepcional, único. Então, como interpretar a escolha de Warhol de fazer travestis, sobre cujo "gênero" não havia nenhuma dúvida, para representarem personagens de mulheres feministas? Seria uma provocação deliberada? A hipótese é mais que plausível. Afinal, Warhol sofrera com o acesso de loucura de uma feminista radical. De mais a mais, ele não gostava muito dos idealismos. Como ele próprio dizia: "Eu adoro todos os movimentos de liberação, porque, após a liberação, tudo que havia constituído uma mística se torna compreensível e aborrecido, e mais ninguém se sente rejeitado se está fora do que se passa".[12] Ele não era "contra" o feminismo, salvo se ele fosse violento e terrorista, e muito abertamente antimasculino – perfila-se uma linha de oposição possivelmente frontal entre o movimento gay e o movimento lésbico.

Women in Revolt é com certeza um panfleto. Mas é também um elemento perturbador que vem confundir as ideias sobre os gêneros sexuais "naturais", sacudir as categorias bem estabelecidas, as distinções habituais e as tensões ideológicas. Muito antes do surgimento dos "gender studies" nos Estados Unidos e do livro-chave *Problemas de gênero*, de Judith Butler, publicado nos Estados Unidos em 1990.

No entanto, Warhol abandonava progressivamente o cinema. É bem verdade que houve, no verão de 1973, uma tentativa empolgante em Cinecittà. Lendária. Warhol e Morrissey conseguiram arrecadar financiamentos ingleses, italianos e franceses, num total de 600 mil dólares. Eles surpreenderam os produtores rodando dois filmes em seis semanas: uma versão warholiana de *Frankenstein* e outro filme de um tema familiar: *Drácula*. Warhol estava em Roma com toda a sua turma. Roman Polanski emprestou-lhe sua casa de verão, na Via Appia. Warhol prova o turbilhão mundano que a Itália atrai no verão: estrelas de cinema americanas e italianas, grandes estilistas, astros de rock. Nesse mesmo verão, ele deu a réplica a Liz Taylor na filmagem de *The Driver's Seat*. Ele não será mais cortado na montagem e, como recompensa, será o confidente de Liz, que o convidará com frequência a seu trailer. Dessa vez, ele transpôs uma etapa, cruzou a fronteira que o separava do "mundo das stars". Em 6 de agosto daquele ano, Andy festejava seus 45 anos.

Mas isso não mudou em nada a desconfiança que Hollywood tinha de Warhol. Depois do sucesso de *Trash*, Morrissey resolveu se retirar da distribuição de todos os filmes de Warhol do primeiro período.[13] Mas isso não teve nenhum impacto, e eram os filmes que haviam atraído o reconhecimento de Warhol pelo círculo do cinema independente.

Seu cinema, ao qual ele havia consagrado todos aqueles anos, não teve o destino que ele esperava. Foi uma constatação amarga: "Eu sempre me dizia que nossos filmes, povoados de pessoas estranhas e engraçadas, eram excepcionais, e não compreendia por que os grandes estúdios não vinham nos ajudar".[14] Não foi por falta de empenho: o "Andy Warhol Film Project", que criou o Whitney Museum[15] alguns meses antes da morte do artista, enumera mais de 650 filmes com a participação de Andy Warhol, como diretor, produtor, colaborador artístico, montador, cinegrafista. Mesmo os livros que ele publicava tinham alguma relação, talvez, com o desejo de cinema. É o que Andy afirma a respeito de *A Novel*, publicado pela Grove Press no fim de 1968, a partir de uma retranscrição do monólogo "anfetaminado" de Ondine – performance de 24 horas gravada em 1965 –, outro testemunho sobre a vida da Factory. "Tudo que eu queria era que alguém de Hollywood comprasse os direitos para que pudéssemos ver atores muito belos, como Troy Donahue e Tab Hunter, fazendo nossas personagens."[16] Nenhum produtor jamais comprou os direitos desse livro, nem, aliás, o de algum outro assinado por Andy Warhol.

Em maio de 1971, entra em cartaz uma comédia grotesca num teatro situado na Rua 4 Leste, La Mama Experimental Theater. O espetáculo chamava-se *Andy Warhol's Pork* e explorava as incontáveis fitas magnéticas do tempo da Silver Factory, entre elas muitas gravações de conversas entre Andy Warhol e Brigid Berlin, vulgo Polk. Segundo o diretor, Anthony Ingrassia, Warhol veio procurá-lo com uma peça em trinta atos que montada sem cortes teria durado duzentas horas. Ele adaptou então o texto. As personagens da peça eram facilmente identificáveis: havia um certo Billy *Noname*, um certo Pall (Morrissey), uma certa Vulva (interpretada por um travesti), uma certa Amanda Pork (que passeia de torso nu, e simula se masturbar ruidosamente com um chicote), e há um certo B. Marlowe, personagem voyeur de costas, sentada numa cadeira de rodas, que tira às vezes fotos Polaroid dos fanáticos que tentam desesperadamente chamar sua atenção. A finalidade da operação para Warhol seria fazer uma incursão no campo teatral para ampliar suas atividades? Seria essa caricatura sua despedida de todo o seu círculo dos anos 60?

Isso porque, a partir de 1970, Warhol dispensou todos.

Billy Name, após se trancar durante um ano no laboratório fotográfico da Factory, presa de um delírio astrológico, partiu um belo dia de primavera de 1970, deixando um bilhete para Andy: "*Andy I am not here anymore but I am fine. Love, Billy*".* Gerard Malanga também saiu da Factory alguns meses depois, em novembro. Sua relação com Andy vinha se deteriorando desde 1968. Gerard, por falta de dinheiro, havia tentado vender falsas serigrafias de Warhol. Andy não lhe permitiu, porque as vendas de sua pintura sentiram isso. Tratava-se, aliás, de sua fonte de renda mais importante. Warhol era de fato seduzido e tentado pela mistificação. Assim, ele declarou à imprensa, em 1969, que fora Brigid Polk que fizera todas as suas pinturas. O rumor se espalhou. Os

* *Popisme* termina com a evocação dessa partida, e a transcrição do bilhete deixado por Billy Name: "Andy, não estou mais aqui, mas estou bem. Com amor, Billy".

colecionadores começaram a ligar para a Factory, temendo estar em posse de obras de Polk e não de Warhol. Ele teve de se retratar publicamente para tranquilizar os colecionadores. No entanto, não havia nenhum risco real, pois não havia desta vez nenhum trabalho falso, diferentemente do episódio com Gerard Malanga. A razão oficial da saída de Gerard Malanga foi um desacordo com Paul Morrissey, que supervisionava a orientação da última mídia nascida na Factory em 1969: *Inter/VIEW**, uma revista de um novo gênero. Malanga e Morrissey se desentenderam sobre essa orientação: seria um órgão de vanguarda cultural underground? Ou uma revista de glamour? Morrissey recusou-se terminantemente a criar uma rubrica consagrada à poesia, como desejava Malanga. Este deixou a Factory definitivamente.

Mas Paul Morrissey já estava com o tempo contado. Quando, em setembro de 1974, a Factory se mudou de novo, para um local ainda maior e mais seguro, na Avenida Broadway, 860, um pouco além da Union Square, Paul Morrissey não tinha mais escrivaninha. E não teria mais nenhuma função na nova empresa Warhol, em cujo topo reinava agora um triunvirato: Warhol, Fred Hughes, o diretor, e Vincent Fremont, o vice-diretor, secretário e tesoureiro. Warhol havia conhecido Fred Hughes em 1967, por intermédio dos ricos colecionadores e mecenas de Houston, Texas, John e Dominique de Menil, que Warhol conhecia desde o início dos anos 60. Fred Hughes, oriundo ele próprio de Houston, havia trabalhado inicialmente para a Fundação Menil antes de se interessar de perto pela Factory e ali fazer carreira. Vincent Fremont começou a trabalhar na Factory em 1969, primeiro como datilógrafo ocasional, antes de se ocupar da produção audiovisual. Em 1974, a Andy Warhol Films Inc. só existia para acertar as questões de direitos relativas à exploração dos filmes que Paul Morrissey e Andy Warhol haviam feito juntos. Warhol considerava que Paul sempre tivera boas ideias, mas que ele deixara-se prender por esquemas, ideias preconcebidas, por sua frustração e sua

* A grafia do título seria modificada três anos depois para *Interview*.

cólera. Faltaria-lhe finesse? Seja como for, ele parecia não apreciar muito a veia humorística de Warhol, parecia achá-la vazia. Em dezembro de 1970, numa entrevista, ele declarou: "Sobre cada tema, a opinião fundamental de Warhol, quando ele a tem, é humorística. Quando não se tem opinião, resta o refúgio do humor".[17] Tamanha divergência de pontos de vista levou inevitavelmente ao fim de sua colaboração.

Com a saída de Billy Name, de Gerard Malanga e, quatro anos mais tarde, de Paul Morrissey, a fauna da Factory havia sofrido um expurgo espetacular. Nada de superstars, nada de personalidades marginais, nada de *freaks*.

O expurgo se estendeu ao círculo íntimo. Andy mandou sua mãe de volta para Pittsburgh em 1970. Sua saúde havia piorado. Ela perdera o juízo, não era mais verdadeiramente responsável. Andy havia percebido isso durante sua permanência no hospital em 1968:

> Ela não podia ficar sozinha, certamente, depois que adquiriu o hábito de deixar entrar qualquer pessoa que batesse à porta dizendo que me conhecia. Qualquer jornalista teria podido ir lá e falar com ela e, se não houvesse ninguém para impedir, ela lhe teria proposto uma visita completa, o teria feito escutar minhas fitas magnéticas, e teria organizado um casamento, comigo, se fosse uma mulher, ou com uma de minhas sobrinhas, se fosse um homem.[18]

Andy até então, até o atentado, tinha conseguido verdadeiramente separar a Factory – e a vida pública – e a casa da Avenida Lexington – e a vida íntima com sua mãe; era ele que escolhia, de vez em quando, misturar as duas coisas, como em alguns de seus filmes em que se vê sua mãe, mas na maior parte do tempo, ele garantia que esses universos ficassem estanques. O atentado impediu-o de continuar comandando a relação entre esses dois mundos. O confronto seria abrupto, sem preparação, o que foi para ele um motivo de consternação, de humilhação até:

> Logo após o atentado, Gerard fora buscá-la em minha casa para trazê-la ao hospital e, naquela primeira noite, ele a acompanhou com Viva até a casa. Depois, num certo momento, eu ouvi que a Duquesa [Brigid Berlin] também tinha ido à minha casa, visitar minha mãe, o que nutriu sonhos terríveis.[19]

Andy estaria exprimindo aí um complexo social? Andy teria, na verdade, vergonha de sua mãe? Ou queria preservar a mãe de seu ambiente experimental, nocivo e decadente? O apego de Julia ao filho era, contudo, extraordinário. Ela tinha vivido dezoito anos com ele em Nova York, acompanhando da sombra sua ascensão e suas experimentações, cercando-o de cuidados maternais. Ela se desesperava ao vê-lo só, como sugeriu em uma de suas últimas entrevistas: "Tudo bem para mim se ele se ligasse para sempre ou se casasse com um dos rapazes [...] Talvez ele tivesse um bebê, quero dizer, um pequeno Andy".[20] Não haveria outro "pequeno Andy" e Julia iria morar com seus outros filhos, primeiro com John, depois com Paul, o mais velho, antes de ter um sério ataque de apoplexia. Os irmãos a puseram então numa casa de repouso. Ela morreu alguns meses depois, em 22 de novembro de 1972.

Andy não compareceu ao enterro. E não falou da morte da mãe.

Warhol mudou-se em 1974. Ele saiu da casa na Avenida Lexington, na qual vivia com Julia desde 1960. Fred Hughes assumiu a casa, enquanto o terceiro pilar da nova Factory, Vincent Fremont, assumia o apartamento de Fred situado perto Union Square, na Rua 16 Leste. Hoje, a casa da Avenida Lexington, 1.342, está à venda. Nenhum sinal particular. Nada indica que Julia Warhola morou nessa casa com seu filho, Andy Warhol, durante mais de dez anos.

Warhol comprou com dinheiro vivo uma casa luxuosa com uma entrada de colunata branca, de tijolos cor de salmão, na Rua 66 Leste, 57, entre a Avenida Madison e a Avenida Park. Ele permanecia no Upper East Side, mas a casa era mais central, a alguns quarteirões do Whitney Museum. Ele se instalou na nova casa com Jed Johnson. Andy havia reencontrado

Jed em 1967. Este chegara recentemente de Minnesota com o irmão gêmeo, Jay. Andy ofereceu-lhe um pequeno trabalho na Factory. Depois, rapidamente, Jed ajudou Andy a fazer a montagem de suas produções. Ele cuidou de Andy durante sua convalescença em 1968. Acompanhante? Amante? Amigo? Ou simples decorador da nova casa? Jed Johnson de fato se encarregou da decoração da nova casa. Andy reservou para si algumas peças para guardar suas compras diárias. Quanto ao resto, ele declarava laconicamente numa entrevista de 1973, quando lhe perguntaram sobre "[su]a família", [sua] vida amorosa, [suas] aspirações românticas, [su]a vida sexual: "Não tenho nenhuma delas".[21]

Andy Warhol havia mudado de mundo, de universo, de atmosfera. Ele evoluía cada vez mais exclusivamente no mundo do dinheiro, no mundo da alta roda. Fred Hughes encorajou essa mudança segundo seus gostos e suas próprias conveniências. Mas Warhol gostava dos loucos, dos originais, das pessoas não convencionais. Durante esse período de transição, ele se sentiria dividido, separado de uma parte do que lhe trazia inspiração? É a constatação que ele parecia fazer: "Eu sempre adorei estar com pessoas de ar estranho ou que pareciam loucas, eu me nutria delas, de verdade, mas agora fico apavorado com a ideia de elas sacarem um revólver e atirarem em mim".[22] Mas, ao renunciar a essa sociedade de que ele não obstante gostava, ele disse ter medo de perder sua criatividade porque "no fim das contas, elas realmente lhe inspiravam desde 1964".[23] Será que poderia continuar sem elas?

Andy Warhol se fazia essas perguntas em *Popismo,* que apareceu em 1980; em outras palavras, Andy Warhol teve certamente dúvidas alguns anos mais tarde. Na época de sua convalescença e durante os anos que se seguiram, ele foi dominado principalmente por um medo visceral. Alguns meses após o atentado, em dezembro de 1968, Valerie Solanas, libertada sob fiança, voltou a importunar Warhol. Ela foi mais uma vez prontamente detida e condenada a três anos de prisão. Mas Warhol tinha medo. E continuou tendo medo.

Ele estava traumatizado e ainda mais corroído pela angústia por saber que os *freaks* o conheciam melhor que ninguém. Ele seguramente tinha a impressão de ter se tornado um alvo ambulante. Sua notoriedade havia aumentado consideravelmente após o atentado. Essa satisfação para ele, a quem nada era mais agradável do que abrir um jornal ou revista e ler o seu nome entre outros nomes conhecidos, era ansiogênica. Ele se sabia muito exposto, como toda personagem pública, como o assassinato de John Lennon em Nova York se encarregou de lembrá-lo alguns anos mais tarde, no dia 8 de dezembro de 1980. Warhol atravessou a década de 70 com essa consciência angustiante, como o indicam dois parágrafos eloquentes de sua *Filosofia*, publicada em 1976:

> Recebo o tempo todo cartas de malucos. Acho que devo figurar num arquivo de malucos.
> Sempre tenho medo, quando malucos fazem alguma coisa, que eles a refaçam vários anos depois sem se lembrar de que já a fizeram – e imaginem que estão fazendo alguma coisa absolutamente nova. Atiraram em mim com um revólver em 1968 – essa foi, portanto, a versão 1968. Mas sou obrigado a me perguntar: "Será que alguém não vai querer fazer um *remake* dos anos 70 da minha fuzilaria?". Trata-se de outro gênero de fanatismo.[24]

Está claro que o tom de Warhol, nessa metade dos anos 70, não é nostálgico nem de lamento pela companhia dos loucos. Mas Warhol se viu mergulhado no silêncio. A jactância constante, hirsuta, cômica e crua dos marginais, ou a tagarelice improvável e um pouco doida de sua mãe haviam sido substituídas pelas conversas convencionais das pessoas em questão. Agora, alguns recém-chegados à Factory tinham o encargo implícito de encher as orelhas de Warhol de boatos, rumores, histórias, bisbilhotices, mexericos, como Bob Colacello, que foi o redator-chefe da *Interview* de 1973 a 1982.

O tom não era mais a logorreia amalucada, mas mexericos sobre ricos e famosos. As entrevistas publicadas pela revista eram transcrições de gravações de conversas realizadas livremente entre os entrevistadores e celebridades. Essa técnica libertava do formalismo da entrevista convencional.

O gravador substituía doravante a câmera. Mas Warhol não arquivava somente milhares de horas de som, ele também fotografava tudo com sua Polaroid Big Shot e sua filmadora Minox EL. A imagem não ia desaparecer de seu universo. Pelo contrário, a imagem havia ganhado mais importância. Ela havia se tornado crucial para captar a verdade. Warhol havia se afastado um pouco mais da vida, mas estava igualmente um pouco mais perto, pois para ele a sensação da vida não era outra coisa senão uma percepção estética, como se o seu espírito fosse uma tela de projeção. A tentativa de assassinato havia consolidado esse ponto de vista em Warhol, testemunho de uma sensibilidade real, mas deslocada, como que desconectada, desencarnada. As primeiras linhas do capítulo intitulado "Trabalho", de sua *Filosofia*, são inequívocas:

> Antes de atirarem em mim, eu sempre pensei que estava meio presente em vez de por inteiro – sempre desconfiei que assistia à televisão em vez de viver a vida. Às vezes se diz que as coisas se produzem de maneira irreal no cinema, mas é na vida que as coisas nos chegam de maneira irreal. O cinema provoca emoções tão fortes e tão verdadeiras, que quando alguma coisa nos ocorre realmente é como se nos víssemos na televisão – nós não experimentamos nada. Pouco antes de ser metralhado, e depois disso, eu compreendi que assistia à televisão. Muda-se de canal, mas é sempre a televisão.[25]

A bizarrice de Warhol se radicava nessa insensibilidade, ou sensibilidade fora da norma, como a consequência de um processo de insensibilização. Ele parecia de fato ter um tempo diferente, muito lento e desconectado dos outros ritmos, como se fosse uma personagem fantástica. Essa relação estranha com a afetividade lhe permitia ver tudo, e querer tudo ver e tudo fixar em imagem. Como em 1972, na Factory, Neke Carson, então um jovem artista, fez o retrato de Andy Warhol com um pincel enfiado entre as nádegas num espírito de escárnio em relação à *body art*, então em franco progresso. Andy Warhol posou durante quarenta minutos para Neke Carson, este com os cabelos semilongos, de suéter e uma cueca balouçante separada pelo pincel atrás. Andy assistia o progresso de seu retrato graças a uma ginástica improvável da parte do artista, que estava de costas para a sua tela. Andy, atento e inexpressivo, tirou fotos Polaroid durante toda a sessão, enquanto a cena era filmada.

Andy não havia rompido com o modelo da máquina. Ao contrário, esse modelo era mais estruturante do que nunca. O ruído da Factory, agora limpa, era o ronronar de uma máquina que nunca havia parado de funcionar, que não cessava de produzir, que era tranquilizante.

> Agora, quando torno a pensar nisso, imagino que toda a atividade mecânica é que era meu grande truque na Factory durante aquele período. Eu mesmo talvez fosse perturbado, mas os ruídos dos telefones, das campainhas, das objetivas das máquinas fotográficas, dos flashes, o som da mesa de montagem Moviola e os diapositivos estalando nos projetores e, sobretudo, a máquina de escrever e as vozes que saíam do gravador para ser transcritas... todas essas coisas me acalmavam. Eu sabia que o trabalho continuava mesmo que não tivesse a menor ideia do resultado que teria.[26]

O trabalho. Eis a realidade que o levou a perseverar apesar da necessária ruptura com o passado. Esse tema era uma constante nele, porém: "Eu trabalho, isso é tudo. Produzir coisas. Permanecer ativo. Acredito que é a melhor coisa da vida: permanecer ativo".[27]

Em 1972, Warhol havia retomado a pintura. Com uma retrospectiva que abriu em maio de 1970 e que viajou do Museu de Arte Moderna de Pasadena ao Museu Whitney de Nova York, ele levou ao limite o princípio das séries de serigrafias, superpondo-as. Ele reiniciou sua produção com retratos. Alguns eram encomendados. Outros não, como a série dos retratos de Mao que foi exposta pela primeira vez no Kunstmuseum da Basileia, em outubro e novembro de 1972, e em Paris, no Museu Galliera, em fevereiro e março de 1974.

Sua atividade permanecia, contudo, horizontal e diversificada. Assim, ele criou a capa do álbum mítico dos Rolling Stones de 1971, *Sticky Fingers*, aquela capa que, tendo um zíper, permite despir os membros do grupo. Essa diversificação tinha um denominador comum: a busca do Dinheiro e da Celebridade, à qual seria consagrada a década seguinte.

Gente

Warhol se aproximou, conheceu, conviveu com Roy Lichtenstein, Robert Rauschenberg, Claes Oldenburg, James Rosenquist, Salvador Dalí, Marcel Duchamp, Gilbert e George, Yoko Ono, Joseph Beuys, Peter Beard, Francis Bacon, Jean-Michel Basquiat, Keith Haring, David Hockney, Cindy Sherman, Robert Mapplethorpe, David LaChappelle, Richard Avedon, Truman Capote, Allen Ginsberg, Norman Mailer, Tennessee Williams, William Burroughs, Mick Jagger, Keith Richards, Bob Dylan, Lou Reed, Nico, Jim Morrison, Leonard Cohen, John Lennon, Paul McCartney, Ringo Starr, Elton John, John Cage, Patti Smith, David Bowie, Dolly Parton, Diana Ross, os Beach Boys, Brian Ferry, Barbra Streisand, Barbara, Cher, Madonna, Michael Jackson, Sting, Boy George, Miles Davis, Leonard Bernstein, Rudolf Nureyev, Mikhail Baryshnikov, Merce Cunningham, Robert Wilson, Dennis Hopper, Troy Donahue, Peter Fonda, Liz Taylor, Jodie Foster, Liza Minnelli, Brian Jones, Montgomery Clift, Ryan O'Neal, Raquel Welch, Bette Midler, Marisa Berenson, Ingrid Bergman, Jack Nicholson, Isabella Rossellini, Arnold Schwarzenegger, Don Johnson, Warren Beatty, Anjelica Huston, Faye Dunaway, Gérard Depardieu, Catherine Deneuve, Marcello Mastroianni, Tatum O'Neal, Diane Keaton, Paul Newman, Tony Curtis, Liv Ullmann, Kirk Douglas, Robert De Niro, Roger Moore, Tom Cruise, Shirley MacLaine, Ginger Rogers, Lauren Bacall, Dustin Hoffman, Christopher Reeve, Christopher Walken, Ursula Andress, Amanda Lear, Michael York, Carole Bouquet, Yul Brynner, Sophia Loren, Sean Penn, Roman Polanski, Alfred Hitchcock, Bernardo Bertolucci, George Cukor, Franco Rossellini, Federico Fellini, Rainer Werner Fassbinder, Otto Preminger, Milos Forman, Steven Spielberg, Martin Scorsese, Francis Ford Coppola, Paulette Goddard, Chris Evert Lloyd, Olivia Newton-John, O. J. Simpson, Pelé, Mohammed Ali, Valentino, Ungaro, Oscar de la

Renta, Calvin Klein, Estée Lauder, Régine, Paloma Picasso, Yves Saint Laurent, Diana de Furstenberg, Giorgio Armani, Sonia Rykiel, Karl Lagerfeld, o papa Paulo VI, o papa João Paulo II, Henry Kissinger, Jimmy Carter, Nancy Reagan, Ronald Reagan, Jackie (Kennedy) Onassis, Grace de Mônaco, Caroline de Mônaco, o xá do Irã.

Ele nunca conviveu com Pablo Picasso.

Vaidades (1974-1987)

Eu gostaria de ter podido inventar alguma coisa como o blue-jeans.[1]
ANDY WARHOL

Estratosferas sociais, mundanismos oficiais, orgias. Prestígio na alta roda, vertigens da noite.

Andy havia penetrado nas altas esferas da sociedade. Ele havia se tornado membro oficial do jet set internacional. Seu nome se associava agora a várias categorias de celebridades, a diferentes graus de renome: superstars, astros de cinema, lendas, ídolos, vedetes, personalidades em evidência, famílias reais, famílias abastadas, chefes de Estado, primeiras-damas, ministros, papas, embaixadores, altos executivos, modelos, atores, dançarinos, cantores, pintores, fotógrafos, escultores, diretores de cinema, roteiristas, escritores, gerentes de boates. Ele circulava por muitos ambientes. Saía bastante com a mulher do roqueiro mais célebre do planeta*, Bianca Jagger, mulher de enorme elegância, muito sofisticada.

Todos os que tinham algum potencial de exposição midiática interessavam Warhol? Por quê?

Primeiramente, porque isso o divertia e reconfortava. Como o próprio Andy formulou, "uma boa razão para se ser célebre é poder ler as revistas e conhecer todas as pessoas mencionadas nos artigos. Página após página, só há pessoas que você conhece".[2] Isso lhe proporcionava certa satisfação. Uma das funções da revista de Andy, *Interview*, com o subtítulo "The Monthly Glamour Gazette"**, era precisamente garantir essa reverberação, fazer a crônica desse mundinho na moda, complacente e muito narcisista.

Em segundo lugar, circular entre as celebridades é sustentar a própria celebridade, é alimentá-la, proporcionar-lhe

* Mick Jagger e Bianca Perez Moreno de Macias, originária da Nicarágua, casaram-se em maio de 1971. Eles se divorciaram em 1979.

** "A gazeta glamour mensal."

garantias. Em terceiro, tornar-se – e conservar-se – célebre é fazer um desafio, verificar hipóteses; por exemplo, a hipótese de que na maioria das vezes não há nenhuma correlação entre a celebridade (ou o barulho feito em torno) de um indivíduo e a "qualidade intrínseca" desse indivíduo. Andy quer comprovar que, na maioria das vezes, não há verdadeiramente motivo para se ficar impressionado. "Eu não fico impressionado com todas essas pessoas bizarras que todo o mundo acredita célebres, porque sempre tive a impressão de que elas são muito fáceis de encontrar."[3] E Andy, de observar o surgimento de novas categorias de pessoas "içadas às alturas como estrelas". Estamos quase naqueles quinze minutos de glória para todos profetizados no catálogo da exposição que teve lugar no Moderna Museet em Estocolmo de fevereiro a março de 1968.[4] Ali Andy acompanhou as ilustrações de suas obras de aforismos espirituosos e impertinentes, entre os quais figurava o seguinte, conservado para a posteridade: "No futuro, cada um terá quinze minutos de fama."

Esses dois estados – ser célebre/ser anônimo – se tornavam progressivamente ligados e inseparáveis. Pois não chamamos hoje os indivíduos sob os refletores da mídia de *people*, ou, dito de outra maneira, as pessoas? Pessoas, quer dizer, indivíduos no que têm de mais "normal", de ordinário, como se gosta de dizer, ou ainda "pessoas de verdade" – haveria as falsas? "Verdadeiros" ou "falsos", "representativos" ou "caricaturais", esses indivíduos têm como mínimo denominador comum gostar da luz dos refletores, dos rumores em torno de seus nomes, suas pessoas, suas vidas. Embora Andy preferisse as Stars, as verdadeiras, o gravador louco, o cineasta louco teria gostado de filmar tudo, gravar tudo, fotografar tudo para a posteridade, 24 horas por dia. Filmar tudo, gravar tudo, fotografar tudo 24 horas por dia é fazer de cada coisa uma coisa especial (é um fenômeno de escolha), de cada pessoa alguém especial digno da atenção de um espectador, e, ao mesmo tempo, tornar tudo que ocorre banal, porque tudo é igual na onda que passa e que é registrada. Warhol teria justamente gostado de fazer um programa de televisão que se chamaria *Nothing special* [Nada de especial]. Warhol sempre adorou a televisão, sem dúvida pela ideia de cadeia, isto é, de canal oferecendo um fluxo de transmissão possivelmente ininterrupto. Andy Warhol produziu e animou três séries de programas nos anos 80: *Fashion* (1979-1980), transmitido pela Manhattan Cable, *Andy Warhol's T.V.* (1980-1983), transmitido pela Madison Square Garden Network, e *Andy Warhol's Fifteen Minutes* (1985-1987), transmitido pela MTV. Entre 1979 e 1987, Andy Warhol fez um total de 42 programas de TV.

Warhol jamais se impressionava? Não admiraria ninguém porque admirava todo mundo? Há uma foto mostrando Warhol e Hitchcock num momento de conversa visivelmente interessante para ambos.* Curiosamente, Warhol está ajoelhado sobre um tapete, os braços cruzados, aos pés de Alfred Hitchcock, que está sentado numa poltrona, com as mãos cruzadas, muito atento, o olhar cravado em Warhol, e sorrindo. Warhol também está sorrindo. Claramente, há um encanto no ar: Warhol está contente de estar na presença de Alfred Hitchcock, que era certamente um indivíduo singular. Warhol ficava impressionado quando conhecia uma personalidade que considerava inacessível: "Fico muito mais impressionado quando conheço alguém que achava que jamais poderia conhecer, alguém com quem eu imaginava que seria impossível conversar algum dia. Gente como Kate Smith, Lassie, a mãe de Paloma Picasso, Nixon, Mamie Eisenhower, Tab Hunter, Charlie Chaplin".[5]

Além das pessoas, a riqueza, o aparato do poder sempre impressiona. Por ocasião da visita do papa Paulo VI a Nova York em 15 de outubro de 1965, Warhol ficou realmente impressionado: "Recebi uma verdadeira lição de show-business e de estilo pop. Mal você começa a se acreditar célebre, chega alguém que lhe mostra o quanto você é um amador".[6] O relato da "entrevista" com outro papa, João Paulo II, quinze anos depois, em Roma, aprofundou e complicou a lição de relativismo. Esta ocorreu na quarta-feira, 2 de abril de 1980.

* A foto é de Jill Krementz e data de 1974.

"Fred [Hughes] se encheu de empáfia. Ele foi ver os guardas para lhes dizer que nós tínhamos uma audiência privada com o papa, eles riram. Finalmente nos conduziram a nossos assentos, com as outras 5 mil pessoas... Como Fred e eu fomos abençoados, nós nos salvamos."[7] Entre as celebridades, há estrelas de intensidade variável, mais ofuscantes ou menos.

Mas a estratosfera mundana nova-iorquina e o jet set internacional ofereciam, de todo modo, um espetáculo permanente, o bastante para divertir continuamente Warhol. Andy sempre dava um jeito de ficar nos camarotes principais. Ele estava em todas as festas, frequentava as boates da moda, como a Chez Régine, situada muito perto da sua casa, na esquina da Park Avenue com a Rua 59, que abriu em maio de 1976, e a famosa Studio 54, a boate mais badalada de Nova York no final dos anos 70 e começo dos 80, inaugurada em abril de 1977.

Andy Warhol iniciou uma colaboração com um jovem fotógrafo, Christopher Makos, que se tornou uma pessoa próxima. Este fez um dos mais belos retratos do artista, deixando aflorar, palpável, a sensibilidade de Andy Warhol, que passa uma impressão estranhamente doce.[8] Eles deixaram um testemunho dessa vida mundana vertiginosa com a publicação, em 1979, de *Andy Warhol's Exposures**, que contém mais de trezentas fotos de celebridades, de notívagos *rich and famous*. O livro começa com a frase: "Tenho uma doença social. Preciso sair todas as noites". Sua patologia reflete, contudo, a de todos os outros retratados no livro. No meio deste há uma foto em página dupla de dois quadros de crânios contra uma parede da Factory. No centro dessas serigrafias, há um crânio humano, serigrafado a partir de uma foto em preto e branco. Ele está de três quartos de perfil e projeta uma sombra para a esquerda, dramatizada por uma camada de cor que realça o contorno dessa sombra, o crânio pousado sobre um plano horizontal que se distingue do plano vertical denotado por uma camada de cor viva. Warhol realizou uma série de serigrafias de crânios em 1976. É um conjunto de ao menos sessenta

* "Os desnudamentos de Andy Warhol."

peças (telas grandes e pequenas, desenhos, colagens).[9] Essa obra, que mostrava uma singular renovação da pintura de Warhol, não teve praticamente nenhum acolhimento da crítica. Alguns quadros dessa série foram expostos em Colônia, na galeria Heiner Friedrich, e nas galerias de Munique, em 1977 e 1978. Nenhum foi jamais exposto em Nova York durante a vida do artista. Ironia do destino para quem tinha um senso de vaidade no fim dos anos 70. Tudo era vaidade. Como ele escreveu em sua *Filosofia*, "os anos 70 são muito vazios".[10] *Vanitas vanitatis*.

O carrossel mundano girava em torno de um impensado: a morte, inevitável. Andy Warhol, que levava certa dianteira dos outros nesse ponto, se encarregava de lembrá-lo com um *Memento Mori* à sua maneira. Notadamente, ao se instalar no centro de todas as cenas midiatizadas, ele, pálida figura aturdida, inseparável de sua máquina fotográfica e de seu gravador. Nas fotos mundanas em que aparecia, ele se assemelha a uma aparição, presente e ausente. Como um repórter vindo de fora, sempre voyeur, mas de uma maneira velada e difratada pela consciência das outras objetivas, pela consciência de ser um alvo. Seu modo de aparecer sempre comportara uma distância, sinalizando a consciência de uma exposição que põe a nu a fragilidade da existência, e seu caráter extremamente fugidio. *Fuga temporum.* Essa lucidez se juntava à constatação bíblica na Gênese: "És pó e ao pó retornarás".[11]

Mas esse pó, no trabalho do artista, torna-se o pó de diamante. Warhol iniciou, em 1978, as séries conhecidas pelo nome de *Shadows*, serigrafias de formatos e motivos diversos, feitas a partir da ampliação de fotos de sombras estendidas. Andy Warhol fez uma subsérie em 1979, intitulada *Shadows II*, com o mesmo princípio, utilizando cores vivas e pó de diamante. Brilho da superfície. O resultado é enigmático, a representação é abstrata com a exploração das formas de sombras e a instalação em série dos painéis alternando motivos muito próximos e cores diferentes, com dominantes de preto que ocupam geralmente o alto dos painéis, enquanto, de maneira indefinidamente repetida, formas de cores similares tentam romper a escuridão. Em janeiro de 1979, Warhol expôs na galeria Heiner Friedrich, de Nova York (hoje o Dia Center For the Arts), uma série de suas *Shadows*, exposição financiada pela Lone Star Foundation. A exposição mostrava, segundo Warhol, "uma pintura em 83 partes". Este é o texto que ele redigiu para a exposição:

> Cada painel tem 131,1cm x 193cm. É sempre o mesmo, exceto pela cor. Eu chamo essas pinturas *Sombras* porque elas são feitas a partir da foto de uma sombra feita em meu escritório. São serigrafias que retrabalho como pintura.
> Comecei a trabalhar nelas há alguns anos. Trabalho sete dias por semana. Mas trabalho com mais eficiência no fim de semana, porque durante a semana as pessoas têm o hábito de passar para conversar.
> A(s) pintura(s) não pode(m) ser comprada(s). A Lone Star Foundation é proprietária delas.
> Alguém me perguntou se era arte, e eu disse que não. Vocês entendem, a música na soirée do vernissage era disco. Acho que isso faz dessas pinturas uma decoração disco.
> Essa exposição será como as outras. As críticas serão ruins – minhas críticas sempre são ruins. Mas os relatos da soirée serão fantásticos.[12]

A sombra da noite caía sobre a cidade. Nova York votava um culto à vida noturna. Uma cidade de noctívagos. Definindo-se naqueles anos uma espécie de etos do *nightclubbing*, com quantidades extraordinárias de cocaína que inundavam as ruas e os locais da noite nova-iorquinos. A cidade mudou depois desses anos explosivos, em que a insegurança fazia parte da experiência urbana, em que o Bowery Boulevard no sul da cidade ainda era sinistro e pobre, onde os mais novos se deixavam apadrinhar pelos mais velhos para entrar na Studio 54, na Xenon, na Chez Régine, logo mais na Tunnel, outra boate nova-iorquina que ficou gravada nos anais da onda festiva e frenética. Warhol com frequência fazia entrar jovens nessas boates, que eram inacessíveis se a pessoa não estivesse na "lista". Ele adorava estar cercado de "*kids*" (garotos), segundo sua expressão, jovens de vinte anos. E ficaria rodeado por jovens de vinte anos até o fim de sua vida, como Jon Gould, Sam Bolton – que foram os últimos companheiros de vida de Warhol –, acompanhando-o aos antiquários, às butiques de luxo, aos leilões, aos restaurantes, aos bares, às festas e às boates.

A esse frenesi noturno particularmente nova-iorquino que Warhol avalizava com sua imagem circulando por todos os lugares associou-se nesses anos uma nova cena literária nova-iorquina. Os membros dessa nova onda eram todos muito jovens quando seus primeiros romances atraíram uma certa notoriedade. Entre eles, figuravam Tania Janowitz com *Slaves of New York* (1986) e *A Cannibal in New York* (1987), Bret Easton Ellis com *Abaixo de zero* (1985) e Jay McInerney com *Bright Lights, Big City* (1984). Este último livro reconstrói o ambiente elétrico e tóxico de Nova York no início dos anos 80, a vida noturna na qual vivia toda uma parte da população de Nova York, onde os gays e os heterossexuais, as celebridades e os desconhecidos se misturavam em lugares escuros até o amanhecer. Uma noite feita de trânsito de boate em boate, como a descrita no seguinte trecho de *Brilho da noite, cidade grande:*

> – Vamos agitar?
> – Vamos aonde?
> – Ao coração da noite, onde ainda há pó pra cheirar, copos pra entornar... Por falar em droga, cê tem o quê? Sacode a cabeça? Nem um mísero gramazinha pro teu pequeno Tad?
> – Sinto muito.
> – Nem mesmo um espelho pra lamber?
> – Não estou te escondendo nada.
> Tad vai até o espelho veneziano. [...] Ele lambe sua superfície.
> – Tem alguma coisa aí em cima.
> – Poeira.
> – Tem mais coca nessa poeira – diz Tad com um estalo de língua – que na porcaria que vendem lá fora. Todos aqueles chapados, à força de espirrar, isso acaba rendendo.[13]

Evidentemente, essas boates eram regularmente o alvo de batidas policiais, das "stup". Os gerentes e proprietários da Studio 54 estavam sob vigilância. Eles foram hostilizados, presos por posse de droga, indiciados, condenados a um ano e meio de prisão e 20 mil dólares de multa. Saíram após treze meses de detenção. Era 1980.

Os *Diários* de Andy Warhol, publicados após sua morte por Pat Hackett, sua colaboradora mais íntima em seu trabalho escrito*, relata, de maneira extraordinariamente detalhada, esse mergulho. Essa imersão total nesse mundo dourado e frenético, saturado de ruídos de festas, de representações, de poses, de preocupações com a roupa, de nomes de cremes de beleza, de cirurgia plástica, de o que vão dizer, de você-viu-quem-está-lá, de maledicências. Esse excesso causa de fato a impressão de que Warhol padecia de uma "doença social".

Andy Warhol teria perdido seu lado subversivo, *camp* e underground, para se tornar o palhaço da alta sociedade? Teria se tornado um clown triste? Um bufão patético? Como uma figura de cera sorridente, e ridícula, ele fazia aparições por toda parte. Fez uma aparição no 200º episódio da série *Love Boat*, transmitida pela televisão em outubro de 1985. Num dos restaurantes favoritos dos nova-iorquinos, The Odeon, na

---

* Pat Hackett conheceu Andy Warhol três meses após a tentativa de assassinato de Valerie Solanas, quando ela ainda era estudante na Barnard School da Universidade Colúmbia, em Nova York. Ela foi datilógrafa na Factory da Union Square. Depois, uma colaboração estreita se estabeleceu, consistindo para ela especialmente de "gestar" uma linguagem própria de Andy. Houve *Ma philosophie de A à B*, lançado em 1975, cuja forma valorizava a ideia de colaboração, de diálogo, de trabalho em comum e coletivo para realizar uma obra, uma ideia cara a Warhol. Pat Hackett tomava nota. Isso constituiu o material para seus *Diários*, publicados postumamente. Ela também colaborou na autobiografia de Warhol dos anos 60. *Popismo* saiu em 1980. Em seu prefácio aos *Diários*, Pat Hackett ressaltou o quanto Andy Warhol fora uma pessoa respeitosa às outras pessoas, jamais condescendente, sempre interessado pela opinião alheia, e muito polido. "Nunca ouvi ninguém dizer 'obrigado' com mais frequência que Andy, e pelo som de sua voz, sentia-se sempre que ele pensava assim. 'Obrigado' foi a última palavra que ele me disse" *(Diários, op. cit.*, p. 13). Brigid Berlin, a mais velha amiga de Warhol, e Bob Colacello colaboraram também em alguns livros, como *Andy Warhol's Exposure.*

Broadway, 145, Oeste, em Tribeca, há, entre as imagens de fritas e hambúrgueres, uma fotografia de Andy Warhol diante do restaurante, braços nas costas, peruca platinada despenteada e jaqueta tipo perfecto, com um ar levemente contrafeito. Essa foto ilustra a página "Vintage", ou "suvenir, suvenir". O controle da sua imagem já lhe escapava?

Em 30 de outubro de 1985, ele foi vítima de uma humilhação pública quando estava na livraria Rizzoli, no Soho, sentado a uma mesa autografando exemplares de seu último livro, *America*. De repente, uma mulher se precipitou sobre ele, arrancou-lhe a peruca e a atirou para um cúmplice que fugiu correndo, enquanto ela era imobilizada. Andy não se mexeu; ele teve a sorte de estar com uma capa com capuz, que colocou o mais rápido que pôde sobre a cabeça exposta. Deixaram a mulher ir embora sem problema. Andy recusou-se a prestar queixa. Seu pior pesadelo se realizara. "Foi realmente chocante", contou ele no seu diário. "Fui ferido cruamente. Fisicamente."[14] Andy ficou tão chocado que não conseguiu "falar disso ao seu diário" (a Pat Hackett) de imediato. Ele esperou vários dias antes de fazer o relato. Momento traumático e patético:

> Não sei o que me impediu de empurrá-la por cima da balaustrada. Ela estava tão bonita e bem-vestida. Acho que a chamei de vaca, ou coisa assim. Mas, tudo bem, estou pouco me lixando – se ele publicar uma foto, tanto pior. Havia tanta gente com máquinas fotográficas! Talvez essa ganhe a capa da *Détails*, não sei. Se eu tivesse batido na moça, *eu* é que teria agido errado, teria sido perseguido e logo em seguida.[15]

Andy sabia se controlar. Isso fazia parte de sua natureza e da imagem que havia fabricado para si.

No entanto, seu controle das coisas e das pessoas havia se desgastado ao fim dos anos 70. Ele não era mais o centro da criação artística contemporânea, como havia sido durante os anos 60. Ele sofria de uma obsolescência forçada, decidida por críticos de arte e do mundo da arte que se obstinavam a confinar sua obra aos anos 60, a seu período pop. Não se fazia grande caso das novas criações do fim dos anos 70 e começo dos anos 80, não obstante novas, persistentes, numerosas. Ignorou-se ou passou-se em silêncio por várias de suas séries, *Skulls* ["Crânios"], *Torsoes* ["Torsos"] (anatomias a escalpelo graças aos enquadramentos, focalizando o olhar sobre detalhes de corpos), *Shadows,* suas *Oxidation Paintings,* ou *Piss Paintings* (realizadas com a urina dos visitantes da Factory sobre telas cobertas por tintas reativas a esse contato), suas *Zeitgeist,* ou suas impressões de arquitetura. Não se interessou no sentido possível do retorno das Mona Lisa, quase invisíveis sobre aquelas novas telas brancas (*Sessenta e Três Brancas Mona Lisa*), nem no das Marilyn em negro, numerosas e de luto (*Cento e Cinquenta Marilyn em preto, branco e cinza*). Não se interrogou mais, tampouco, sobre o sentido provável das pinturas chamadas *Camouflage,* que apareceram no último ano de sua vida. Essas telas apresentam motivos de camuflagem associados aos uniformes de militares em emboscada tendo que se dissimular do olhar do inimigo. Não o levavam a sério. Talvez um pouco mais na Europa: os *Skulls* foram expostos na Alemanha e sua última exposição, "The Last Supper", foi em Milão. Em compensação, nos Estados Unidos, em Nova York, sua cidade de adoção, ele era esnobado. De modo que, após sua morte, quando uma retrospectiva foi organizada no MoMA, em 1989, foi um verdadeiro choque, como o indica o número extraordinário de artigos de jornais que falaram sobre o acontecimento: o grande público descobria com um novo olhar o trabalho colossal do artista.

No início dos anos 80, só se queria conservar seu trabalho de retratista "mundano". Desde o início dos anos 70, ele fazia retratos em serigrafia a partir de fotos Polaroid devidamente escolhidas entre umas cinquentas, sempre um pouco superexpostas, com belas cores saturadas. Os retratos eram de formato invariável: um metro por um metro, e, sobretudo, na maioria das vezes, feitos sob encomenda. Com algumas exceções: os Mao são os mais célebres, mas ele também fez retratos de sua mãe em 1974. Ele tinha ali, de todo modo, uma técnica temivelmente eficaz, e um conceito que vendia bem. Ganhou rios de dinheiro com essa "série" indefinida, que produziu até sua morte. Entre cinquenta e cem retratos sob encomenda por ano desde 1970.

Os outros artistas o desprezavam por isso. Por seu gosto pelo dinheiro com o qual se confundia seu gosto por frequentar o jet set, que lhe fornecia clientes potenciais. Estaria sacrificando seu gosto e seu talento de artista nisso tudo? Warhol seria um Fausto contemporâneo? Andy Warhol queria criar, produzir. De maneira intransitiva. Sem parcimônia. Sem se colocar como objetivo final a Arte, que não passa de uma ideia geral, melhor dizendo, vazia. Warhol reivindicava para si, com toda certeza, o status de "*business artist*"; dizia que ganhar dinheiro era arte.* Ele nunca deixou de defender essa posição, como nesta que seria sua última entrevista, feita um pouco antes de sua última exposição, em janeiro de 1987:

> – E sobre sua transformação de artista comercial em verdadeiro artista?
> – Eu sou sempre um artista comercial. Sempre fui um artista comercial.
> – Então, o que é um artista comercial?
> – Não sei – alguém que vende arte.
> – Então, a maioria dos artistas é comercial, é uma simples questão de grau.
> – É o que eu penso.[16]

Mas a tenacidade com que Warhol fazia o jogo do mundanismo, dos "ricos e poderosos", para se divertir, se jactar e enriquecer ia além da compreensão de muitos e não atraía simpatia.

---

* Um capítulo inteiro da sua *Filosofia* é dedicado ao tema do dinheiro, o capítulo 9, que segue o capítulo consagrado à morte. O capítulo 6, consagrado ao trabalho, se estende sobre a ideia de que ganhar dinheiro (com seu trabalho, sua arte) faz parte desse trabalho, de sua arte: "A arte dos negócios é a etapa que sucede à Arte. Comecei como artista comercial e vou terminar como artista de negócios. [...] Eu queria ser um 'business man da arte', ou 'artista de negócios'. Fazer bons negócios é a arte mais fascinante. Durante a era hippie, as pessoas desprezavam a ideia de negócios – elas diziam 'O dinheiro é nocivo' e 'O trabalho é nocivo', mas ganhar dinheiro é uma arte, trabalhar é uma arte, e os bons negócios são as mais belas-artes." (*Ma philosophie de A à B et vice versa, op. cit.*, p. 79)

E eles acreditaram poder julgá-lo moralmente. Foi precisamente isso. Sem dúvida não o consideravam um "mau artista". Mas com certeza o consideravam, nos meios artísticos e intelectuais, infrequentável, em outras palavras, imoral, interesseiro, viciado, ideologicamente pouco recomendável. Capitalista, em uma palavra. Susan Sontag sintetiza essa posição de viés, e, com frequência, de rejeição, adotada pela intelligentsia e pelos defensores de certa concepção idealista e aristocrática da arte: "A percepção irônica de Warhol excluía essa noção capital, a indignação. Ele jamais poderia dizer: 'É terrível, isso não deveria ser possível', o que realça uma atitude capitalista. Andy considerava o xá do Irã encantador e divertido. Era fascinante para ele conhecer um chefe de Estado. Mas ele não conseguia se perguntar se era uma boa pessoa ou não. 'Não quero me envolver com esse gênero de problemas', dizia. 'Essa questão me aborrece.' Ora, uma questão não é aborrecida quando nos provoca sentimentos".[17] Pode-se, contudo, colocar a questão de saber se a indignação pode ter efeitos positivos. Não se trata de um sentimento confuso, triste e estéril?

Em 1974, Warhol se rejubilou de fato por ter sido convidado a tomar chá no Carlyle com Imelda Marcos, a mulher do presidente Marcos, ditador das Filipinas. Ele esperava uma encomenda de retratos que poderia se multiplicar com a decoração de alguns escritórios da administração filipina. Sua tentativa não teve êxito, contudo. Em 1977, nova tentativa, desta vez bem-sucedida: Warhol fez o retrato da mulher do xá do Irã, Farah Pahlavi. Em dezembro de 1981, Nancy Reagan foi capa da *Interview*. Warhol cortejava as cortes europeias, inglesa, monegasca, holandesa, saía à caça da encomendas de retratos. Saberia ele que estava tomando às avessas a condenação de Pascal sobre a pintura: "Que vaidade a da pintura que atrai admiração pela semelhança com coisas cujos originais absolutamente não admiramos"?[18] O que ocorre, de fato, quando os "originais" tomados como modelos são "admirados"? O julgamento de vaidade recai sobre eles?

Warhol observava, irônico, sem se indignar. Essa falta de indignação, essa igualdade de humor, lhe permitia ser um fino observador. Ele não deixava de observar, de maneira sutil, o absurdo das situações e a cegueira das pessoas. Por exemplo, ele anotou em seus *Diários*, em 6 de setembro de 1978: "Era o dia em que eu pretendia partir para o Irã, e aí a guerra civil começou. Os Hoveyda* estavam bem bronzeados, em plena forma. Sra. Hoveyda disse que não sabe nada do que se passa no Irã, seu marido não quer lhe contar nada. Ele declara: 'Se as coisas estivessem tão ruins, eu estaria aqui sentado esta noite?'."[19] Andy Warhol considerou essa questão e suas circunstâncias suficientemente interessantes para retê-las na profusão do que se passara com ele naquele dia, sem nenhuma necessidade de acrescentar comentários. Warhol acompanhava a História. Em 9 de abril de 1979, ele anotou em primeiro lugar nos seus *Diários*: "O irmão de Fereydoun Hoveyda, primeiro-ministro do xá, foi enforcado durante o fim de semana".[20] No dia 19 de abril de 1979, ele prosseguiu: "Obrigado a ir ao serviço religioso em memória do irmão do embaixador Hoveyda executado no Irã. Táxi para Riverside Drive (dois dólares e cinquenta). Todo mundo estava lá. Nós tiramos os sapatos. Havia um tapete no meio da peça, ninguém queria andar em cima porque era como andar sobre o corpo, mas não havia corpo. Música iraniana. Era como o melhor dos coquetéis, mas sem as bebidas".[21]

Pode-se perfeitamente estar no burburinho do mundo sem ser mistificado.

Quando Andy Warhol começou, a arte, segundo ele, estava em declínio. O artista estava prestes a ser substituído por técnicas mecânicas de reprodução. E ele começou a fazer concorrência à máquina, em seu terreno. E venceu, em certo sentido. A situação parece ter mudado bastante: "Isso pegou de tal maneira", comentava Warhol em 1987, "que todo dia abrem

---

* Trata-se de Fereydoun e Gisela Hoveyda, o irmão e a cunhada do último primeiro-ministro do Irã sob o regime do xá. Fereydoun Hoveyda era então o embaixador do Irã na ONU.

uma nova galeria. Há muito mais artistas, o que é realmente bom".[22] Mas, então, como se destacar? Que fim levara a ideia de excelência e raridade na arte? Tudo se equivalia? Apenas a consagração do mercado de arte fornecia um critério para reconhecer a "qualidade" de um artista? Quanto mais artistas, mais galerias, mais se altera a noção de artista. Era como se milhares de artistas novos tivessem, cada um, seus quinze minutos de fama. A cada ano, a cada seis meses, havia um novo artista do ano. Como continuar? Como durar?

Durar, para um artista, era uma dificuldade nova, pós-moderna. No fim dos anos 70, Warhol havia se engajado num combate titânico e trágico contra a obsolescência. Combate perdido em seu tempo. Andy Warhol era considerado ultrapassado, um *has been*. Ele foi atraído naturalmente, portanto, pela ideia do vazio. Porque somente o vazio se opunha absolutamente à ideia de uma obra acabada, mensurável, enumerável, passível de avaliação. Fazer uma obra que fosse como um imenso espaço vazio. "*Acredito mesmo nos espaços vazios*, mas, como artista, faço muitas porcarias".[23] Os quadros que ele pinta são essas "porcarias", quando não estão à altura do vazio, aliás, tão vertiginoso quanto ele. Ele sentia que havia uma grande dose de injustiça no desprezo pela sua pintura, mas sentia também que a pintura oferecia meios limitados para fazer concorrência ao vazio. Então ele multiplicava as estratégias para escavar, esvaziar o espaço. Paradoxalmente, Warhol esvaziava o espaço ocupando-o. Um projeto iniciado em 1974, quando a Factory se mudou pela terceira vez, encarna esse desafio lançado ao tempo e ao espaço. Esse projeto chamou-se *Time Capsules*, as "cápsulas de tempo". Vincent Fremont descreve a origem e o espírito desse projeto à guisa de homenagem ou de *memorabilia* em *Andy Warhol. The Day The Factory Died* ["O dia em que a Factory morreu"].[24] Ele dividia um escritório com Andy Warhol na terceira Factory, a da Avenida Broadway, 860. Andy nunca gostou de jogar fora alguma coisa. A mudança sugerira a Andy colocar em caixas tudo que ele não queria jogar fora. Essas caixas, ao pé da escrivaninha de Warhol, eram as *Time Capsule*s e eram seladas tão logo eram enchidas, com a data na parte de cima da caixa e as iniciais "T. C.". Essas caixas continham correspondência pessoal, convites para vernissages, coquetéis etc., e folhas de jornais, de revistas, fotografias de diferentes épocas. Causou espanto essa mania sistemática por um artista que havia declarado expressamente não querer deixar nada atrás de si. Mas, precisamente, essa técnica de arquivamento direto neutralizava a dimensão pessoal, biográfica e "degradável" dessas "relíquias". Acumular tudo segundo um procedimento sistemático invariável permitiu-lhe não deixar nada atrás de si.

Para instalar o vazio pelo transbordamento, Andy multiplicava as atividades: pintura, negócios (venda de suas obras, compras compulsivas de colecionadores), publicidade (como criador e como figurante), televisão, escultura conceitual. Em 1985, ele inaugurou na boate Area uma "Escultura invisível": sua localização era sinalizada por um pedestal branco e um cartaz na parede indicando "Andy Warhol". Quando Andy vinha à Area, ele subia no pedestal, com seu corpo frágil, mãos cruzadas na frente e os ombros para dentro, encarnando a si mesmo. A menos que o objetivo da operação fosse ele se desencarnar! Ele realmente lutava contra seu corpo. Era obcecado por seus problemas de pele e seu envelhecimento – ele se aplicava, regularmente, injeções de colágeno e usava dezenas de cremes e fluidos, incontáveis frascos prontos para figurar como elementos de uma instalação artística. Queria ser ele mesmo, mas era fascinado pela beleza plástica e juvenil. Vivia cercado de jovens modelos, jovens corpos soberbos, povoando com eles suas emissões televisivas. Admirava também Debbie Harry, a cantora de Blondie, de estilo punk, com um rosto de beleza escultural com as maçãs do rosto salientes e altas, pele branca cintilante e uma cabeleira loira explosiva. Uma dublê de Warhol de patente beleza. Ela frequentou seus programas de televisão. Em 1981, Andy fez uma série de autorretratos em Polaroid, caracterizado como uma drag-queen de feira. Christopher Makos faria igualmente uma série de retratos de Warhol de drag-queen, intitulada *Altered Image*. Nessa série,

Andy usa uma peruca loira semilonga, com grandes ondas que transmitem a ideia de uma feminilidade bem cuidada. Essa série é uma espécie de homenagem a todas as mulheres da vida de Andy, as estrelas de Hollywood, mas também, talvez, Julia, Edie, Candy, as três já falecidas.

O tempo afetava Warhol. Ele era apanhado, apesar de fazer de tudo para neutralizá-lo, como se mudar para uma nova (e pela última vez) Factory. Aliás, ela não era mais designada assim. Agora a chamavam, de preferência, *the office*, o escritório. O "office" de Warhol deixou as cercanias da Union Square em dezembro de 1984 para tomar posse de um imenso imóvel situado na Avenida Madison entre as ruas 32 e 33. O espaço era enorme. Ele compreendia um ateliê de pintura para Andy, grande como um salão de baile (seção de artes plásticas), um estúdio de montagem e exibição de vídeos (seção do audiovisual), escritórios para os redatores da revista *Interview*, duas cozinhas, uma sala de jantar (notadamente para os almoços de negócio), e um enorme espaço no térreo, cuja capacidade permitia armazenar todos os *work in progress,* como todas as séries de serigrafias começadas, as *Time Capsules*, cujo número já passava de várias centenas (depois da morte de Andy Warhol, contaram-se quase seiscentas *Time Capsules*, a metade das quais continua fechada), e a quantidade incrível de aquisições cotidianas que acabaram por transformar sua casa da Rua 66 impraticável, barricada – Andy simplesmente não podia mais convidar pessoas à sua casa. De novo "escritórios", um espaço assombroso: de novo, um novo começo?

Warhol rejeitava instintivamente o passado para permitir a possibilidade de uma renovação. Ele não suportava a lembrança do passado, ou tudo aquilo que o confrontava com um passado realmente encerrado. "Não suporto o que eu fazia antes. Isso envelhece."[25] Ele rejeitava sua arte pop, para não se reduzir a ela, mas rejeitava também as pessoas que estavam irremediavelmente ligadas à primeira Factory, em primeiro lugar, Billy Name. Três semanas antes de morrer, Andy Warhol escreveu nos seus *Diários*:

> Voltei para casa, e à meia-noite o telefone tocou, era Billy Name. Será que eu me esqueci de dizer que ele havia ligado várias vezes? Ele está em Poughkeepsie organizando uma reunião *sixties*. Tem não sei quantos trabalhos, tipo assistente de xerife e isso e aquilo, e me contou sua vida – "Você sabe que eu te amo profundamente, meu querido" –, que Gerard [Malanga] ia vir, que Ingrid Superstar também, e que viriam me buscar para me levar até o Stephen Shore – ele trabalha no Bard College agora – e mais isso e mais aquilo. Mas vou ter de dizer ao Bill que eu não suporto o passado.[26]

Ele fez tábula rasa do passado ao cercar-se de uma nova geração de artistas, jovens, urbanos, rebeldes: Jean-Michel Basquiat, com o qual ele teve uma colaboração importante entre 1984 e 1985, ou Keith Haring. Ambos morreriam jovens, o primeiro com 21 anos, de overdose de heroína, em 12 de agosto de 1988. Pouco mais de um ano após a morte de Warhol, o segundo, com 32 anos, de aids.

A recusa do tempo (que passa) e da velhice revelava-se em Warhol na sua obstinação em brincar de modelo, em geral, um apanágio da juventude. Um de seus amigos, Zoli, tinha uma agência de modelos. Isso o divertia, aparentemente: "É divertido ser apenas mais um rosto bonito no livro de Zoli".[27] Ele se aferrou a esse mundo e a essa imagem literalmente até o último momento de sua vida. Em janeiro de 1987, ele posou para Gianni Versace em Milão, com um agasalho de capuz, peruca desgrenhada, óculos de grau tapando-lhe metade do rosto, o rosto sulcado, encovado porque ele estava muito magro. Tinha então 58 anos. A última aparição pública de Andy Warhol ocorreu quinze dias depois, em 17 de fevereiro de 1987, num desfile de moda organizado na Tunnel, a nova boate da moda de Nova York. Andy desfilou em companhia de Miles Davis. Mas em fevereiro de 1987, Andy estava cadavérico e, como num pesadelo, durante esse desfile, disseram dele o seguinte: que ele parecia um morto-vivo. E ele parecia de fato um cadáver debilmente animado. Estaria morrendo? Saberia que ia morrer? Em meados de fevereiro daquele ano, Andy Warhol enviou uma série de fotos para a revista *Parkett* que mostram esqueletos em preto e branco. Alguns dias depois, ele teve que ser hospitalizado.

Se as séries *Death and Disasters*, de 1962 a 1964, nos remetiam menos à morte carnal do indivíduo que à superioridade do poder da máquina que aniquila os corpos, fazendo-os desaparecer, as séries dos anos 80 são assombradas pela sensação de vulnerabilidade e fragilidade do corpo de carne e osso, e de sua inevitável degradação. Warhol fez séries de fotos Polaroid de objetos espalhados, desconjuntados, desarticulados. Ele fez serigrafias de detalhes de corpos, separados da lógica unitária do ser vivo. Nesse espírito, compôs um retrato em pé de Jean-Michel Basquiat do qual todas as partes do corpo são recortadas em planos desconjuntados, que não se ajustam bem.

Sua última série de autorretratos capta o artista com uma expressão de terror: boca entreaberta, o olhar direto e intenso, como que magnetizado, os cabelos em pé. E esses autorretratos provocam pavor no espectador, pela intensidade da presença inquisitiva de Andy Warhol. Todas essas últimas peças comporiam um adeus? A última obra de Warhol é uma revisitação de *A última ceia*, de Leonardo da Vinci. Em 1986, Alexandre Iolas, que possuía uma galeria em Milão de frente para a igreja de Santa Maria delle Grazie, onde se encontra *A última ceia*, de Leonardo da Vinci, encomendou de Andy Warhol um conjunto de obras inspiradas no célebre afresco. O círculo estava prestes a se fechar: Alexandre Iolas fora o marchand que organizara a primeira exposição de desenhos de Warhol em Nova York em 1952, quando ele ainda não havia encontrado os princípios formais e técnicos de sua obra, a repetição e a serigrafia. Essa exposição, aberta em 22 de janeiro de 1987, colocou em cena um face a face inesperado, confrontando Warhol e Leonardo, o gênio da Renascença. Os visitantes eram convidados a observar, num primeiro momento, o afresco, depois a atravessar a rua para contemplar o trabalho de Warhol. Foi sua última exposição.

The Last Supper é a expressão inglesa para *A última ceia*. Essa exposição, que recebeu mais de três mil visitantes, foi o último jantar, a derradeira festa.

A herança de Bob Robert

Fico consternado em saber disso. Acreditava que havia alguma coisa de mágico e que isso jamais chegaria.[1]

ANDY WARHOL

Em 20 de fevereiro de 1987, Andy Warhol deu entrada no hospital Cornell de Nova York sob o nome de Bob Robert. Já em 1979, Warhol havia feito correr o rumor de que queria mudar de nome e se chamar John Doe. A imprensa decretou a "falta de originalidade aflitiva"[2] de Andy Warhol. Como lembra David Bourdon, "para os americanos, John Doe é 'Fulano de Tal', um nome muito comum que designa de fato um sujeito qualquer".[3] Para Warhol, registrar-se com o nome de Bob Robert era uma nova maneira de reivindicar o anonimato, de ser qualquer um e ninguém ao mesmo tempo. Ele entrou no hospital por ordem de seu médico, o doutor Cox, que ficou alarmado com seu estado de saúde, agravado por uma vesícula biliar à beira da gangrena, que Andy Warhol negligenciara por medo dos hospitais. Essa desconfiança dos hospitais é ressaltada na sua *Filosofia*, lembrança dos cuidados que recebeu após o atentado de 1968. No preâmbulo do capítulo 6, pode-se ler: "B.: Os hospitais são incríveis. A.: Quando eu estava morrendo, tive de assinar meu nome num cheque".[4] Mas Andy, ao que parece, se resignou. Ele declarou que sofria de dores agudas na vesícula biliar desde o vernissage de sua exposição em Milão, em janeiro.

Sua vesícula (*gallbladder* em inglês) havia se tornado para ele objeto de uma obsessão angustiante. Uma obsessão que ele soube visivelmente comunicar ao seu círculo. Assim, em *Flesh For Frankenstein,* espécie de paródia sanguinolenta do filme de terror, rodado nos estúdios de Cinecittà em 1973, dirigido e escrito por Paul Morrissey, a ação gira em torno da evisceração e mutilação de corpos. Mas toda vez que um órgão emerge de um corpo eviscerado, é uma vesícula biliar, não um coração. Uma das réplicas do Doutor Frankenstein, o cientista louco determinado a criar vida, enuncia a obsessão mórbida (de Andy Warhol): "Para conhecer a morte, Otto, é preciso foder a vida... na vesícula biliar!"*, é o que se ouve, surpreendidos por essa réplica aberrante.

Naquele começo de ano de 1987, contudo, Andy Warhol pareceu disposto a enfrentar sua angústia, porque a dor se tornara insuportável. Em 14 de fevereiro, meio por acaso, ele foi submetido a uma ultrassonografia que mostrou sua vesícula inchada. Essa ultrassonografia fora solicitada, na verdade, por sua dermatologista, que fora visitá-lo para uma injeção de colágeno, e a quem ele se queixara de dores na vesícula. As dores não cessaram, e ele falou delas ao doutor Cox, que ordenou sua ida ao hospital. Ele finalmente decidiu seguir o conselho que sua amiga Brigid Berlin lhe dera onze anos antes: retirar a vesícula biliar defeituosa.

Disso tudo, porém, nem traço em seus *Diários*. As últimas palavras atribuídas a Andy datam de 17 de fevereiro, o dia de seu desfile na Tunnel com Miles Davis. Ele relata que após o desfile desmarcou tudo e voltou para casa para se deitar. Ele dormiu um sono artificial, como amiúde acontecia:

> Tomei um Valium e um Seconal e duas aspirinas e dormi tão profundamente que não acordei quando PH me ligou às nove horas. E quando não atendi ela ficou com medo porque uma coisa destas nunca tinha acontecido antes, por isso ela ligou para o outro número e Aurora atendeu na cozinha e PH pediu que ela viesse ao meu quarto para me fazer acordar *mas eu gostaria que ela tivesse apenas me deixado dormir.***

Três dias depois, Andy Warhol foi hospitalizado. A cirurgia era considerada rotineira. Foi realizada no dia seguinte ao de sua internação, no sábado, 21 de fevereiro, às 8h45. Durou pouco menos de três horas. Às 10h30, ele foi levado à unidade de terapia intensiva após uma ablação bem-sucedida da vesícula biliar e, de quebra, de uma velha hérnia. Às três horas

* *"To know death, Otto, you have to fuck life... in the gallbladder!"*

** Andy Warhol, *Diários*, *op. cit.*, p. 514. Grifo do autor.

da tarde, ele foi levado para o quarto, seu estado foi julgado estável e satisfatório. Uma enfermeira particular, contratada pelo hospital, chamada Min Chou, apresentou-se para cuidar do convalescente. Ele assistiu à televisão. Telefonou para sua casa para falar com seus empregados. Desligou a televisão por volta da meia-noite. Ele adormeceu, provavelmente. Uma coisa é certa, ele não tornaria a despertar. Por volta das cinco horas da manhã, a enfermeira particular percebeu, de repente e tarde demais, após ficar de prontidão em sua vigilância de pelo menos quatro horas, que Andy estava estranhamente violáceo e imóvel. Ela o sacudiu, o pulso estava fraco. Ela soou o alarme. A equipe médica tentou reanimá-lo até as 6h30 da manhã. Às 6h31, do dia 22 de fevereiro de 1987, Andy Warhol foi declarado morto. Causa da morte: ataque cardíaco. As causas do ataque cardíaco, porém, permanecem controversas.

Segundo as estatísticas, havia uma porcentagem de risco muito pequena. Teria sido má sorte de Andy? Sua morte aparentemente pegou todo mundo de surpresa. Fred Hughes, o braço direito de Andy, que vivia ainda na casa da Avenida Lexington, foi avisado. Ele não avisou, porém, os irmãos de Andy Warhol, Paul e John Warhola, segundo o testemunho de Paul, que tomaram conhecimento naquele dia mesmo, mas por acaso, porque o dia 22 de fevereiro era um domingo e John telefonava para Andy todos os domingos às onze horas da manhã.[5] Quando John ligou e pediu para falar com Andy, Fred Hughes atendeu e largou: "Andy morreu". John avisou Paul, e os dois irmãos, chocados, voaram para Nova York naquela mesma tarde. Eles não podiam imaginar que Andy houvesse feito aquilo sem que eles fossem informados de nada. Entretanto, fora esse o desejo de Andy. Os irmãos ainda não tinham visto tudo. Eles chegaram à Rua 66 Leste. Um segurança verificou suas identidades. Eles entraram na casa, onde encontraram uma desordem extraordinária: amontoavam-se por todos os lados pilhas inacreditáveis de objetos de valor, móveis, caixas de papelão de todos os tamanhos, sacos de todos os aspectos, obras de arte, esculturas, quadros, litografias, estampas, desenhos, tapeçarias, pequenas, grandes, médias.

Eles encontraram Fred Hughes, muito agitado, e um homem perto dos quarenta anos de camiseta. Esse homem se chamava Eddie Hayes, era advogado e representava Hughes.

No dia seguinte, o testamento de Andy Warhol, estabelecido desde o começo dos anos 80, foi aberto e lido no escritório do irmão de Eddie Hayes, ele também advogado. Apenas quinze dias antes, Andy havia modificado seu testamento: ele havia acrescentado, ao lado dos nomes de Paul e John Warhola, o de Frederick Hughes. Este era tratado, considerado, como igual aos irmãos Warhola e herdaria 250 mil dólares, como cada um dos irmãos. A soma era vultosa, mas irrisória ante a fortuna de Andy Warhol. Este sempre tratara de minimizá-la, e naquela segunda-feira, 23 de fevereiro de 1987, ainda não se podia estimá-la com exatidão, mas ninguém duvidava que fosse grande. A disposição referente à parte da herança destinada aos irmãos e a Fred Hughes era, pois, um detalhe. O elemento central do testamento de Warhol dizia respeito, de fato, ao conjunto de seus bens materiais – que logo se perceberia ser imenso. Esse conjunto, segundo a vontade de Andy Warhol, se destinaria à criação de uma fundação, a Andy Warhol Foundation for the Visual Arts, com o fim de sustentar financeiramente jovens artistas. O posto de presidente coube a Fred Hughes. John Warhola, e não Paul, foi designado membro do conselho de administração, com um salário anual de 100 mil dólares. Essa desigualdade de tratamento foi evidentemente uma fonte de tensão entre os irmãos Warhola. Mas essas tensões foram secundárias em relação ao ponto principal de litígio referente à herança: os irmãos não herdavam nenhuma obra de Andy Warhol. Nem um esboço. Paul não conseguia acreditar que seu "próprio irmão" não quisera lhes deixar nenhuma tela, e deixara tão "pouco" dinheiro. Ele se lembrava de que Andy lhe dissera várias vezes para pegar o que ele quisesse, mas ele deixava para mais tarde: era "orgulhoso" demais. Ele percebia agora que teria "gostado bastante"[6] de uma *Marilyn*. No entanto, talvez haja razão para se colocar em dúvida "a intimidade" dos irmãos Warhola. Em 17 de maio de 1984, Andy mencionava nos seus *Diários* que vira entrar na Factory, com a maior surpresa, seu irmão Paul, que ele não via há... vinte anos. Ele estava acompanhado de seu sobrinho James, artista que Warhol reconhecia não ter querido ajudar quando este chegara a Nova York.[7] Warhol não se caracterizava por um sentimento familiar muito aguçado.

Portanto, com Warhol morto, Hughes e Hayes pressionaram os dois irmãos a assinarem um documento comprometendo-se a não contestar as disposições testamentárias de Andy Warhol. Os irmãos se ofenderam, protestaram, e Andy nem estava enterrado ainda.

O enterro foi feito sem demora, porém. Ele aconteceu no dia 26 de fevereiro de 1987, no St. John Cemetery de Pittsburgh, cemitério católico grego onde estavam enterrados seus pais, Ondrej e Julia. Warhol não havia especificado nada sobre o cerimonial do seu enterro. Isso lhe era totalmente indiferente, sem dúvida, apesar de ter feito declarações ruidosas sobre seu desejo de ver seu corpo se volatilizar no momento de sua morte. Mas sem incineração. Um enterro clássico, com velório do corpo vestido com um terno de caxemira preto, gravata de seda, peruca platinada e óculos escuros. Um enterro religioso. Andy era católico praticante – ele amava a cor púrpura e o ritual. Um enterro familiar: somente os irmãos, as cunhadas, os sobrinhos, os primos e alguns colaboradores próximos de Andy – Fred Hughes, Pat Hackett, Sam Bolton, Vincent Fremont e Brigid Berlin – estavam presentes. O enterro, em Pittsburgh, foi íntimo e sóbrio.

A homenagem oficial e aberta aconteceu em Nova York no dia 1º de abril de 1987, na Catedral de St. Patrick, na Quinta Avenida. Mais de 2 mil pessoas assistiram a essa missa dita em memória do artista. O acontecimento foi coberto pela *Vanity Fair*. No programa: numerosas celebridades subindo as escadarias da catedral e tomando lugar no espaço VIP na nave. Por prelúdio musical, um trecho de *A flauta mágica*, de Mozart (“A marcha dos padres”), executado ao piano por Christopher O’Riley, seguido de *Louvação à imortalidade de Jesus*, de Olivier Messiaen, interpretado por Christopher

O'Riley (piano) e Carter Brey (violoncelo). Depois, a velha amiga de Warhol, Brigid Berlin, leu a Bíblia (O Livro da Sabedoria, 3, 1-9). Em seguida, foram feitas as homenagens. Yoko Ono contou à assembleia como Warhol havia cuidado de seu filho Sean após o assassinato de John Lennon. John Richardson, crítico de arte, encarregou-se de insistir na espiritualidade e na dimensão "angélica" de Warhol, que "enganou o mundo, fazendo-o crer que suas únicas obsessões eram o dinheiro, a celebridade e o glamour".* Nicholas Love, ator, leu enfim alguns trechos de escritos de Warhol, uma passagem dos quais exprime o desejo de se reencarnar após a morte num grande anel no dedo de Elizabeth Taylor. Um bolero de Ravel encerrou a cerimônia. O programa exibia a reprodução de uma obra de Warhol de 1985, inspirada numa Virgem com o Menino de Rafael com um preço carimbado: 6,99 dólares. Continha também um anúncio que mudaria a opinião geral sobre Andy Warhol, que, além de ser piedoso, se revelava compassivo e benevolente com os pobres: no dia da Páscoa, uma refeição deliciosa seria servida aos mais carentes na Igreja do Repouso Celeste (na esquina da Quinta Avenida com a Rua 90 – não longe da casa da Avenida Lexington) em memória do artista, que sempre se preocupara com a sorte dos trabalhadores pobres ou dos marginalizados na Páscoa, no Dia de Ação de Graças, no Natal.**

Fred Hughes foi o grande orquestrador desse evento que teve lugar no dia 1º de abril.

Uma embaraçosa incerteza persistia, contudo: os irmãos Warhola renunciariam à contestação do testamento de Andy? No momento em que um sério litígio podia estourar entre os Warhola, que se sentiam lesados, e Fred Hughes, colocado pelo próprio Warhol à frente de seu império, este último, em

---

* Christopher Von Hohenberg e Charles Scheips. *Andy Warhol. The Day The Factory Died,* Empire Editions, 2006, p. 5. Este livro exibe uma reportagem fotográfica dessa cerimônia.

** O programa da missa celebrada na Catedral de St. Patrick em memória de Andy Warhol é reproduzido no início do livro citado na nota precedente.

dezembro de 1987, em nome de todos os beneficiados apresentou uma queixa por negligência contra o hospital onde Andy morrera. O caso foi à justiça. Os queixosos, por intermédio de outro advogado, o sr. Clark, se basearam nos resultados da autópsia realizada após a morte de Warhol, que revelou que seus pulmões haviam sido progressivamente inundados por perfusões cujo volume não fora controlado durante algumas horas fatídicas. Entre outros fluidos, injetaram morfina; ocorre que a morfina pode restringir a capacidade pulmonar. A enfermeira, Min Chou, recrutada pelo hospital, não fez nenhum relatório de medidas após a uma hora da manhã. Ela alegou ter dormido sobre a sua Bíblia das duas às cinco horas da manhã. E nenhum médico passou para ver Warhol.[8] No entanto, Min Chou foi a única a cuidar de Warhol em razão das recomendações expressas do doutor Cox, o médico de Warhol. O hospital, durante algum tempo, achou que poderia se defender e se livrar da queixa acusando Min Chou, que foi removida das listas das quais o hospital recrutava essas enfermeiras para missões encomendadas.* Mas os queixosos se mostraram determinados a obter ganho de causa, e as acusações que pesavam sobre o hospital eram de extrema gravidade. Após quatro anos de processo, o hospital teve de recuar. Uma espécie de acordo teve lugar em novembro de 1991, sob os auspícios da Suprema Corte de Nova York. Os herdeiros de Andy Warhol reclamavam 10 milhões de dólares. O hospital concedeu 8 milhões, e nenhuma falha profissional lhe foi imputada. Os irmãos de Andy, que receberam o dinheiro "concedido" pelo hospital, não contestaram seu testamento. As coisas finalmente se ajeitaram.

Mas o caso da herança de Andy Warhol ainda não estava encerrado. Entre 1987 e 1992, sua herança foi objeto de uma série de episódios empolgantes, com repercussões. Warhol

---

* Para a cronologia dos fatos relativos à apresentação da queixa pelos herdeiros de Warhol e os argumentos a favor e contra o hospital, e suas estratégias de defesa, ver o artigo de M. A. Fraber e Lawrence K. Altman, "A Great Hospital In Crisis", publicado em 24 de janeiro de 1988 no *New York Times*.

conseguiu dar seu maior golpe midiático após sua morte. Tudo se deve a um único fato: sabia-se que ele era rico, mas não certamente àquele ponto. Após a morte de Warhol, Fred Hughes, executor testamentário, resolveu organizar um leilão de todos os bens de Warhol na Sotheby's. A venda teve lugar um ano depois, em abril e maio de 1988, após meses de inventário e avaliação. A Sotheby's editou um catálogo em seis grossos volumes detalhando os bens acumulados por Warhol em mais de trinta anos de compras sistemáticas. Comprar fazia parte do trabalho de Andy. O primeiro volume reúne objetos e mobiliário Art Nouveau e Art Déco. O segundo volume reúne objetos diversos de decoração (estatuetas, bustos, bronzes, esculturas de animais), joias, mobiliário (lâmpadas, luminárias de todos os tipos e materiais, com aplicações de cristal, escrivaninhas de todas as formas, mas sempre notáveis em suas linhas, relógios de pêndulo, bancos de madeira, cadeiras e cadeiras de balanço, assinadas por Eames, em fibra com pés de metal), pinturas que representam um belo panorama de pintores da escola americana do século XIX (Edward Melcarth, Edward C. Eldridge, John Hesselius, Thomas Sully Jr., William Cotton, G. Steck, M. Wehr, William Merritt Chase, Charles Mccarthy, McCellan, Alvin T. Fisher, Ralph Albert Blakelock, Fred Leo Hunter, Henry Pember Smith, Charles Copleand, Eugene Higgins, Charles Baskerville, George Luks, C. Somes, John Carroll, Walter G. Ratterman, Peter Blume, Charles Dana Gibson, Reginald Marsh, Joseph Stella, Xavier J. Barile, R. C. Gorman, mas também do século XX: James Wyeth, John Chamberlain, Larry Poons). O terceiro tomo apresenta relógios de pulso (mais de duzentos) e joias: broches, braceletes, estojos de maquiagem, estojos de batons, brincos de ouro e pedras preciosas, pendentes, cruzes, correntes, diademas, dos quais alguns são assinados por Elsa Peretti, joalheira para a Tiffany & Co. desde 1974. Andy não usava suas joias ostensivamente, ele as usava por baixo de suas camisetas.* O quarto conjunto

* Segundo o testemunho de Suzie Frankfurt contido nesse terceiro volume do catálogo editado pela Sotheby's da coleção Warhol. Suzie Frankfurt era uma companheira de Andy nos leilões.

apresenta obras dos índios americanos e ameríndios: joias, objetos diversos finamente trabalhados, moringas, tigelas, pratos, vasilhas, canecas, tapetes, esculturas.

O quinto volume apresenta a parte mais importante da coleção de Andy Warhol, consagrada aos pintores e fotógrafos americanos e europeus. Ele compreende particularmente obras de Paul Cadmus, Peter Beard, Leonor Fini, Cecil Beaton, Alexander Calder, Salvador Dalí (especialmente autógrafos), Jean Dubuffet, Pissarro, André Derain, Henri de Toulouse-Lautrec, George Groz, Duchamp (uma das *Fontaine*; o primeiro ready-made exibido nos Estados Unidos: *In Advance of the Broken Arm*), Picasso, Paul Klee, André Masson, René Magritte, Picabia, Man Ray (incluindo um retrato de Picasso de 1932), Nicolas de Staël, Max Ernst, Jean Arp, Fernand Léger, Edvard Munch, Jackson Pollock, Joseph Beuys, Cy Twombly, Robert Motherwell, Richard Long, Ellsworth Kelly, Robert Rauschenberg (muito representado), Jim Dine, Keith Haring, David Hockney, Jasper Johns (ele também muito representado), Willem De Kooning, Claes Oldenburg, Roy Lichtenstein, James Rosenquist, Frank Stella, Ed Rusha, Kenny Scharf, Larry Rivers, Frank O'Hara, Daniel Spoerri, e também toda uma coleção de fotografias representando *americanos nativos*. Muitas pinturas da escola americana da segunda metade do século XX são dedicadas a Andy Warhol. O sexto volume, enfim, apresenta sua coleção de arte contemporânea, com obras de Lucio Fontana, Jean-Michel Basquiat, Jean Tinguely, Yves Klein (um vermelho e verde), Bruce Nauman, Arman, Gilbert e George. Os mais representados nessa incrível coleção são Rauschenberg, Jasper Johns, Beuys, Lichtenstein, Duchamp e Man Ray.

O leilão, que começou em 23 de abril e terminou em 3 de maio, atraiu milhares de pessoas. Os lotes atingiram preços recordes. Os dois Rolls Royce (comprados em 1975 e 1976) não foram esquecidos. Os leiloeiros remeteram à fundação Warhol nova em folha uma dotação inesperada: 25.333.368 dólares. Além disso, o tesouro parecia inesgotável. Em junho, ao terminar a desocupação da casa da Rua 66, encontrou-se no fundo duplo de uma gaveta de cômoda uma verdadeira fortuna: joias e relógios de pulso de altíssimo valor, pedras preciosas, entre as quais 72 diamantes não lapidados. Contaram-se 273 objetos de algum valor. A venda do conjunto rendeu 1.000.064 dólares.

Evidentemente, foi preciso acrescentar as duas casas da Rua 66 e da Avenida Lexington. Fred Hughes, que alugava esta última desde 1974, recomprou a casa da fundação em 1988 por 593.500 dólares. Hoje, ela está à venda. Acrescente-se também o vasto imóvel que abrigava o último "estúdio" de Andy Warhol (todo o quarteirão entre as ruas 32 e a 33, na Avenida Madison, hoje também à venda), uma casa "de campo" em Montauk e a revista *Interview* (que continua saindo até hoje).

Mas, sobretudo, a cotação da obras de Warhol explodira. O preço de 25 mil dólares que Warhol pedia por um retrato em serigrafia era agora pré-histórico. Em 1988, sempre na Sotheby's, *210 Coca-Cola Bottles* foi leiloado por 1,43 milhão de dólares e, alguns meses depois, *Marilyn Monroe Twenty Times* flertou com o limiar de 4 milhões de dólares. Esse limiar foi ultrapassado quando um dos *Red Shot Marilyn* foi vendido por 4.070.000 dólares.

O mais íntimo colaborador de Warhol, Fred Hughes, o executor testamentário, não havia absolutamente previsto essa escalada de preços de Andy Warhol. Sua estimativa do conjunto dos bens de Warhol estava muito aquém do número quando ele contratou Hayes como advogado encarregado do acerto da herança. Sem pensar muito, ele acertara de pagar seus honorários numa base de 2% da totalidade dos bens de Warhol. A estimativa, na manhã de 23 de fevereiro de 1987, girava em torno de 15 milhões. Um ano e meio depois, contudo, a estimativa oferecida pelo conselho de administração da fundação Warhol subira de maneira exponencial a 296.909.396 dólares.[9] O que significava uma elevação dos honorários de Hayes de 5,9 milhões de dólares.

Warhol havia deixado um presente envenenado para Fred Hughes. Instaurou-se uma guerra entre ele e Hayes, não obstante muito próximos antes de toda essa história. Fred Hughes persistiu, obstinou-se em fazer valer estimativas inferiores e introduziu um homem de negócios na fundação, um antigo conselheiro de Nelson Rockefeller, Archibald Gillies, que soube se impor ao conselho da fundação – ele usou métodos gerenciais rígidos, rompendo com os antigos hábitos da Factory. Todas essas manobras finalmente se voltaram contra Hughes. Hayes levou o caso aos tribunais em 1992, reclamando 14 milhões da fundação Warhol, porque o império Warhol não parava de se valorizar e como nenhum acordo punha fim ao litígio, Hayes continuava a calcular e a reclamar a soma correspondente à "sua" porcentagem. Ele recebeu ganho de causa nos tribunais, que reconheceram seu direito de exigir 7,2 milhões de dólares, reduzidos em apelação a 3,5 milhões. Fred Hughes, vítima de esclerose múltipla, vivendo ainda na antiga casa de Julia e Andy, estava prensado entre Hayes e Gillies, dois antigos cúmplices. Gillies conseguiu destronar Hughes do cargo de diretor executivo da fundação Warhol em 1992.

Andy conseguiu desaparecer, conseguiu não ser mais que uma pura ideia. Ao guardar tudo, ao selar tudo, ele não deixou nada atrás de si, quase nada à sua família americana – para não mencionar sua "família" de Miková. Uma não relação.

Warhol é um museu, uma fundação para jovens artistas. Uma função, uma instituição, como Walt Disney.

O brilho desse sucesso e da riqueza póstuma de Andy Warhol e o barulho dos escândalos e casos judiciais que acompanharam a estimativa de seus bens ofuscaram, em grande parte, a estranheza de sua morte. Acusou-se o hospital de negligência médica. Mas Warhol foi vítima, antes de tudo, de sua própria negligência. Negligência voluntária? Desde 1983, ele se queixava de dores agudas, de fraquezas, de estar "terrivelmente doente".[10] Ele não parou de rejeitar essa operação que lhe foi fatal, até aquele momento crítico em que sua vesícula infeccionou e ameaçou se romper. Mas, sobretudo, quando Andy Warhol foi admitido no hospital em 20 de fevereiro de 1987, ele estava anêmico e aparentemente subnutrido. A autópsia revelou que ele estava pesando 58 quilos, para *um metro e 78* de altura.

Andy era obcecado pela magreza. Ele foi sempre muito magro, esbelto. A pose com os braços cruzados e dois dedos sobre a boca confere movimento e estilo a essa esbelteza. No entanto, durante seus cinco últimos anos, ele havia ficado magro demais. Acometido de uma pneumonia em junho de 1981, ele perdeu muito peso. Ele observava, em 19 de junho de 1981: "Eu emagreço apesar de comer, o que me assusta, porque não sei se é porque eu não bebo ou por causa dos antibióticos. Mas eu gosto muito de ser magro".[11] No entanto, em 22 de junho de 1981, ele anotava: "Minha perda de peso ainda é assustadora. Gosto de ser magro, mas isso dá medo".[12] Ele não se recuperou dessa infecção. Pode-se ler uma observação feita dois anos mais tarde: "Comi porque meu peso desceu a 58 e isso me dá medo. Toda vez que eu desço abaixo de 60 quilos, perco o apetite. Fica-se mais vulnerável a tudo quando se está tão magro".[13] Seu aspecto físico realmente se alterou a partir do fim dos anos 70. Para contrariar essa tendência, ele fez ginástica com Jean-Michel Basquiat, um pouco, em 1983. Estava frágil: "Eu distendi um músculo. Ou então estou com um câncer na virilha, não sei. Resolvi começar a trocar o café pela água".[14]

Negligência supersticiosa? O fato é que ele tinha uma concepção estranha da saúde e da maneira de cuidar de si. De fato, ele passava a impressão de que era supersticioso, que tinha um "pensamento mágico" e que acreditava em relações de causa e efeito sem fundamento científico, fantasiosas e ancoradas em preconceitos e angústias. "Meu rosto está todo empolado. Estou pagando pelo fato de não ter ido à igreja na Páscoa."[15] Ele acreditava nos cristais mágicos. Enfim, ele quis acreditar neles a partir de julho de 1984, talvez como uma crença infantil: "Vou ver um médico que põe cristais para a gente, isso nos dá energia. [...] tem jeito de ser um troço a fazer. A saúde é a riqueza".[16] Mas talvez fosse para rir, porque finalmente, em 15 de agosto de 1984, ele foi a esse novo doutor. E eis o relato da "consulta":

> Táxi até o médico dos cristais; desta vez, foi uma verdadeira experiência. A sessão pareceu um exorcismo. Ele mandou eu me estender em cima de uma mesa e fechar os olhos, depois me perguntou: "Você sabe onde está?". E eu repetia: "Mas o que você quer dizer?". Finalmente, eu disse que estava estendido sobre a mesa.

A ironia, evidente nesse relato, não impedia a esperança, contudo. Porque ele acrescenta:

> Creio realmente que toda essa confusão ajuda. É pensamento positivo. É por isso que as pessoas usam ouro, joias. Isso faz realmente alguma coisa. [...] Ele disse que eu tinha forças negativas dentro de mim.[17]

A intimidade obsessiva com a morte poderia ter um efeito contrário ao que se deseja, e precipitar justamente aquilo que se tenta evitar? Seja como for, suas angústias eram reais. Entre 1985 e 1986, suas realizações eram num estilo pop angustiado. Ele aplicou o princípio formal que definia, segundo ele, o pop: pegar o interior e colocá-lo no exterior, e pegar o exterior e colocá-lo no interior.[18] A série de *Physiological Diagrams* expõe entranhas, intestinos enrolados, corações em close-up e primeiro plano, presos por flechas a seu lugar num corpo esquemático, com certeza central, mas pequeno demais em relação aos órgãos destacados, separados. Isso fala seguramente de suas entranhas.

Os primeiros anos da década de 80 coincidiram com a devastação da aids, que Andy chamava de "câncer gay". Todo o mundo tinha medo. No enterro de Robert Hayes, morto por aids em julho de 1984, Andy observou: "Creio que vai ser preciso fazer alguma coisa sobre essa doença. Alguma coisa como uma noitada de caridade, porque ela é como a pólio. Sabe-se ao certo apenas que ela é transmissível pela via sexual – é apenas um vírus!".[19] Andy se isola e começa a tratar os homossexuais de "pederastas" e manifesta uma certa hostilidade para com eles, ou melhor, uma certa aversão instintiva, animal, assustada. Ele dividia seu apartamento com Jon Gould, que pegou uma pneumonia em 1984. Presumiu-se que ele contraíra a aids. Andy não quis relatar nada, mas Pat Hackett mencionou as "medidas de higiene" que ele tomou quando soube que Jon Gould estava com aids: ele ordenou que suas empregadas doravante empilhassem os pratos e roupas dele separados dos seus.[20] Mas Warhol explicitou que Jon foi o primeiro a se interessar pelos cristais como fontes de pensamentos e energias positivas em julho de 1984. Para lutar contra a aids? Sem resultado para Jon, que morreu em 18 de setembro de 1986. O diário teria de se escrever "sozinho" para relatar esse acontecimento, disse Andy, em 21 de setembro. Pat Hackett, entre parênteses, escreveu então:

> Jon Gould faleceu em 18 de setembro aos 38 anos de idade depois de "uma longa enfermidade". Ele não pesava mais de 31 quilos e tinha ficado cego. Ele sempre se recusara a admitir, mesmo diante de seus amigos mais próximos, que tinha aids.[21]

Andy Warhol havia conhecido Jon Gould em 1981 e esperara viver uma história de amor, mas foi sem contar com sua lucidez e seu desprendimento que ele descreveu com uma honestidade desconcertante nos seus *Diários*:

> Agora eu vivo só; de certa maneira, estou aliviado, mas ao mesmo tempo não suporto estar só nesta casa grande apenas com Nena, Aurora, Archie e Amos.* Sinto desesperadamente que nada tem importância. Então, decidi que devia me apaixonar, é o que faço agora com Jon Gould, mas é difícil demais. Pensa-se constantemente na pessoa e é apenas uma ilusão, não é verdadeira e isso se torna tão complicado. É preciso ver a pessoa o tempo todo, isso se torna um trabalho como todo o resto, então eu não sei. Mas Jon é a pessoa perfeita para se

* Nena e Aurora eram suas duas "governantas", e Archie e Amos eram seus dois cachorros "salsichas".

apaixonar, ele tem sua carreira, e eu posso desenvolver ideias de filmes com ele. Talvez possa até convencer a Paramount a fazer publicidade na *Interview* também, não? Portanto, meus sentimentos por ele são bons para os negócios.[22]

ANEXOS

Cronologia

1928. 6 agosto: nascimento de Andrew Warhola em Pittsburgh, terceiro e último filho de Julia e Ondrej Warhola, imigrantes da Europa central.

1929. Começo da Grande Depressão.

1934. Mudança da família Warhola para uma casa na Rua Dawson, 3.252, comprada por Ondrej.

1936. Ataque de "Dança de São Guido" (doença nervosa): Andy passa longas semanas em casa, sendo cuidado por sua mãe, mergulhado nos livros de colorir e nas histórias em quadrinhos.

1937. Curso de desenho no Carnegie Museum. Montagem de uma câmara escura no porão da casa da família, onde Andrew se familiariza com a revelação fotográfica.

1939. Coleciona fotografias de estrelas de Hollywood.

1942. Começo dos estudos no Liceu de Schenley, onde Andrew obtém os melhores resultados em classes artísticas. Morte de seu pai.

1945. Começo de seu estudo superior, no Carnegie Institute of Technology, no departamento de pintura e artes gráficas. Termina a Segunda Guerra Mundial.

1947. Trabalho de verão na grande loja Joseph Horn de Pittsburgh. Decoração de vitrines.

1949. Rejeição da pintura de Andy Warhola, *The Broad Gave Me My Face, But I Can Pick My Own Nose* para a exposição anual dos Artistas Associados de Pittsburgh, contra a opinião de um dos membros do júri, George Grosz. Partida de Pittsburgh e mudança para Nova York após a obtenção de seu diploma de graduação no Carnegie Institute of Technology. Primeiras encomendas de ilustrações publicitárias, especialmente para a revista *Glamour*. Assina agora "Andy Warhol".

1952. Medalha do Clube de Diretores Artísticos de Nova York por sua ilustração publicitária da emissão radiofônica da CBS: "The Nation's Nightmare". Seu trabalho publicitário será premiado várias vezes ao longo dos anos 50.

Primeira exposição individual de Andy Warhol na Galeria Hugo, em Nova York, de desenhos inspirados nos romances de Truman Capote. Julia Warhola deixa Pittsburgh para morar com o filho em Nova York.

1954. Publicação por conta própria de pequenos livros ilustrados (começados em 1952), especialmente em colaboração com sua mãe: *25 Cats Name Sam* e *One Blue Pussy*. Começo da batalha judicial do movimento pelos Direitos Civis contra a segregação racial nos Estados Unidos.

1955. É recrutado pela marca de calçados I. Miller para realizar propagandas quinzenais nos jornais, em especial no *New York Times*. Contrata seu primeiro assistente artístico.

1956. Dois meses em viagem de volta ao mundo com Charles Lisanby.

1957. Cirurgia plástica para corrigir o aspecto bulboso de seu nariz, resultante de uma doença dermatológica conhecida como rinofima.

1960. Compra de uma casa de três andares na Avenida Lexington, 1.342, no Upper East Side de Manhattan.

1960-1961. Primeiras pinturas pop com efígies de heróis de histórias em quadrinho, garrafas de Coca-Cola, primeiras páginas de jornais. Exposição de suas novas pinturas: *Advertisement*, *Little King*, *Superman*, *Before and After* e *Popeye* nas vitrines da grande loja Bonwit Teller.

1962. Exploração de uma nova técnica de produção: a serigrafia. *5 de agosto:* morte de Marilyn Monroe. Novas séries de pinturas com efígies de garrafas de Coca-Cola, de latas de sopa Campbell, da cédula de dólar, de Marilyn Monroe, de Troy Donahue, de Elvis Presley. Começo das séries *Death and Disasters*. Primeira exposição da série dos 32 "retratos" de latas de sopa Campbell (pintados à mão) na Ferus Gallery, em Los Angeles.
Primeira exposição na Stable Gallery, Nova York.

1963. Locação de um quartel de bombeiros desocupado no Upper East Side para servir de ateliê. Gerard Malanga é recrutado como assistente artístico. Painel de retratos coloridos de Ethel Scull, feitos a partir de serigrafias de fotos de cabines fotográficas automáticas. Compra de uma câmera Bollex 16 mm.

Direção de *Sleep*, *Kiss*, *Haircut* e *Tarzan and Jane Regained... Sort Of*. Baby Jane Holzer, Taylor Mead e Ondine (Bob Olivo) tornam-se colaboradores regulares. Segunda exposição na Ferus Gallery, Los Angeles. Encontro com Marcel Duchamp por ocasião de sua exposição retrospectiva no museu de Pasadena. Soirée em homenagem a Andy Warhol promovida por Dennis Hopper em Hollywood. Participação na exposição "Six Painters and the Object" no Solomon R. Guggenheim Museum de Nova York. Tumultos raciais.

28 de agosto: discurso de Martin Luther King, "I have a dream".

22 de novembro: assassinato do presidente dos Estados Unidos, John Fitzgerald Kennedy.

1964. Locação de um novo local de trabalho, que será conhecido pelo nome de Silver Factory, no número 231 da Rua 47 Leste. Decoração do lugar por Billy Linich, aliás, Billy Name, que ali se instala. Começo da série de filmes *Screen Tests*. Criação e censura dos *Thirteen Most Wanted Men* para o pavilhão nova-iorquino da exposição universal realizada naquele ano em Nova York. Segunda exposição na Stable Gallery de Nova York. Exposição de fac-símiles das caixas de Brillo, e de outras caixas de supermercado. Mudança de galerista: Andy Warhol passa a ser representado por Leo Castelli. Realização da série de pinturas de Jackie Kennedy e dos filmes *Blow Job*, *Eat*, *Empire*, *Henry Geldzahler*. Exposição em Paris das séries *Car Crash* e *Riots* na galeria Ileana Sonnabend. Aquisição de um gravador de som. Atribuição do prêmio do Filme Independente para *Film Culture,* a revista de cinema de vanguarda dirigida por Jonas Mekas.

1965. Conhece Edie Sedgwick. Dirige os filmes *Poor Little Rich Girl*, *Vinyl*, *Kitchen*, *Lupe*, *Outer and Inner Space*, *Camp*, *Paul Swan*, *More Milk Yvette*, *My Hustler*. Exposição das serigrafias de *Flores* na Galeria lleana Sonnabend, em Paris. Anuncia publicamente que parou com a pintura. Primeira exposição retrospectiva de suas obras no Instituto de Arte Contemporânea da Filadélfia, que atrai milhares de pessoas. Conhece Paul Morrissey. Visitas regulares à Factory de Brigid Berlin, aliás, Brigid Polk, e Ultra Violet (Isabelle Colin Dufresne).

1966. Conhece o grupo Velvet Underground. Conhece Nico. Produção do espetáculo multimídia: *Exploding Plastic Inevitable*, com o Velvet Underground e Nico, os artistas da Factory e a projeção dos filmes de Andy Warhol. Exposição das *Silver Clouds* e da pintura em papel da efígie de uma cabeça de vaca amarela sobre fundo rosa-choque, na galeria Castelli. Direção dos filmes *The Velvet Underground and Nico* e *The Chelsea Girls,* que teve repercussão internacional.

1967. Produção e concepção do primeiro álbum do Velvet Underground e Nico. Lou Reed e o Velvet Underground se distanciam. Direção dos filmes *Bike Boy; I, a Man* e *The Nude Restaurant.* Publicação em colaboração com Gerard Malanga de *Screen Tests/A Diary*. Começa a definição de locações e filmagem de *Perdidos na noite*. Conhece Frederick W. Hughes, que se torna gerente de negócios de Warhol. Novas superstars: Joe Dallessandro, Candy Darling e Viva.

1968. Mudança da Factory para a Union Square West, 33. Gerard Malanga tenta vender obras falsas de Warhol em Roma. Jed Johnson é contratado como assistente.
4 de abril: assassinato de Martin Luther King.
3 de junho: atentado de Valerie Solanas na Factory. Andy Warhol é gravemente ferido.
5 de junho: assassinato de Robert Kennedy, candidato à eleição presidencial americana.
28 de julho: saída de Andy Warhol do hospital. Jed Johnson se instala na casa de Andy Warhol e sua mãe, para cuidar dele durante sua convalescença.
Produção de *Flesh*, dirigido por Paul Morrissey. *Blue Movie*. Warhol começa a se dedicar menos à direção de filmes.
Publicação na Grove Press de *a*: *A Novel*, transcrição de uma gravação feita por Warhol em 1965 de uma performance de Ondine num monólogo de 24 horas. Utilização das *Silver Clouds* como elementos cenográficos para o espetáculo coreográfico de Merce Cunningham *Rain Forest.* Retrospectiva das obras de Warhol no Moderna Museet de Estocolmo.

1969. Lançamento de *Blue Movie*, dirigido por Andy Warhol. Produção de *Trash*, dirigido por Paul Morrissey. Primeiro número da revista de glamour *Inter/VIEW*. Contratação de Vincent Fremont para a Factory. Ele se torna um colaborador importante para as produções audiovisuais.

1970. Exposição retrospectiva itinerante das obras de Warhol, começando pelo Pasadena Art Museum, passando por Chicago,

Eindhoven, Paris, Londres, e terminando no Whitney Museum de Nova York, um ano depois. Contratação de Bob Colacello para a revista *Inter/VIEW*, da qual se tornará o redator-chefe em 1973. Saída de Billy Name da Factory. Saída de Gerard Malanga. Saída para Pittsburgh da mãe de Warhol, fisicamente debilitada. Aquisição de uma máquina Polaroid Big Shot.

1971. Começo do projeto *The Factory Diaries*, uma série de gravações em vídeo das atividades cotidianas na Factory. Concepção gráfica do álbum *Sticky Fingers*, dos Rolling Stones. *Andy Warhol's Pork* em exibição no teatro, em Nova York, antes de ser encenada em Londres. Compra de uma propriedade em Montauk, Long Island, que Andy Warhol tentará alugar a celebridades no fim da década e nos anos 80.

1972. Realização das séries de retratos de Mao, e de centenas de retratos sob encomenda. Produção de *Women in Revolt* e de *Heat*, dirigidos por Paul Morrissey. Retirados de circulação seus filmes dos anos 60.
22 de novembro: morte de Julia Warhola em Pittsburgh.

1973. Produção de *Flesh For Frankenstein* e de *Drácula* em Cinecittà. Dá réplica a Elizabeth Taylor no filme *The Driver's Seat.*

1974. Terceira mudança da Factory para um lugar maior e mais seguro na Avenida Broadway, 860. Início da realização do projeto de arquivamento sistemático chamado *Time Capsules.* Fim da colaboração com Paul Morrissey. Contratação de Ronnie Cutrone como assistente de arte. Compra de uma casa mais luxuosa na Rua 66 Leste, 57, entre as avenidas Madison e Park. Fred Hughes aluga a casa da Avenida Lexington.

1975. Publicação de *The Philosophy of Andy Warhol From A to B and Back Again* (traduzido para o português como *A filosofia de Andy Warhol*, Editora Cobogó). Série de retratos de travestis intitulada *Ladies and Gentlemen.* Contratação de Brigid Berlin, aliás, Polk, como recepcionista dos "escritórios" Warhol.

1976. Séries *Skulls* e *Hammer and Sickle*.
Começo do diário ditado diariamente a Pat Hackett, publicado após sua morte.

1977. Abertura da boate Studio 54, que Warhol frequentaria assiduamente. Realização da série *Torsoes*.
16 de agosto: morte de Elvis Presley.

1978. Realização das séries de autorretratos com crânios, *Shadows* e *Oxidation Paintings*. Realização dos retratos de Liza Minnelli, Mohammed Ali e Man Ray.

1979. Começo da série de programas de televisão *Fashion*, produzidos por Warhol e dirigidos por Don Munroe. Publicação de *Andy Warhol's Exposures,* com as fotos de Christopher Makos e de Warhol, coescrita por Bob Colacello, Brigid Berlin e Andy Warhol. Exposição no Whitney Museum de Nova York: "Andy Warhol: Portraits of the 70's". Deposição do xá do Irã. Instauração de um regime islâmico no Irã.

1980. Lançamento da série de programas de televisão *Andy Warhol's T.V.*, dirigidos por Don Munroe. Publicação de *POPism: The Warhol's 60's*, de Andy Warhol e Pat Hackett. Visita ao Vaticano com Fred Hughes. Breve entrevista pública com o papa João Paulo II.
8 de dezembro: assassinato de John Lennon.

1981. Séries de cédulas de dólar pretas e amarelas, *Couteaux*, *Croix* e *Revolvers*. Engaja-se como modelo na agência Zoli. Conhece Jon Gould.

1982. Exposição na Nationalgalerie de Berlim de obras de Joseph Beuys, Robert Rauschenberg, Cy Twombly e Andy Warhol. Série *Zeitgeist* no Martin-Gropius-Bau em Berlin. Viagem a Hong Kong e Pequim com Fred Hughes e Christopher Makos.

1983. Colaboração com Jean-Michel Basquiat até 1985. Figuração numa publicidade para a TDK difundida pela televisão japonesa.

1984. Série das *Rorschach paintings*. Exposição na Bruno Bischofberger Gallery de Zurique, intitulada "Collaborations. Jean-Michel Basquiat, Francesco Clemente, Andy Warhol". Última mudança da Factory, para o edifício Edison, situado entre as ruas 32 e 33 Leste.

1985. Série das pinturas representando a garrafa da vodca Absolut. Inauguração de sua "Escultura invisível" na boate Area. Publicação de *America*, com fotos e textos de Andy Warhol. Lançamento da série de programas de televisão *Andy Warhol's Fifteen Minutes*, dirigida por Don Munroe, transmitida pela MTV até 1987. Aparição como guest star no 200º episódio da série de televisão *The Love Boat*. Figurante numa publicidade de Diet Coke.

1986. Realiza uma série de autorretratos de grande formato. *Camouflage paintings*. Realiza a série *Last Supper* inspirada em Leonardo da Vinci.
18 de setembro: morte de Jon Gould, vitimado pela aids.

1987. Última exposição em Milão da série *Last Supper*.
17 de fevereiro: último desfile de moda, em companhia de Miles Davis, na Tunnel, em Nova York.
20 de fevereiro: hospitalização no New York City Hospital.
21 de fevereiro: ablação da vesícula biliar.
22 de fevereiro: morte de Andy Warhol.
Criação da Andy Warhol Foundation For The Visual Arts.

1989. Retrospectiva das obras de Andy Warhol no MoMA, em Nova York.

Referências

Obras de Andy Warhol

Ma philosophie de A à B et vice versa, traduzido para o francês por Marianne Véron. Paris: Flammarion, 2001. [*A filosofia de Andy Warhol.* De A a B e de volta a A, traduzido para o português por José Rubens Siqueira. Rio de Janeiro: Cobogó, 2008.]

Popisme. Les années 1960 de Warhol, traduzido para o francês e prefaciado por Alain Cueff. Paris: Flammarion, 2007.

Diários, traduzido para o português por Celso Loureiro Chaves. Porto Alegre, L&PM, 2011.

Biografias de Andy Warhol

Em francês:

Bockris, Victor. *Andy Warhol*. Paris: Plon, 1990.

Bourdon, David. *Andy Warhol*. Paris: Flammarion, 1989.

Nuridsany, Michel. *Warhol*. Paris: Flammarion, 2001.

Em inglês:

Koestenbaum, Wayne. *Andy Warhol*. Nova York: Viking, 2001.

Testemunhos e livros de entrevistas a propósito de e com Andy Warhol

Em francês:

Andy Warhol. Entretiens 1962-1987, traduzido do inglês para o francês e prefaciado por Alain Cueff. Paris: Grasset, 2005.

Stein, Jean. *Edie. Une biographie américaine,* traduzido do inglês para o francês por Sylvie Durastanti. Paris: Christian Bourgois, 1987.

Ultra Violet. *Ma vie avec Warhol* (1988). Edição francesa: Paris: Albin Michel, 1989.

Em inglês:

Andy Warhol. Transcript of Bailey's ATV Documentary. Londres: Bailey Litchfield/Mathews Miller Dunbar, 1972.

Makos, Christopher. *Warhol/Makos In Context*. Nova York: PowerHouse Books, 2006.

Finkelstein, Nat. *The Factory Years 1964-1967*. Londres: Sidgwick & Jackson, 1989.

Smith, Patrick S. *Warhol: Conversations About the Artist*. Ann Arbor: UMI Research Press, 1988.

Von Hohenberg, Christophe; Scheips, Charles. *Andy Warhol. The Day the Factory Died*. Nova York: Empire, 2006.

Shore, Stephen; Tillman, Lynne. *The Velvet Years: Warhol's Factory 1965-67*. Londres: Pavilion, 1995.

Wilcock, John. *The Autobiography and Sex Life of Andy Warhol*, Nova York: Other Scenes Inc., 1971.

Catálogos de obras de Andy Warhol

Angell, Callie. *Andy Warhol Screen Tests. The Films of Andy Warhol. Catalogue Raisonné*, vol. 1. Nova York: Harry N. Abrams, Inc./Whitney Museum of American Art, 2006.

_____. *Andy Warhol Strange World. Drawings 1948-1959*, catálogo da exposição organizada na Paul Kasmin Gallery de 28 de fevereiro a 29 de março de 2008.

_____. *Andy Warhol*, catálogo da exposição no Moderna Museet de Estocolmo em fevereiro-março de 1968. Estocolmo: Moderna Museet, 1970.

_____. *Andy Warhol: A Retrospective*. Nova York: The Museum of Modern Art, 1989.

Cueff, Alain (organizador). *Le Grand monde d'Andy Warhol*, catálogo da exposição, Reunion des Musées Nationaux, Paris, 2009.

Crone, Rainer (organizador). *Andy Warhol: A Picture Show by the Artist. The Early Works 1942-1962*. Nova York: Rizzoli, 1989.

Francis, Mark (organizador). *Andy Warhol. The Late Work*, catálogo da exposição do Museum Kunst Palast em Düsseldorf em três volumes, *Photographs, Paintings and Wallpapers, Texts*. Munique, Londres, Berlim: Prestel, 2004.

_____.*The Warhol Look*: *Glamour, Style, Fashion*. Munique: Schirmer/Mosel, 1997.

Kornbluth, Jesse. *Warhol Pre-pop*. Munique: Schirmer/Mosel, 1989.

Meyer-Hermann, Eva (organizadora). *Andy Warhol. A Guide to 706 Items In 2 Hours 56 Minutes. Other Voices, Other Rooms,* catálogo da exposição no Moderna Museet de Estocolmo. Nai Publishers: Roterdã, 2008.

Ensaios

Em francês:

Danto, Arthur Coleman. *La Transfiguration du banal. Une philosophie de l'art* (1981), traduzido para o francês por Claude Hary-Schaeffer, Paris, Seuil, 1989.

Guilbert, Cécile. *Warhol Spirit,* Paris, Grasset, 2008.

_____. *Warholiana, Les Cahiers du Musée national d'art moderne,* nº 34, Editions du Centre Pompidou, inverno de 1990.

_____. *Special Andy Warhol, Artstudio* nº 8, 1988.

Em inglês:

Cueff, Alain. *Warhol's wide world.* Reunion des Musées nationaux, Paris, 2009.

Doyle, Jennifer; Flatley, Jonathan; Muños, José Esteban. *Pop Out: Queer Warhol*. Durham, Londres: Duke University Press, 1996.

Garrels, Gary. *The Work Of Andy Warhol,* Seattle, Bay Press, col "Discussions in Contemporary Culture", n. 3, 1989.

Notas

Origem?

1. Warhola, James. *Uncle Andy's: A Faabbbulous Visit With Andy Warhol.* Putnam Juvenile, 2003.
2. Sobre Julia Warhola, publicado em *Esquire* em 1966, citado por Wayne Koestenbaum in *Andy Warhol.* Penguin, 2001, p. 19.
3. Warhol, Andy. *Ma philosophie de A à B et vice versa.* Flammarion, 2001, p. 28.
4. Angell, Callie. *Andy Warhol Screen Tests. The Films of Andy Warhol. Catalogue Raisonné.* Harry N. Abrams, Inc. e o Whitney Museum of American Art, 2006, p. 278-279.
5. Warhol, Andy. *Ma philosophie de A à B et vice versa. Op. cit.*, p. 92.
6. *Ibid.*
7. *Ibid.*
8. Francis, Mark (organizador). *Andy Warhol. The Late Work, Interviews,* catálogo da exposição. Prestel Verlag, 2004, p. 150.
9. Warhol, Andy. *Entretiens 1962-1987.* Grasset, 2005, p. 51.
10. Citado por Obalk, Hector. *Andy Warhol n'est pas un grand artiste,* Aubier-Flammarion, 1990, p. 185.
11. Warhol, Andy. *Ma philosophie de A à B et vice versa. Op. cit.*, p. 167.
12. Warhol, Andy. *Entretiens 1962-1987. Op. cit.* p. 216.
13. Conferência de James Warhola no Warhol Museum, em 28 de julho de 2007, por ocasião do décimo "encontro anual cárpato-ruteno em Pittsburgh".
14. Warhol, Andy. *Entretiens 1962-1987. Op. cit.*, p. 216.
15. Andy Warhol, *Ma philosophie de A à B et vice versa. Op. cit.*, p. 89-90.
16. Citado em *Andy Warhol. Retrospective.* Centre Georges Pompidou, 1990, p. 457.

De um mundo ao outro

1. Apollinaire. *Alcools.* Gallimard, col. "poésie Gallimard", 1966.
2. Warhol, Andy. *Ma philosophie de A à B et vice versa. Op. cit.*, p. 28.
3. Ver especialmente Williams, Gilda. "Julia Gilda Williams On Andy Warhol's Mother", *Tate etc.*, n. 10, setembro de 2007.
4. *Ibid.* p. 113.
5. *Ibid.* p. 110.

6. Warhol, Andy. *Popisme.* Flammarion, 2007, p. 43.
7. Warhol, Andy. *Ma philosophie de A à B et vice versa. Op. cit.*, p. 113.
8. Warhol, Andy. *Journal,* Grasset, 1990, p. 565.
9. Warhol, Andy. *Ma philosophie de A à B et vice versa. Op. cit.*, p. 105.
10. Warhol, Andy. *Journal. Op. cit.*, p. 385-386.
11. Warhol, Andy. *Ma philosophie de A à B et vice versa. Op. cit.*, p. 106.
12. Warhol, Andy. *Journal. Op. cit.*, p. 179.
13. Warhol, Andy. *Ma philosophie de A à B et vice versa. Op. cit.*, p. 114.
14. *Ibid,* p. 105.
15. *Ibid.* p. 112.

Perturbações (1929-1942)

1. Warhol, Andy. *Ma philosophie de A à B et vice versa. Op. cit.*
2. Citado por Warhol, Andy. *Popisme. Op. cit,* p. 35.
3. *Ibid.* p. 36-37.
4. Citado por Jean Stein e George Plimpton, in *Edie. Une biographie américaine.* Christian Bourgois, 1987, p. 203.
5. Warhol, Andy. *Ma philosophie de A à B et vice versa. Op. cit.*, p. 28.
6. Ibid. p. 27
7. Warhol, Andy. *Entretiens. Op. cit.*, p. 285.
8. Warhol, Andy. *Ma philosophie de A à B et vice versa. Op. cit.*, p. 41.
9. *Ibid.*
10. Warhol, Andy. *Entretiens. Op. cit.*, p. 238.

"Meu rosto eu puxei dela, mas posso limpar meu nariz sozinho." (1942-1949)

1. Warhol, Andy. *Journal. Op. cit.*, p. 30.
2. Warhol, Andy. *Entretiens. Op. cit.*, p. 227.
3. *Ibid,* p. 313-314.
4. *Ibid,* p. 102.
5. Warhol, Andy. *Popisme. Op. cit,* p. 146.
6. Warhol, Andy. *Ma philosophie de A à B et vice versa. Op. cit.*, p. 28.
7. Apresentação de James Johnson Sweeny no catálogo da primeira exposição de Jackson Pollock no Peggy Guggenheim em 1943, citada por Nuridsany, Michel. *Warhol,* Flammarion, 2001, p. 101.
8. Ben Shahn, "If I Had to Begin My Art Career Today", 15 de setembro de 1949, citado por John D. Morse (ed.), *Ben Shahn.* Praeger, 1972, p. 94-95.

9. Lepper, Robert. "Comments on a Vulgar Art". *Architectural Forum,* 1940, p. 350.

10. *Ibid.*

11. Citado por Jean Stein e George Plimpton, em *Edie. Une biographie américaine. Op. cit.,* p. 192.

12. Ver a comunicação feita ao Vigésimo Congresso Internacional de Dermatologia que teve lugar em Paris de 1º a 5 de julho de 2002, por K. Krämer-Schultheiss, R. Stadler, D. Schultheiss: *"The Rhinophyma of Andy Warhol: a case report reflecting the artist's work and his biography".*

New York, New York (1949-1959)

1. "B et moi: Comment Andy se met son Warhol", *in* Warhol, Andy. *Ma philosophie de A à B et vice versa. Op. cit.,* p. 11.

2. *Ibid,* p. 28.

3. *Ibid.*

4. Citado por Jean Stein e George Plimpton, in *Edie. Une biographie américaine. Op. cit.,* p. 194.

5. *Ibid.*

6. *Ibid.*

7. Warhol, Andy. *Ma philosophie de A à B et vice versa. Op. cit.,* p. 29.

8. Fredericks, Tina S. "Souvenirs d'Andy", *in* Kornbluth, Jesse. *Pre-Pop Warhol.* Munique, Shirmer/Mosel, p. 9.

9. *lbid,* p. 10.

10. *Ibid.*

11. Warhol, Andy. *Ma philosophie de A à B et vice versa. Op. cit.,* p. 28-29.

12. *Ibid.,* p. 29.

13. *Ibid.,* p. 162.

14. *Ibid.,* p. 97.

15. *Ibid.,* p. 96-97.

16. Citado por Jean Stein e George Plimpton, em *Edie. Une biographie américaine. Op. cit.,* p. 194.

17. Capote, Truman. *Les Domaines hantés,* Gallimard, 1949. Encontra-se uma tradução mais recente para o francês em *Truman Capote*: *Nouvelles – Romans – Impressions de voyage – Portraits – Propos.* Gallimard, col. "Biblios", 1990.

18. Citado por Jean Stein e George Plimpton, em *Edie. Une biographie américaine. Op. cit.,* p. 203.

19. Citado por Bockris, Victor. *Andy Warhol,* Plon, 1990, p. 125.

20. Citado por Jean Stein e George Plimpton em *Edie. Une biographie américaine. Op. cit.,* p. 195.
21. Ver Smith, Patrick S. *Warhol: Conversations about the Artist.* UMI Research Press, Ann Arbor, 1988, p. 63.

Pop (1960-1962)

1. Warhol, Andy. *Entretiens. Op. cit.,* p. 390.
2. Warhol, Andy. *Popisme. Op. cit.,* p. 27.
3. Citado por Jean Stein e George Plimpton, em *Edie. Une biographie américaine. Op. cit.,* p. 195.
4. Warhol, Andy. *Popisme. Op. cit.,* p. 27.
5. Citado por Warhol, Andy. *Popisme. Op. cit.,* p. 26.
6. Buchloh, Benjamin H. D. "Andy Warhol's One-Dimensional Art : 1956-1966", *Andy Warhol A Retrospective,* Nova York, Museum of Modern Art, 1989, republicado em Michelson, Annette Michelson (ed.), *Andy Warhol,* The MIT Press, 2001, p. 3.
7. Obalk, Hector. *Andy Warhol n'est pas un grand artiste. Op. cit.,* p. 51.
8. Warhol, Andy. *Popisme. Op. cit.,* p. 28.
9. *Ibid.,* p. 25.
10. *Ibid.*
11. *Les Années pop,* catálogo da exposição apresentada no Centre Pompidou, 15 de março a l8 de junho de 2001, Editions du Centre Pompidou, 2001, documento 57-1.
12. Citado por Warhol, Andy. *Popisme. Op. cit.,* p. 25.
13. Citado por Jean Stein e George Plimpton, em *Edie. Une biographie américaine. Op. cit.,* p. 198.
14. *Ibid.,* p. 198-200.
15. *Ibid.,* p. 201.
16. Warhol, Andy. *Popisme. Op. cit.,* p. 43.
17. "Lettre de New York" por Michael Fried, em *Les Années pop. Op. cit,* documento 62-10.
18. Swenson, Gene R. "Interviews by G. R. Swenson: What is Pop Art? Answers From 8 Painters", *Artnews*, vol. 62, n° 7, nov. 1963, extrato citado publicado em *Les Années pop. Op. cit.,* documento 63-53.
19. Warhol, Andy. *Entretiens. Op. cit.,* p. 110.
20. Citado por Nuridsany, Michel. *Warhol. Op. cit.,* p. 186.
21. Swenson, Gene R. "Reviews and Previews: Andy Warhol", citado em *Les Années pop. Op. cit.,* documento 62-34.
22. Warhol, Andy. *Popisme. Op. cit.,* p. 47.
23. Citado por Nuridsany, Michel. *Warhol. Op. cit.,* p. 183.

24. Valery, Paul. *L'Idée fixe ou deux hommes a la mer.* Gallimard, Paris, 1931.
25. Warhol, Andy. *Popisme. Op. cit.,* p. 30.
26. Rancière, Jacques. "Esthétique, lnesthétique, Anti-Esthétique", *Penser le multiple,* L'Harmattan, 2002.
27. Foucault, Michel. "Theatrum philosophicum", publicado primeiramente em *Critique,* n. 282, em novembro de 1970, republicado em *Dits et écrits,* tomo 1, Gallimard, 2001, p. 961.

A fábrica (1963-1965)

1. Warhol, Andy. *Entretiens. Op. cit.,* p. 102.
2. Danto, Arthur. "Qui était Andy Warhol?", *Les Cahiers du Musée national d'art moderne. Warholiana,* n. 34, 1990, p. 7.
3. Warhol, Andy. *Entretiens. Op. cit.,* p. 31.
4. Warhol, Andy. *Popisme. Op. cit.*, p. 48.
5. Warhol, Andy. *Entretiens. Op. cit.,* p. 43.
6. *Ibid.,* p. 45.
7. *Ibid.,* p. 42.
8. Camus, Albert. *L'Étranger,* Gallimard, col. "folioplus classiques", 2005, p. 120.
9. Warhol, Andy. *Entretiens. Op. cit.,* p. 198.
10. Andy Warhol, *Popisme, op. cit.,* p. 48.
11. "Letters", carta de Leo Castelli aos autores datado de 2 de fevereiro de 1995 *in* VON HOHENBERG, Christophe e SCHEIPS, Charlie. *Andy Warhol. The Day The Factory Died.* Empire Editions LLC, 2006.
12. Warhol, Andy. *Entretiens. Op. cit.,* p. 42-43.
13. Rose, Barbara, "Pop Art at the Guggenheim", *Art International,* vol. 7, n. 5, 25 de maio de 1963, citado por BOURDON, David. *Andy Warhol. Op. cit.,* p. 140.
14. Warhol, Andy. *Entretiens. Op. cit.,* p. 44
15. Spinoza, *Éthique,* IV, proposição 64. Paris, GF-Flammarion, 1964, p. 282.
16. Spinoza, *Lettres sur le mal. Correspondance avec Blyenbergh,* Gallimard, col. "folioplus philosophie", 2006, p. 58.
17. Philips, Christopher. "Desiring Machines: Notes on Commodity, Celebrity, and Death in the Early Work of Andy Warhol". *Public Information, Desire, Disaster, Document,* San Francisco Museum of Art, 1994.
18. Texto de Jean-Jacques Lebel, publicado no catálogo da exposição Warhol na galeria Ileana Sonnabend, janeiro de 1964.
19. *Ibid.*

20. Warhol, Andy. *Popisme. Op. cit.*, p. 93.

21. Citado por Bourdon, David. *Andy Warhol. Op. cit.*, p. 193.

22. Estimativa fornecida por Crone, Rainer. *Andy Warhol.* Praeger, 1970, p. 30.

23. Malanga, Gerard. *The Autobiography and Sex Life of Andy Warhol.* Other Scenes Inc., 1971, p. 25.

24. Acha-se particularmente o testemunho de Billy Name em: Stein, Jean; Plimpton, George. *Edie. Une biographie américaine. Op. cit.*, p. 211.

25. Warhol, Andy. *Popisme. Op. cit.*, p. 94.

26. *Ibid.*, p. 98.

27. *Ibid.*, p. 107.

28. Citado por Nuridsany, Michel. *Warhol.* Flammarion, 2001, p. 197.

29. Warhol, Andy. *Popisme. Op. cit.*, p. 107.

30. Finkelstein, Nat. *The Factory Years 1964-1967.* Sidgwick Jackson, 1989.

Extravagância *camp* (1965-1966)

1. D'hautel e Schoell, F. *Dictionnaire du bas-langage, ou des manières de parler usitées parmi le peuple: ouvrage dans lequel on a réuni les Expressions proverbiales, figurées et triviales; les Sobriquets, termes ironiques et facétieux; les Barbarismes, Solécismes; et généralement les locutions basses et vicieuses que l'on doit rejeter de la bonne conversation,* tomo primeiro, L. Hassmann, 1808, p. 150.

2. Rimbaud, Arthur. "Alchimie du verbe", *Une saison en enfer*, in Rimbaud, Lautréamont, Corbière, Cros. *Œuvres poétiques complètes,* Robert Laffont, 1980, p. 96-97.

3. Wilde, Oscar. *Formules et maximes à l'usage des jeunes gens, œuvres,* Gallimard, col. "Bibliothèque de la Pléiade", 1984.

4. Warhol, Andy. *Popisme. Op. cit.*, p. 123.

5. *Ibid.*

6. Sontag, Susan. "Le style 'Camp' *in L'OEuvre parle.* Seuil: 1968, p. 227.

7. *Ibid.*, p. 307.

8. *Ibid.*, p. 316.

9. *Ibid.*, p. 323.

10. *Ibid.*, p. 327.

11. Warhol, Andy. *Ma philosophie de A à B et vice versa. Op. cit.*, p. 73.

12. Warhol, Andy. *Entretiens. Op. cit.*, p. 41.

13. *Ibid.*, p. 231, entrevista datada de 1975.

14. Essa descrição foi publicada com uma entrevista reproduzida primeira-

mente em *Art Voices* em dezembro de 1962; primeira entrevista republicada em *Entretiens. Op. cit.*, p. 28.

15. *Ibid.*, p. 327.
16. *Ibid.*, p. 329.
17. WARHOL, Andy. *Entretiens. Op. cit.*, p. 224.
18. WARHOL, Andy. *Ma philosophie de A à B et vice versa. Op. cit.*, p. 80.
19. WARHOL, Andy. *Popisme. Op. cit.*, p. 151.
20. *Ibid.*, p. 154.
21. WARHOL, Andy. *Entretiens. Op. cit.*, p. 97.
22. WARHOL, Andy. *Popisme. Op. cit.*, p. 101.
23. *The Velvet Years: Warhol's Factory 1965-1967.* Thunder's Mouth Press, 1995, p. 81.
24. WARHOL, Andy. *Popisme. Op. cit.*, p. 136.
25. Citado por Jean Stein e George Plimpton, *in Edie. Une biographie américaine. Op. cit.*, p. 190.
26. Citado por GUILBERT, Cécile. *Warhol Spirit.* Grasset, 2008, p. 120.
27. *Ibid.*, p. 147.
28. Citado por Jean Stein e George Plimpton, *in Edie. Une biographie américaine. Op. cit.*, p. 248.
29. BOURDON, David. *Andy Warhol.* Flammarion, 1989, p. 179.
30. Citado por Jean Stein e George Plimpton, *in Edie. Une biographie américaine. Op. cit.*, p. 229.

CRÔNICAS DO UNDERGROUND (1966-1968)

1. Citado em *Andy Warhol. A Guide to 706 Items in 2 Hours 56 Minutes. Other Voices, Other Rooms.* Nai Publishers, 2008, 00:56:00.
2. WARHOL, Andy. *Popisme. Op. cit.*, p. 187.
3. *Ibid.*
4. *Ibid.*, p. 207.
5. GUILBERT, Cécile. *Warhol Spirit.* Grasset, 2008, p. 131.
6. WARHOL, Andy. *Popisme. Op. cit.*, p. 207.
7. *Ibid.*, p. 191.
8. GUILBERT, Cécile. *Warhol Spirit. Op. cit.*, p. 68.
9. Citado por KOESTENBAUM, Wayne. *Andy Warhol.* Viking, 2001, p. 71.
10. Citado por Jean Stein e George Plimpton, in *Edie. Une biographie américaine. Op. cit.*, p. 306.
11. *Ibid*, p. 306.
12. Confissão de Edie em off em *Ciao Manhattan,* republicada em: Jean Stein e George Plimpton: *Edie. Une biographie américaine. Op. cit.*, p. 318.

13. *Ibid.*, p. 146.
14. Citado por Guilbert, Cécile. *Warhol Spirit. Op. cit.*, p. 79.
15. Warhol, Andy. *Entretiens. Op. cit.*, p. 215.
16. Comunicado da Cinémathèque des cinéastes, citada por Bourdon, David. *Andy Warhol. Op. cit*, p. 194.
17. Warhol, Andy. *Popisme. Op. cit.*, p. 76.
18. Warhol, Andy. *Entretiens. Op. cit.*, p. 96.
19. Warhol, Andy. *Journal*, 30 de maio de 1981. *Op. cit.*, p. 392.
20. Warhol, Andy. *Popisme. Op. cit.*, p. 231.
21. Warhol, Andy. *Ma philosophie de A à B et vice versa. Op. cit.*, p. 45.
22. *Ibid.*, p. 86.
23. Citado por Jean Stein e George Plimpton, in *Edie. Une biographie américaine. Op. cit.*, p. 233.
24. Warhol, Andy. *Ma philosophie de A à B et vice versa. Op. cit.*, p. 30.
25. *Ibid.*
26. Citado por Jean Stein e George Plimpton, in *Edie. Une biographie américaine. Op. cit.*, p. 224.
27. *Ibid.*, p. 233.
28. Ver o DVD *Pie in the Sky. The Brigid Berlin Story,* documentário dirigido por Vincent Fremont. *Op. cit.*
29. Warhol, Andy. *Popisme. Op. cit.*, p. 203-204.
30. *Ibid.*, p. 341-342.

Tentativa de assassinato "feminista" em 3 de junho de 1968

1. *Andy Warhol. A Guide to 706 Items in 2 Hours and 56 Minutes, op. cit.*, 00:56:00.
2. Warhol, Andy. *Popisme. Op. cit.*, p. 322.
3. *Ibid.*, p. 324.
4. *Ibid.*, p. 237.
5. SOLANAS, Valerie. *SCUM Manifesto.* Mille et une nuits, 2005, p. 11 e 12.
6. *Ibid.*, p. 81.
7. Warhol, Andy. *Entretiens. Op. cit.*, p. 106.
8. Warhol, Andy. *Popisme. Op. cit.*, p. 332.
9. *Ibid.*, p. 333.

RETOMADA? (1969-1974)

1. WARHOL, Andy. *Popisme. Op. cit.*, p. 342-343.
2. *Ibid.*, p. 346.
3. *Ibid.*, p. 358.
4. *Ibid.*, p. 346.
5. Declaração publicada pelo *Village Voice* de 9 de janeiro de 1969, citado por NURIDSANY, Michel. *Warhol. Op. cit.*, p. 371.
6. WARHOL, Andy. *Popisme. Op. cit.*, p. 358.
7. Ver o catálogo da exposição que teve lugar na Cinemathèque française de Paris de 15 de outubro de 2008 a 19 de janeiro de 2009: *Dennis Hopper et le Nouvel Hollywood,* Skira-Flammarion, 2008.
8. WARHOL, Andy. *Popisme. Op. cit.*, p. 361.
9. *Ibid.*, p. 371
10. WARHOL, Andy. *Ma philosophie de A à B et vice versa.Op. cit.*, p. 52
11. WARHOL, Andy. *Popisme. Op. cit.*, p. 356.
12. WARHOL, Andy. *Ma philosophie de A à B et vice versa. Op. cit.*, p. 42.
13. FRANCIS, Mark (organizador). *Andy Warhol. The Late Work. The Texts. Op. cit.*, p. 42.
14. WARHOL, Andy. *Popisme. Op. cit.*, p. 354.
15. Ver ANGELL, Callie. *Andy Warhol Screen Tests. The Films of Andy Warhol. Catalogue raisonné. Op. cit.*, p. 9, e o site da internet do Whitney Museum que dedica esta página à explicação do projeto (http://www.whitney.org/www/research/warhol.jsp).
16. WARHOL, Andy. *Popisme. Op. cit.*, p. 350.
17. Citado por BOURDON, David. *Andy Warhol. Op. cit.*, p. 312.
18. WARHOL, Andy. *Popisme. Op. cit.*, p. 336.
19. *Ibid.*
20. Citado por BOURDON, David. *Andy Warhol. Op. cit.*, p. 308.
21. WARHOL, Andy. *Entretiens. Op. cit.*, p. 224.
22. WARHOL, Andy. *Popisme. Op. cit.*, p. 347.
23. *Ibid.*
24. WARHOL, Andy. *Ma philosophie de A à B et vice versa. Op. cit.*, p. 75.
25. *Ibid.*, p. 78.
26. WARHOL, Andy. *Popisme. Op. cit.*, p. 353.
27. Entrevista publicada em 1º de novembro de 1966 em *The East Village Other,* traduzida para o francês em *Entretiens. Op. cit.*, p. 106.

VAIDADES (1974-1987)

1. WARHOL, Andy. *Ma philosophie de A à B et vice versa. Op. cit.*, p. 21.
2. *Ibid.*, p. 78.

3. *Ibid.*, p. 74.

4. Reeditado em janeiro de 2008 por Steidl/Swedish Books/Moderna Museet.

5. Warhol, Andy. *Ma philosophie de A à B et vice versa. Op. cit.*, p. 74.

6. Warhol, Andy. *Popisme. Op. cit.*, p. 175-176.

7. Warhol, Andy. *Journal. Op. cit.*, p. 287.

8. Ver Makos, Christopher. *Warhol.* New American Library, 1989, e *Warhol In Context*, powerHouse Books, 2006.

9. Ver Francis, Mark Francis (organizador). *Andy Warhol. The Late Work. Texts. Op. cit.*, p. 69, n. 6.

10. Warhol, Andy. *Ma philosophie de A à B et vice versa. Op. cit.*, p. 33.

11. Antigo Testamento, Gênesis, 3.19.

12. Francis, Mark (organizador). Andy Warhol. The Late Work. Op. cit., p. 80.

13. Mcinerney, Jay. *Bright Lights, Big City.* Editions de l'Olivier, 1997, p. 58-59.

14. Warhol, Andy. *Journal. Op. cit.*, p. 676.

15. *Ibid.*, p. 675.

16. Warhol, Andy. *Entretiens. Op. cit.*, p. 390.

17. Bokris, Victor. *Warhol. Op. cit.*, p. 318.

18. Pascal, Blaise. *Pensées et opuscules,* fragmento 134 (classificação Léon Brunschvicg), Hachette, 1897.

19. Warhol, Andy. *Journal. Op. cit.*, p. 184.

20. *Ibid.*

21. *Ibid.*

22. Warhol, Andy. *Entretiens. Op. cit.*, p. 390.

23. Warhol, Andy. *Ma philosophie de A à B et vice versa. Op. cit.*, p. 115.

24. Von Hohenberg, Christophe; Scheips, Charlie. *Andy Warhol. The Day The Factory Died.* Empire Editions, 2006.

25. Warhol, Andy. *Journal. Op. cit.*, p. 161.

26. *Ibid.*, p. 782.

27. *Ibid.*, p. 381.

A herança de Bob Robert

1. Warhol, Andy. *Ma philosophie de A à B et vice versa. Op. cit.*, p. 104.

2. Artigo publicado na *Time* de 12 de abril de 1971, citado por Bourdon, David. *Andy Warhol. Op. cit.*, p. 310.

3. *Ibid.*

4. Warhol, Andy. *Ma philosophie de A à B et vice versa, Op. cit.*, p. 78.

5. Nós nos baseamos aqui na investigação realizada por Amanda Mitchison, "What Andy Left Behind", publicada em *The Independent Magazine*, em 8 de maio de 1993.
6. Declaração recolhida por Amanda Mitchison, "What Andy Left Behind", art. cit., p. 32.
7. Warhol, Andy. *Journal. Op. cit.,* p. 565.
8. Ver o artigo de Ronald Sullivan, "Care Faulted In The Death Of Warhol", publicado no *The New York Times* de 5 de dezembro de 1991.
9. Cifra fornecida por Amanda Mitchison, "What Andy Left Behind", art. cit., p. 32.
10. Warhol, Andy. *Journal. Op. cit.,* p. 551.
11. *Ibid.,* p. 397-398.
12. *Ibid.*
13. *Ibid.,* p. 514.
14. *Ibid.,* p. 537.
15. *Ibid.,* p. 560.
16. *Ibid.,* p. 581.
17. *Ibid.,* p. 587.
18. Warhol, Andy. *Popisme. Op. cit.,* p. 25.
19. Warhol, Andy. *Journal. Op. cit.,* p. 581.
20. *Ibid.,* p. 545.
21. *Ibid.,* p. 745.
22. *Ibid.,* p. 381-382.

Sobre a autora

Mériam Korichi, professora e doutora em filosofia, realiza pesquisas sobre ética contemporânea. Na Gallimard, na coleção "Folioplus Classiques", publicou os dossiês críticos que acompanham as edições de *L'Ile des esclaves* e *La Fausse Suivante*, de Marivaux, *Hamlet*, de Shakespeare, *L'Etranger* e *La Peste*, de Albert Camus. Na coleção "Folioplus Philosophie", acompanhou a edição de um extrato da correspondência de Espinoza com o título *Lettres sur le mal,* e organizou duas antologias comentadas: *Notions d'esthétique* e *Notions d'éthique.* Na Flammarion, na coleção "Corpus", publicou uma antologia comentada sobre *Les Passions.* Trabalha também como dramaturga e assistente de direção no teatro e na ópera.

IMPRESSÃO:

GRÁFICA EDITORA
Pallotti
IMAGEM DE QUALIDADE

Santa Maria - RS - Fone/Fax: (55) 3220.4500
www.pallotti.com.br